The Value Orientation of College Students:
Based on the Vision of a Better Life

大学生的价值导向

基于美好生活的视域

魏燕玲 著

復旦大學出版社

目 录

绪　论

一、问题的提出

现代生活中价值的失落已经成为一个值得关注的问题。这里所讨论的价值，是关于“在社会中人怎样生活和应该怎样生活”①的思考。它不仅包含了对生活本质的理解，也“关系到对所有人类社会的存在与生命真实和符合实际的理解”②。人正是在这种对生活价值和意义的追寻中实现一种可能的美好生活。失去了价值追求，生活也就没有是否“美好”可言。这种价值并不仅仅用快乐还是痛苦来衡量，趋乐避苦是人与动物共通的本性欲求，而一个理性的人在苦乐之余还会思考如何更好地生活这个问题，正如亚里士多德所认为的，人都渴求过上美好生活，这是所有理性行为的终极目的。关于这个问题的回答就是“这个人的美好生活

---

① ［伊］拉明·贾汉贝格鲁：《伯林谈话录》，杨祯钦译，译林出版社 2002 年版，第 54 页。

② ［德］马克思·舍勒：《资本主义的未来》，曹卫东等译，北京师范大学出版社 2014 年版，第 133 页。

观”[①]。从人类历史长河看,人类的思想史就是在对美好生活形态的探索中展开的。不论是西方古代哲学家苏格拉底提出的“至善的生活”、亚里士多德的“沉思的生活”,还是中国传统文化中的“孔颜之乐”、马克思主义所提出的“人的自由而全面的发展”,都是对一种美好生活境界的构想与总结。

现代社会在经济与政治上取得的进步与发展,为人从“人”与“物”等外在强制中“解放”(阿伦特语)出来创造了更多可能,也改变了人们证明生活合法性的来源。如果说在中世纪,人们借助宗教信仰来获得生活价值的合法性来源,那么在现代社会中,人们则“明确地求助于诸如精神辩证法、意义阐释学、理性主体或劳动主体的解放、财富的增长等某个大叙事”[②]。这种叙事逻辑以确立一种普遍性的价值尺度为基础,承诺一种以人的解放为目标的美好生活的前景,为人的生活和社会历史进程提供合法性依据。然而,随着现代社会的发展,价值的失落却成现代社会生活普遍存在的一个难题。全球范围内市场资本化、以消费为基础的经济带来了财富的大量增长,却没有相应地带来更多的幸福或安乐,即产生了一种“幸福的悖论”[③]。这也揭示出了隐藏在社会物质财富增长背后的生活危机,其中就包括随着物质生活丰富背后人们内在的心灵空虚与焦虑的精神危机。此外,随着经济更加发达,社会结构也发生着变化。更多的人拥有选择生活方式的余地与途径。而与此

---

① Martha Nussbaum, *Upheavals of Thought: The Intelligence of Emotions*, Cambridge University Press, 2001, pp.31 - 32.

② [法]让-弗朗索瓦·利奥塔尔:《后现代状态:关于知识的报告》,车槿山译,生活·读书·新知三联书店 1997 年版,第 1 页。

③ 又称“伊斯特林悖论”(Easterlin Paradox),由美国经济学家理查德·伊斯特林在 1974 年的著作《经济增长可以在多大程度上提高人们的快乐》中提出,指的是现代人的幸福感并没有以与经济增长相同的速度增长。

同时,传统资源中精神引导与信仰的力量日渐衰微。在人生追求中,什么是好的,什么才是更值得的,成为更加开放的问题。这些趋势使得个体关心什么才是构成和带来美好生活的品质,并追求个人实现与幸福。许多人对物质生活及其带来幸福的能力感到幻灭,并难以找到另一种更加值得的生活方式。

价值失落首先表现为普遍价值理想在多元现实生活中的失落。这一失落的发生有其现代性根源。这里所指的现代性不单单是一个文明历史阶段,更多的是一种价值论证和评估的方式,它"意味着一种建构价值秩序的文化逻辑和思维方式"①。现代性以主体的普遍理性作为生活价值的规定标尺。正是普遍理性法则引导人不断趋近心中的美好生活,它同时提供了一种不断进步的历史意识和未来生活图景。因此,从根本上看,现代性"代表着一种对总体主义、普遍主义价值秩序的追求"②。按照这一价值秩序,不断积累科学知识、充分发挥理性主体的能力以及行动合目的性都能增加预期的幸福,从而不断接近心目中所向往的生活。这种现代性的美好生活承诺在争取全面发展人的本质力量、不断展现生活的丰富可能性上具有历史意义。然而,值得深思的是,现代性的解放逻辑是否真的能实现它所允诺的美好生活?20 世纪以来的许多哲学家都对现代性的价值论证方式及其内在悖论进行过深入反思。霍克海默与阿道尔诺在《启蒙辩证法》中就指出,曾经让世界清醒的"解放神话"却并没有让我们"进入到真正合乎人性的状况,而是堕落到了一种新的野蛮状态"。鲍曼在《流动的现代性》中也反思了现代性所蕴含的深层悖论。他指出,解放神话是"是一

---

① 贺来:《边界意识和人的解放》,上海人民出版社 2007 年版,第 4 页注释。

② 同上书,第 11 页。

个矫揉造作、粗制滥造的确定性……是一个承负着人为决定的所有天生脆弱性的确定性”。事实上，这种普遍的价值理想必然会在多元的现实生活中遭遇失落，这种“理性共识”下的美好生活理想也终将破灭。

价值失落还表现在生活中价值理性的失落。在思想史上关于现代性的反思中，马克思·韦伯的现代性观点具有重要的代表性和启示性。在韦伯看来，现代性的生活谋划是一种迷信和偏见，并可能使人陷入新的“铁笼”。他认为主导现代社会的理性是“工具理性”和“计算理性”，而非“价值理性”。这种理性为达成某种特定的经验性的生活目的而不断寻求和计算最有效的手段，以追求“效率”为典型价值标准。当这种工具理性逐渐在生活中成为主导，价值理性为生活提供的精神支持和意义维度也日渐衰微。功利性和效率性成为生活中判断好坏的主要价值标准。

上述这两种价值失落的状况“以不可抗拒的力量决定着降生于这一机制之中的每个人的生活，而且不仅仅是那些直接参与经济获利的人的生活”①。在当代中国语境下，这种价值失落的状况呈现出一种复杂性。经过了自晚清以来的一百多年的“现代性的转向”，中国实现了经济富强和综合国力的增强。在中国特殊的发展背景下，现代性的实践“筹划”路径集中体现为一种复杂面相。这种复杂面相突出地表现为：“一是复杂社会中的自由问题，二是复杂环境下人类的共存和发展问题。”②在理论阐释范式上，“复杂现代性”成为理解中国现代性的一个有益的尝试。作为一个理论分析框架，复杂现代性旨在在“肯定现代性规范诉求的普遍性、共

---

① [德]马克斯·韦伯：《新教伦理与资本主义精神》，于晓、陈维纲等译，生活·读书·新知三联书店1987年版，第142页。

② 汪行福：《“复杂现代性”论纲》，《天津社会科学》2018年第1期。

性和相对确定性的基础上，强调现代性在不同时间和空间背景上的特殊性”[①]。根据这一理论范式，现实生活中存在着一种规范生活与事实生活之间相互作用的辩证法。然而，理想生活与现实生活、生活筹划与操作结果并不总是和谐一致，外部条件的变化与思想观念的转变都会打破原有的平衡，从而产生新的矛盾和问题。

面对复杂现代性的历史境遇，当代中国面临着中国传统文化、社会主义文化以及现代西方文化三种思想力量的交融和碰撞，中国人的生活价值体系变得十分复杂，表现在现实层面就是价值标准和行为选择的多样化。当代中国生活价值的失落集中表现为两个方面，一是生活中目的性价值的多元化和不确定性，造成目的性价值的整合困难；二是目的性价值与工具性价值之间的紧张。作为复杂现代性下中国社会问题的反映和投射，大学生的生活也不可避免出现了结构失衡和价值失落的现象。青年大学生群体不仅面临着一般现代性所带来的生活危机，更表现为一种复杂现代性下的价值取向的多元化。

习近平总书记强调，“青年的价值取向决定了未来整个社会的价值取向”[②]，“青年兴则国家兴，青年强则国家强”[③]。青年大学生的精神风貌与价值信念直接关系国家的发展前景。在新的历史条件下，多元并存的社会思想文化与新旧交织的意识形态相互作用，包括中国传统文化、现代思想观念以及后现代思潮的多种社会思潮都在不知不觉地影响和冲击着青年群体的生活形态与价值观念，他们在生活各个领域的价值选择容易出现迷茫。青年大学生

---

① 江行福：《“复杂现代性”论纲》，《天津社会科学》2018 年第 1 期。

② 习近平：《青年要自觉践行社会主义核心价值观——在北京大学师生座谈会上的讲话》，《人民日报》2014 年 5 月 5 日。

③《习近平谈治国理政》，外文出版社 2014 年版，第 54 页。

群体是社会上最富活力、最具创造性的群体。他们受教育水平较高，但是在知识结构上并不扎实和全面。面对信息化社会，他们获取信息方便快捷，掌握的信息量大，但是信息素养有待提升。他们思维活跃、充满活力，正值奋斗的大好年华，但是可能仍未确立明确的生活目标和人生价值观。理想自我和现实自我之间的矛盾是他们普遍面对的焦虑和压力。此外，他们自我意识较强，渴望获得认同，但不愿意被传统观念和社会规范束缚，对新鲜事物持有更加开放包容的态度，也更容易被一些不良的价值观念所迷惑。因此，用社会主义核心价值观整合和引领大学生群体的多元价值取向刻不容缓。这就需要我们既要对现实中价值迷失现象保持必要的敏感，又要用美好生活的愿景来激励青年大学生努力奋斗，引导他们“立鸿鹄志，做奋斗者”，“树立对马克思主义的信仰、对中国特色社会主义的信念、对中华民族伟大复兴中国梦的信心”[①]，努力成长为有理想、敢担当、能吃苦、肯奋斗，堪当民族复兴重任的新时代青年。

二、研究综述

（一）关于美好生活的研究

由于学科视野和历史背景的不同，不同的学者对美好生活的思考和探讨体现了不同的旨趣。

1. 作为伦理概念的美好生活

（1）西方道德哲学关于美好生活的探讨

西方道德哲学倾向于从完满意义上理解美好生活。古希腊关于美好生活（eudaimonia）的前哲学史思想认为这是“生活进展顺

---

① 习近平：《在纪念五四运动100周年大会上的讲话》，《人民日报》2019年5月1日。

利的广义概念”[①]。古希腊哲人亚里士多德(Aristotle)首先研究了作为伦理概念的美好生活(eudaimonia)。在亚里士多德看来,“所有的知识和每一种追求都以某种善为目的”,“最高的实践的善”是美好生活(eudaimonia),意味着“活得好或做得好”。[②] 亚里士多德开启的美德伦理传统认为依照美德生活是美好生活所必需的,尽管不是充分的;而对于斯多葛学派而言,美德对美好生活是必要而充分的。[③]

当代哲学家、伦理学家阿拉斯代尔·麦金太尔(Alasdair MacIntyre)延续了强调良善生活中美德价值的传统,从亚里士多德伦理学的目的论(Telos)出发,认为存在一种“偶然成为的人(man-as-he happens-to-be)”与“一旦意识到自己自身本性后可能成为的人(man-as he-could-be-if-he realized-his-essential-nature)”[④]。不同于麦金太尔回到传统美德伦理的主张,阿格妮丝·赫勒(Agnes Heller)注重德性伦理与规范伦理融合的个体伦理,致力于探究一种符合个体发展的良善生活。她在《超越正义》里提出了“良善生活”的理念,并通过后著《一般伦理学》《道德哲学》《个性伦理》加以详细阐述。赫勒认为,正当的、把天赋发展成为才能以及确立情感依恋是好生活的三个条件。[⑤]

(2) 中国文化关于美好生活的表述

我国传统文化中关于美好生活的表达亦是基于完满意义上的

---

① Julia Annas, *The Morality of Happiness*, Oxford University Press, 1993.

② Aristotle, *The Nicomachean Ethics*, Penguin Classics, 2004, p.66.

③ Julia Annas, *The Morality of Happiness*, Oxford University Press, 1993.

④ Alasdair MacIntyre, *After Virtue (Vol. 99)*, University of Notre Dame Press, 1981, p.52.

⑤ [匈]阿格妮丝·赫勒:《道德哲学》,王秀敏译,黑龙江大学出版社 2014 年版,第 211 页。

幸福。中国古代文化中最早记载的幸福观见于《尚书·洪范》的五福观。五福指的是"一曰寿,二曰富,三曰康宁,四曰攸好德,五曰考终命"。唐代孔颖达对此解释为,"五福者,谓人蒙福祐有五事也。"[①]关于"福",儒家经典《礼记·祭统》云:"福者,备也;备者,百顺之名也。无所不顺者之谓备。"可见,传统文化将幸福理解为完备百顺的。对此,江畅等人通过对中国传统"五福"幸福观的考论,深入挖掘了中华民族追求美好生活的文化基因[②]。姚新中梳理了早期儒学关于美好生活的伦理范式,他认为"智慧的智识力量以及仁爱的道德力量"是早期儒学思想中美好生活成为可能的两种力量,这两者汇聚为生活的"乐"。而"谨慎认真地履行符合礼仪的责任"与"体验到的'乐'与喜悦"是通往美好生活的两个维度。来自仁爱和智慧的乐才是持久和彻底的。因此,"乐"、美德、智慧是早期儒学构建美好生活的伦理范式。[③]

当代学者从伦理学与生活的关系入手,探讨了可能生活与幸福。如赵汀阳在《论可能生活》中指出,幸福的达成要求人的行动本身是自成目的的(autotelic),并且试图达到的结果是具有自足价值(autarkeia)。而行动在操作上是创造性的,在效果上是给予性的,这是美好人际关系的唯一条件和好生活的必要条件。陈嘉映在《何为良好生活:行之于途而应于心》中探究了"我究竟该怎样生活"这个命题。指出良好生活涵盖快乐与善的品质,要从品性、识见以及有所作为来看待生活。

---

① 阮元校刻:《十三经注疏·尚书正义》,中华书局1980年版,第81页。

② 江畅、宋进斗:《中国传统"五福"幸福观考论》,《湖北大学学报(哲学社会科学版)》2018年第2期。

③ 姚新中:《早期儒学关于美好生活的伦理范式》(2018年8月15日),简书社区,https://www.jianshu.com/p/61fddfb324ae,最后浏览日期:2024年4月15日。

可见，虽然不同文化和哲学传统对美好生活的理解不同，但都在一般意义上把美好生活理解为多层次和多结构的全面完满意义上的生活，并普遍认同美德对于美好生活的价值。

2. 作为教育哲学话语的美好生活

（1）美好生活：作为教育的目的

在西方教育哲学思想史上，美好生活常被作为教育的目的。代表性的学者有四位。第一位是英国思想家约翰·斯图亚特·穆勒(John Stuart Mill)。他在《论自由》一书中关于教育目的曾作如下论述：教育的主要目的是有利于个体的美好生活；积极自由是个体根据自己意愿进行有效选择和活动的状态，能够促进个体在多元社会中过上美好生活的可能性；有益于个体美好生活的教育能够让个体意识到并可能创造出多种生活可能性，在这种教育里，个体能学会选择与依此行动的能力。美好生活的最低限度内容是自我完善。教育不能直接提供美好生活，但是能为它提供必要条件。[①] 第二位是英国著名思想家伯特兰·罗素(Bertrand Arthur William Russell)。他在《教育与美好生活》一书中指出教育的目的是培养人的理想品性。教育通过引导和培养人的理想品格，达到改造社会，建立理想社会和实现美好生活的目标。活力、勇敢、敏感以及智慧是理想品性的四种"根基"。[②] 在罗素看来，爱心和科学是人的理想品性和美好人生的不可或缺的两个要素。只有品行健全的人才能利用智力为人类创造幸福。第三位是英国当代教育哲学家约翰·怀特(John White)。在《再论教育目的》《教育和美好生活》等著作中，他强调教育的目的是让学生过上一种有意义

① [英]约翰·穆勒：《论自由》，徐大建译，上海人民出版社 2021 年版。
② [英]伯特兰·罗素：《教育与美好生活》，杨汉麟译，河北人民出版社 1999 年版。

和充实的生活，不仅获得个人的幸福也要尽到公民的社会责任，因此教育者要关心如何引导学生过上美好的生活并且培养学生的道德意识。他还指出，当代教育要培养学生的个人自主（personal autonomy）能力和性格，让他们有自主空间去追求和选择自己想要的生活样态。第四位是美国教育哲学家约翰·杜威（John Dewey）。他在《哲学与教育》中指出，教育应该为达到并延续美好生活而努力，这种美好生活对个人而言是充分的、丰富的、优雅的，对社会也是美好的。杜威还指出“民主”是教育所指向的理想生活。作为个体的生活形式，民主相信每个人的潜能与人格独立性，相信人的理智判断与行为的能力，坚信人与人在日常生活和工作中能够合作。[①]

（2）教育通过培育完满的人关涉美好生活

教育通过培育完满的人关涉美好生活。德国古典主义美学家、教育学家约翰·克里斯托弗·弗里德里希·冯·席勒（Johann Christoph Friedrich von Schiller）较早关注教育与人的完整性生命之间的关系。席勒在《审美教育书简》中提出要通过审美途径即美育来实现人的完整性生成，从而达到自由幸福的境界。具体来说，美和艺术能够从精神自由的角度帮助人摆脱外物的束缚，从而在精神上达到自由与和谐。德国教育家卡尔·西奥多·雅斯贝尔斯（Karl Theodor Jaspers）在《什么是教育》中指出，大学的教育目的是培养健全的人。教育“包括知识内容的传授、生命内涵的领悟、意志行为的规范，并通过文化传递功能，将文化遗产教给年轻一代”，因此，“教育的原则，是通过现存世界的全部文化导向人的灵魂觉醒之本源和根基，而不是导向由原初派生出来的东西和平

① 褚洪启：《杜威教育思想引论》，湖南教育出版社1998年版，第47页。

庸的知识”[①]。

国内学者董辉指出与教育伦理和实践相关涉的美好生活的具体内容涉及灵动的整全性生命、丰盈性的精神生活、健康高尚的整全性人格境界三个方面。[②] 美好生活本位的教育伦理要关注教育对象“天性的完整”和“个性的完整”。以人的美好生活为伦理信条的教育应当以丰盈而优良的精神生活对抗物欲化社会下主体不合理的价值观念。面向美好生活世界的现代教育伦理的最终目标是教育对象健全人格的养成。

可以说,教育作为一种“唤醒人的生命意识,启迪人的精神世界,构建人的生活方式,以实现人的价值生命的活动”[③],具有引导学生发展和引领学生更好生活的责任,因为“教育之所以存在就是因为它具有超越性的功能,它要通过培养人而展现可能生活,使生活变得更加美好、更值得去过”[④]。作为教育哲学关涉的美好生活“包含引导现实生活的美善价值”[⑤],是一种“自然正当”的生活,“是一种完满、恬美、健康、正义的生活,它是按照灵魂的自然而体现的完美和谐的生活。这种生活不是日常生活,即不是地上的现实生活,不是哪个人的美好生活,而是所有人的美好生活,不是暂

---

① [德]雅斯贝尔斯:《什么是教育》,邹进译,生活·读书·新知三联书店 1991 年版,第 3 页。

② 董辉:《“美好生活”本位的现代教育伦理信念及合理性辨析》,《伦理学研究》2019 年第 5 期。

③ 郭元祥、胡修银:《论教育的生活意义和生活的教育意义》,《西北师大学报(社会科学版)》2000 年第 6 期。

④ 鲁洁:《超越性的存在——兼析病态适应的教育》,《华东师范大学学报(教育科学版)》2007 年第 4 期。

⑤ 金生鈜:《教育哲学怎样关涉美好生活?》,《华东师范大学学报(教育科学版)》2002 年第 2 期。

时的一种生活处境，而是永恒的生活秩序”[①]。

3. 作为描述精神状态的美好生活

心理学常把美好生活作为一种精神状态来研究。人本主义心理学代表人物卡尔·罗杰斯(Carl Ransom Rogers)在《成为一个人》中用“功能完善的人”来描述过上亚里士多德所谓美好生活(eudaimonia)的人[②]。他把功能完善的人描述为具有非防御性和对经验开放的品质；完全活在当下；相信自己对世界的身体反应；认识到他或她的自由，以及对自由的后果所承担的责任；具有创造性，是可靠的和建设性的；过着富足充实的生活。亚伯拉罕·哈罗德·马斯洛(Abraham Harold Maslow)继罗杰斯提出了“自我实现的个体”。自我实现的个体更多受到成长和探索的激励，而不是满足于短缺的基本需求。他认为只有成为发挥自己的潜能的真实的自我，才能超越自我，用慈悲心去看待和关注于全人类的幸福。积极心理学学者克里斯托弗·彼得森(Christopher Peterson)等人指出过一种完整的生活意味着拥有沉浸的体验、在沉浸中找到意义，并通过沉浸和意义的实现找到乐趣。[③] 积极心理学研究者通常用幸福感(well-being)来说明美好生活的水平。代表性的三种提法有“心理幸福感(psychological well-being)”“主观幸福感(subjective well-being)”以及“享乐幸福感(hedonic well-being)”。

心理学关于美好生活研究最常见的分析图式是主客二元对立。关于活得好这种复杂的体验，心理学通常会从三个相关联的

---

① 金生鈜：《规训与教化》，教育科学出版社2004年版，第261页。

② Carl Rogers, *On Becoming A Person: A Therapist's View of Psychotherapy*, Mariner Books, 1995.

③ Peterson C., Park N., Seligman M. E. P., “Orientations to Happiness and Life Satisfaction: The Full Life Versus the Empty Life”, *Journal of Happiness Studies*, 2005, 6(1), pp. 25–41.

视角来考察。一是一个人是否感到满足的内在视角(比如关于自己和自己的生活状态等),二是满足自己需要的恰当条件手段的外部视角(比如财富和友谊),三是寻求洞察人类本性和命运的终极视角(比如智慧和信仰)[①]。当代西方学者根据实际生活条件(客观)与个人对这些条件的感受评价(主观)两种变量的组合,区分出四种可能的生活:"真正的乐园(Real Paradise):好的生活状况与好的主体评价;真正的地狱(Real Hell):坏的生活状况与坏的主体评价;愚人的乐园(Fool's Paradise):坏的生活状况与好的主体评价;愚人的地狱:(Fool's Hell):好的生活状况与坏的主体评价。"[②]

心理学对美好生活的研究还走向一种多维复合结构的整合。如积极心理学家马丁·塞利格曼(Martin E. P. Seligman)在《真实的幸福》中指出,美好生活(Well-being)包含快乐的生活(pleasant life)、沉浸其中的生活(life of engagement)以及有意义的生活(meaningful life)三种要素。

4. 成为新时代政治话语的美好生活

作为新时代主流意识形态创新性表达的"美好生活",采用日常化的叙事,融时代性、生活性以及感召力于一体,既满足个体发展期望,又构筑了社会共享价值,可以化解与超越现代性的精神悖论[③]。当前学界关于美好生活的论述主要聚焦美好生活的思想基础、价值内涵及其实践逻辑展开。

---

① Robbins, Brent Dean, "What is the Good Life? Positive Psychology and the Renaissance of Humanistic Psychology", *Humanistic Psychologist*, 2008, 36(2), pp. 96 – 112.

② 魏燕玲:《美好生活:一个西方思想史的考察》,《国外社会科学前沿》2020 年第 3 期。

③ 闫方洁:《"中国梦"与"美好生活":现代性语境下主流意识形态话语体系的创新》,《马克思主义与现实》2018 年第 3 期。

（1）思想基础

关于中国优秀传统文化蕴含着“美好生活”的文化基因。江畅[①]认为《尚书》中关于“五福”的记载是先人所理解的作为整体的个人美好生活。他还指出中国优秀传统文化通过完善生活、天下大同以及宇宙和谐奠定了美好生活的三维基础。赵建波和解超指出，儒家的“大同世界”、道家的“小国寡民”、佛家的“涅槃佛境”代表了中国传统文化三种不同的美好社会和生活图景。何艳珊[②]认为“大道之行，天下为公”的“大同世界”是儒家文化中美好生活的社会表现形态。“桃源理想”作为“无为而治”“道法自然”哲学理念在生活理想上的表达，是道家文化推崇的自然朴素的美好生活。“净土信仰”则是佛家在精神维度上的一种纯净美好的生活想象。

更多的学者从马克思主义哲学的视角来分析美好生活。胡绪明和胡运海运用马克思主义的“类存在”概念揭示了美好生活需要的原初动力，“类存在”指的是人的存在方式本质上表现为一种感性-对象性的活动即实践。正是这种特质使得人不断超越作为自然生命的个体，“类存在”从“历史的一度”中揭示了人们追求美好生活的原初动力。[③] 张懿从立足于人的整体性生命需求的马克思生命观视域来理解“美好生活”的三个维度：从内涵维度上看，美好生活是理论概念与实践方式的统一；从客观维度上看，美好生活立

---

① 江畅：《人民美好生活，有哪些丰富内涵？》（2018 年 8 月 20 日），《人民日报海外版》，http://m.haiwainet.cn/middle/3542936/2018/0820/content_31379076_1.html，最后浏览日期：2023 年 12 月 20 日。

② 何艳珊：《乡愁乌托邦的文化基础——“美好生活”建设的中国传统文化资源》，《民族艺术》2018 年第 6 期。

③ 胡绪明、胡运海：《“美好生活需要”的哲学基础——基于马克思“类本质”概念的理论思考》，《黑龙江社会科学》2019 年第 2 期。

足于客观物质条件；从践行维度上看，美好生活需要处理好人与自然、人与社会以及人与自身“三对关系”。[①] 李铭和汤书昆用马克思生活哲学分析了现代生活方式的失范问题，主要通过人与自然关系、人与社会关系、人与自身关系的异化来批判现代生活异化状态，强调了构建美好生活方式的自然基础、社会基础以及价值基础。[②] 顾燕峰从马克思生活观视角指出，美好生活是通过自由自觉的实践全面展开的具体生活样式，是人、自然、社会之间关系的和谐，是人合理需求的满足和自我价值的实现。[③] 武潇斐分析了“美好生活”的构成要素、内在规定以及创造路径。构成要素上，强调新时代美好生活需要重视“生产生活”的精神向度、崇尚“肉体生活”的健康和美、凸显“精神生活”的主流价值。内在规定上，美好生活是合目的性与合规律性的统一，人、自然、社会之间关系的统一，客观存在与主体能力的统一。[④] 曲轩从马克思主义哲学中共产主义对美好生活的批判性阐释入手，诠释了马克思主义视野中的美好生活追求。从唯物史观的视域阐释了美好生活是物质生活与精神生活的统一，是个人与共同体关系的一致，是对具体而现实的个人多向度全面发展的观照。[⑤]

（2）价值内涵

许多学者关于新时代的“美好生活”的价值内涵进行了不同的

---

① 张懿：《马克思生命观视域中理解“美好生活”的三个维度》，《思想教育研究》2018 年第 1 期。

② 李铭、汤书昆：《马克思生活哲学视域下的“美好生活方式”》，《学术界》2018 年第 11 期。

③ 顾燕峰：《马克思生活观视域下人民美好生活的意蕴和路径探讨》，《特区实践与理论》2019 年第 1 期。

④ 武潇斐：《“美好生活”的构成要素、内在规定与创造路径——基于〈1844 年经济学哲学手稿〉的释读》，《中共福建省委党校学报》2018 年第 4 期。

⑤ 曲轩：《马克思主义哲学视域下的美好生活》.《广西师范大学学报（哲学社会科学版）》2019 年第 2 期。

分析。综合起来，大体可以总结为以下两个价值维度。

一是作为全面发展的“美好生活”。如韩英丽认为新时代的“美好生活”是关涉政治、经济、文化、生态和精神等各方面的完整的结构形态，是一种全面共同富裕基础上的每个人的全面发展式的生活。胡绪明和胡运海指出考量美好生活需要的满足程度不仅仅是物质财富的占有，还需要构建包括民主法治、公平正义、生态环境等丰富多元的价值尺度。张三元强调美好生活的根本价值取向是人的全面发展。①

二是蕴含向上向善价值的“美好生活”。如周中之指出美好生活以“和谐”为道德价值核心。体现了物质生活与精神生活的和谐、人与人之间的和谐、人与自然的和谐。② 寇东亮认为美好生活凸显了生活的真善美等道德价值及其统一，蕴含着包含道德自由的自由逻辑。③ 邹广文认为美好生活中的“美”是人自由的象征，“美”的生活指向人生命的“目的性”；“好”的生活指向向善、和谐的人与人的关系、有道德素养的公民以及公正平等的社会。④

（二）关于大学生价值导向的研究

关于大学生价值导向的必要性，首先是现代性处境下大学生面临着新的境遇。关于现代性的理解，周宪和许钧引用波曼的话，“成为现代的就是发现我们自己身处这样的情况中，它允诺我们自己和这个世界去经历冒险、强大、欢乐、成长和变化，但同时又可能摧毁我们所拥有、所知道和所是的一切。它把我们卷入这样一个

---

① 张三元：《论美好生活的价值逻辑与实践指引》，《马克思主义研究》2018 年第 5 期。
② 周中之：《美好生活的伦理意蕴及其实现的价值引领》，《中州学刊》2018 年第 10 期。
③ 寇东亮：《“美好生活”的自由逻辑》，《伦理学研究》2018 年第 3 期。
④ 邹广文：《美好生活的价值向度》，《光明日报》2019 年 1 月 21 日。

巨大的漩涡之中，那儿有永恒的分裂与革新，抗争与矛盾，含混与痛楚”①。现代性带来了人们对时间与空间、自我与他人、生活的可能性与危机的具体体验。当代大学生思想活动的多元性、选择性、多变性以及差异性不断增强，在价值观上的分歧、分化、撕裂等现象值得关注。其次，信息的流动性过剩、碎片化叙事稀释了思想的深度和浓度，相互矛盾的价值观念容易让人无所适从。这就要求新时代德育要把向上向善作为价值导向②。向上源自人的未完成性；向善则是维持美好生活之必需。因为“向善赋予生活——日复一日的生活过程——以意义”③。

其次，一些学者对德育的学理反思凸显了大学生价值导向的重要性。如吴昌政反思了大学德育低效的三大症结，一是人才培养上重工具理性，轻价值理性的理念错位；二是大学德育知识化、课程化倾向忽视了德育的实践性和主动性。三是大学德育伦理的价值导向模糊，背弃了“至善”的大学理念。④ 他从底线伦理和美德伦理两种伦理取向的比较出发，倡导以美德伦理作为大学德育的价值取向。因为美德伦理围绕着人的道德品质的塑造、追求人至善禀赋的实现和弘扬，这种价值取向下的人才培养观以美好德性作为合格人才的前提和基础。李长伟和徐莹辉批判了以功利主义为主要价值取向的教育，认为其带来的直接实践后果是教育对象的工具化，体现为德性追求、批判精神以及人之为人精神性的丧失，主张教育不仅“要关心学生的物质层次的提高（散文式生活），

---

① ［美］大卫·库尔珀：《纯粹现代性批判——黑格尔、海德格尔及其以后》，臧佩洪译，商务印书馆 2004 年版。

② 辛世俊：《向上向善：新时代德育的价值导向》，《中国德育》2018 年第 2 期。

③ 陈嘉映：《何为良好生活——行之于途而应于心》，上海文艺出版社 2015 年版，第 234 页。

④ 吴昌政：《大学德育的价值取向》，《道德与文明》2006 年第 1 期。

更为根本的要关注学生精神世界(诗的生活)之成长”①。

(三)关于美好生活与思想政治教育的关系

关于美好生活与思想政治教育的内在关联。我国生活德育论著名学者鲁洁认为道德教育的根本使命是引导人走上“成人之道”②。道德教育要确立的是人的生活原则、生活的根本方向,所涉及的是整体生活的善,最终要达到的是使人成为人。可以说,“怎样去做成一个人”这一根本生存方式问题是道德和道德教育的核心问题。道德教育的根本作为就是要引导人生活的建构。具体来说,教育与道德教育要使人在多样的可能生活中选择和实现一种好的生活,一种更有价值和意义的生活。冯建军进一步指出道德教育要引导人的幸福生活的建构,并可通过幸福观的教育、德性的创造,培养人的幸福能力,引导人过上幸福生活。③

关于以美好生活为导向的大学生价值教育的可能性。首先,大学生的价值导向要通过完整而真实的生活作为载体来构建美好生活。蒋一之把德育的本质作为逻辑起点,论证了德育“生活化”取向的必然性。④ 对个体来说,德育的本质在于帮助个体完成人生意义的探索和生存质量的提高,这是德育的个体性功能,具体包括个体的生存功能、发展功能与享用功能。对社会发展来说,德育可以帮助个人完成道德的社会化,这是德育的社会性功能,具体包括政治功能、经济功能、文化功能与生态功能。而不论是个体性功

---

① 李长伟、徐莹晖:《功利主义教育目的与人的工具化》,《内蒙古师范大学学报(教育科学版)》2004年第9期。

② 鲁洁:《道德教育的根本作为:引导生活的建构》,《教育研究》2010年第6期。

③ 冯建军:《道德教育:引导幸福生活的建构》,《高等教育研究》2011年第5期。

④ 蒋一之:《“生活化”:德育改革与发展的价值取向》,《教育科学研究》2002年第5期。

能还是社会性功能,最终都是为了人的发展与幸福。所以,德育“生活化”是体现德育本质和功能的中介,也就是德育要从生活性问题入手,根植并服务于生活世界。

其次,价值教育的为人性使其能够通过提升人的生命价值,引导人学会过美好生活。大学生的价值导向是思想政治教育的重要内容,而思想政治教育是把现实的人作为逻辑起点,以未完成的人作为价值前提,以生成的人作为归宿,终极追求是实现人的全面自由发展①。加拿大著名教育家克里夫·贝克在其著作《学会过美好生活——人的价值世界》一书中也指出,“知识、生存、幸福、健康、爱、相助、自尊、尊重、自由、自我实现、意义感觉”②等基本价值与人生愿望紧密相连,是美好存在的现实体现。这些价值应成为公共教育的“参照点”。“价值是美好生活的基础。因为每个人都想生活得好些,所以我们相信,人们为了自己和至少是一些他人的美好生活,而已经在努力地、稳步地发展完善着价值系统和生活方式”③。“价值追求是人的本性,价值需求是人的生命所规定的东西,价值生活是人的生活的实质。人的存在与价值生活不能须臾分开。”④

关于价值导向关涉美好生活的具体途径。价值教育导引人达成美好生活是其人文价值的具体体现,因为它具有直接或间接地满足人的生存和发展需要的价值。李岩认为思想政治教育可以通过知识教育、价值观教育以及实践性活动助推人的生活智慧的生

---

① 李岩:《思想政治教育人文本性基本内涵的深度解读》,《求实》2013 年第 3 期。

② [加]克里夫·贝克:《学会过美好生活——人的价值世界》,詹万生等译,中央编译出版社 1997 年版,第 6 页。

③ 同上书,译者的话。

④ 檀传宝:《教育是人类价值生命的中介——论价值与教育中的价值》,《教育研究》2000 年第 3 期。

长和发展;可以助力人的精神生活的充盈和平衡;通过促进人的主体性生成发展以及社会关系的丰富和谐来作为人实现美好生活的动力。[①]

新时代思想政治教育要满足美好生活需求的前提是找到二者的关联与互通,在实践中探索思想政治教育创新的着力点。如宋芳明和余玉花指出新时代思想政治教育要围绕“美好生活教育”的主题,将教育目标、内容、方法、载体等与社会生活做好衔接和契合;要以“建构价值秩序—平衡充分发展—实现美好生活”的逻辑展开;要提升自身的马克思主义理论功力和创新话语表达方式以回应大众的接受度和认同度。[②] 陈华洲和赵耀从宏观层面分析了美好生活视域下思想政治教育要实现思维、内容、方法、主体四个方面的转型。[③] 韩英丽认为实现人的自由而全面的发展是美好生活与思想政治教育的共同价值旨归,思想政治教育是满足美好生活需要的有效途径,构建美好生活是思想政治教育的实践指向。[④] 颜晓峰从美好精神生活需要对思想政治教育提出的新课题入手,指出思想政治教育是满足美好精神生活需要的重要途径,并强调了创新思想政治教育以满足美好精神生活需要的思路。[⑤] 李敏指出思想政治教育要提升思想性以满足人民精神生活的多元性

① 李岩:《思想政治教育人文价值的具体表现解读——兼论思想政治教育惠于人的精神生活和社会生活的方式》,《湖北社会科学》2015 年第 1 期。

② 宋芳明、余玉花:《人民美好生活视域下思想政治教育发展的新任务》,《思想理论教育》2018 年第 2 期。

③ 陈华洲、赵耀:《社会主要矛盾转化视域下思想政治教育的现代转型》,《思想理论教育》2019 年第 2 期。

④ 韩英丽:《新时代思想政治教育与人民美好生活的融通点》,《学校党建与思想教育》2019 年第 16 期。

⑤ 颜晓峰:《人民日益增长的美好精神生活需要对思想政治教育提出的新课题》,《思想教育研究》2018 年第 3 期。

需求,要立足新时代培养时代新人以供给美好生活以创造主体,要推进公共性转化以构建和谐健康的生活方式。[①]

尽管不同的学者分析美好生活关涉大学生价值教育的视角不同,但是一个共识性的结论是要用新时代核心价值观作为引领(如韩英丽、王梦珂等)。因为“社会主义核心价值观既体现了社会主义的本质要求,也是当代中国精神的集中呈现,凝结着全体人民共同的价值追求”[②]。

(四) 评述与展望

美好生活是一个内涵丰富、宽泛复杂的问题,单一的学科视角和理论基础都不能获得对这一问题的全面、深入的认识。随着经济全球化的不断深入,我们需要从古典东西方哲学中吸取核心洞见,来扩展对美好生活的理解,正如吉尼翁在《好的生活》(*The good life*)一书中所说的:“好的生活这一问题目的在于确定最富成就感、最具意义、最令人满意的生活,这种生活对人类来说是可能的,它可以被描述为欣欣向荣的、繁荣兴旺的以及……‘福佑的’……我们回答这类问题的能力直接影响我们理解我们作为一个共享世界中的成员的义务的能力”[③]。

关于美好生活的研究,需要以唯物史观为指导,综合运用多维度和多视角,才能深刻把握其理论内涵与实践逻辑,深入理解其历史演变与现实意蕴。我们要把理论探究与实践总结相结合。已有

---

① 李敏:《实现人民美好生活的思想政治教育路径探析》,《思想理论教育》2019 年第 2 期。

② 王学俭、顾超:《新时代思想政治教育矛盾的新特点与解决思路》,《思想理论教育》2019 年第 2 期。

③ Charles B. Guignon (ed.), *The Good Life*, Hackett Publishing Company, 1999.

的研究从不同的角度进行了阐释和论述，我们需要系统梳理已有理论资源，科学构建新时代美好生活的理论体系，从认识角度、分析逻辑以及研究模式上推演出更有解释力的论证。而美好生活与大学生价值导向的关联涉及对实践活动的规律性认识，要求我们在已有的理论研究成果基础上，总结和提炼丰富而生动的实践经验，以更好应对现实困境与挑战。此外，由于美好生活和大学教育的主体是现实而具体的人，我们需要清晰地认识作为现实个体生活"布景"的社会客观条件，也要了解个体的身心发展需求，探索应对大学生生活领域中失衡、失序以及失落现象和问题，优化大学生生活品质和提升生命价值的有效对策，这是以美好生活为导向的大学生价值教育的落脚点。

三、研究视角、思路与创新点

生活的展开总是依托于一定的历史发展阶段。任何一种社会价值导向总是会随着社会发展和演进不断发生裂变。由于当代中国面临着中国传统文化、社会主义文化以及现代西方文化三种思想力量的交融和碰撞，表现在现实层面就是价值标准和行为选择的多样化以及主导价值整合功能的弱化。要研究生活中的价值状况和问题，需要认清当下中国的历史境遇和历史命运，摆脱简单化和单一化的思维方式。

本书力图在现有研究的基础上，研究美好生活与青年大学生群体的生活状况和价值导向问题。这一研究所涉及的主要问题包括：

首先，涉及何为美好生活的问题。美好生活作为一个日常语汇时，表达的是古今中外人们追求和向往的理想生活。而美好生活作为一个理论范畴时，指的是人作为能动性的生命存在所趋近的一种自由状态。从价值内核上看，美好生活包含哪些价值？从结构关系上，美好生活又表现为哪几种关系的统一？我们所建构的美好生活概念试图体现两个超越：一是对客观量化范畴的超越，这里的美好生活不同于社会学或经济学意义上的生活质量指数。二是对主观感受范畴的超越，这里的美好生活并不是停留于心理学层面上的主观幸福感，更多是用价值内核和结构关系来进行界定。

其次，涉及美好生活的理论基础与思想来源问题。中国传统文化中，儒家、道家、佛家关于美好生活的理想都是什么样的？西方思想史上，对美好生活的解释和阐释都有哪些视角？在历史演进中呈现出什么样的变化？马克思主义视角下的美好生活，又具有哪些独特的思想价值？我们试图通过厘清这些问题，为后续挖掘中国传统文化、西方思想史、马克思主义理论中有关美好生活的思想、新时代美好生活提出的逻辑理路和价值实现提供材料支撑。同时，还要做好美好生活与价值导向的内在关联问题的解答。

再次，要探查当代大学生现实生活的多重形态。主要以自我认同作为切入点，找到大学生多重生活结构关系与自我的关联，并透过大学生在当下表现出来的“新”现象，找到“精致穷”“空心病”“精致的利己主义”“宅化”“内卷化”“网生代”等现象背后的生活表征以及价值迷失。

之后，要找到生活结构失衡与价值迷失背后的原因。原因肯定不是单一的，而是多重因素交织在一起的。是什么样的社会形态和时代境遇可能引发生活失衡和价值危机？教育精神的变化、数字生活方式的兴起又会对当代大学生的生活结构和价值观念带来什么冲击和影响？当代大学生本身的发展特点和生活方式的变化是否也是一种深层底因？

最后，在分析可能的根源后，我们应该如何对当代大学生进行价值引导？要回答这一问题，需要厘清价值导向的基本原则、价值导向的核心议题、价值导向的展开维度以及平衡机制。这种价值导向应该落实到当代大学生的生活实践中，引导他们过上一种可能的美好生活。

本书的各章节和内容安排将按照以上研究思路展开，

第一章是对何为美好生活这一问题尝试做一种“规范性”的诠释。首先，从学理上辨析人的需要与欲望之间的关系。本章介绍了三种思想史上有代表性的需要理论，分别为马斯洛的需要层次理论、以佛洛姆和马尔库塞为代表的需要批判主义视角和马克思的需要理论，在此基础上，阐释了美好生活需要的内涵。其次，通过对不好生活的要素的解构，来进一步明晰美好生活的价值内核。重点阐明了美好生活是一种自主的生活、一种进步的生活、一种平衡的生活。在明晰美好生活的价值内核后，需要就美好生活的结构关系再做进一步的解释。结合本书的研究对象，作为整体概念的生活应该包含四种基本的结构关系：物质生活与精神生活的统一、个人生活与公共生活的统一、学习生活与闲暇生活的统一以及数字生活与线下生活的统一。就结构关系而言，美好生活应当要实现这四种结构关系的平衡。

第二章主要梳理了美好生活思想的历史源流和理论基础。美好生活作为古今中外人们的追求和向往而存在，既有来自中国传统文化的文化想象，也有古典西方哲学的伦理思辨走向，以及当代科学心理学的实证视角。更有基于历史唯物主义视角的理论思考。因此，本章分别阐释了中国传统儒家、道家以及佛家关于美好生活的价值向度与实现路径、西方思想史上美好生活思想的享乐论与实现论的研究传统、马克思经典文本中的美好生活思想以及新时代美好生活思想的逻辑理路和价值实现方式。此外，就美好生活与价值导向内在关联的几个问题进行了阐释。

第三章主要探查当代大学生的生活状态和价值取向。基于当代大学生的群体特点和发展规律，可以从自我认同这一核心发展课题作为切入点，来探查四重基本结构关系视角下的生活形态。本章第一部分不是全景式呈现当代大学生的生活全貌，而是重点分析了物质生活与精神生活、个人生活与公共生活、学习生活与闲暇生活、数字生活与线下生活这四个维度与大学生自我发展的逻辑关联。第二部分则检视了上述四种生活结构的失衡现象。值得一提的是，书中所提及和剖析的失衡现象并非要给当代大学生的生活一味贴负面标签，而只是借助这种生活失衡和价值迷失问题的集中展现，以凸显关注美好生活和价值导向的重要性。第三部分则是在上述现象的基础上，探究生活结构性失衡现象背后的价值隐忧。这部分主要从物质与精神、主体性与公共性、功利价值与理想价值、价值生活的彰显与遮蔽四个维度展开分析。

第四章是将当代大学生的生活状况和价值选择置于当下的历史境遇进行分析。不仅要结合社会转型期的时空背景，而且要结合数字生活方式的兴起来分析问题形成与演化的脉络。同时也要挖掘当今教育精神的转变与竞争逻辑的蔓延对大学生生活形态的渗透和价值观念的冲击，就大学生这一主体而言，他们正处于青年发展的关键阶段，自我发展可能面临自我认同的危机与青年角色的消失等困境。而进入大学之后，一种习惯性被动与可能面对的游牧式生活都会影响他们的价值选择与生活形态。

第五章重点讨论如何从美好生活的视角做好当代大学生的价值导向。在基本原则上，要坚持以历史唯物主义为指导思想，以中华优秀传统文化为精神根基，以社会主义核心价值观为主导价值，以习近平青年奋斗观为时代内容。在核心议题上，要围绕自我伦理的建构、进步观念的重建以及关系理性的培养来建构美好生活的伦理。在展开维度上，要从国家、社会以及个人三个维度去引导大学生的价值取向。在平衡机制上，要通过物质生活与精神生活的平衡、个人生活与公共生活的平衡、学习生活与闲暇生活的平衡、数字生活与线下生活的平衡来引导大学生过上可能的美好生活。

四、研究方法

1. 文献法。在文献搜集过程中，对国内外与研究内容相关的参考文献进行了充分积累。在文献积累的基础上，通过仔细阅读和筛选评估，选取适合研究需要的部分，进行文献整理和综述。在文献运用中，坚持将理论分析与现象解释相互结合和相互佐证，增强本研究的说服力。

2. 本书不是通过量化研究对大学生生活和价值取向进行调查，而是采用现象描述和现象解释等质的研究方法来呈现大学生生活中的价值迷失问题。作为一种问题呈现方式，笔者根据自身实际工作中所观察到的问题和现象，采用现象“深描”和现象解释的方式来集中呈现大学生生活和价值探查的结果，并结合已有的研究和报道进行佐证。该方法是为了以更锐利的视角去审视大学生生活中存在的价值偏离，将问题放大以凸显价值导向的迫切性和必要性。

3. 理性思辨法：本书注重结合哲学、伦理学、社会学、心理学等多个学科的理论资源，在充分挖掘相关理论成果的基础上，采用哲学思辨的方式进行研究。尤其在文章第四部分，探究价值失落背后的根源必然涉及多个方面的因素，只有以更加开阔的视野、更深入的哲学反思才能获得有理论深度的分析。

此外，本书注重结合个人在实际工作中的观察和思考，立足时代境遇与当代大学生的成长规律，关注当代大学生生活中存在的价值问题，同时鉴古思今，使研究具有更深厚的现实感和历史感。

五、研究创新与不足

1. 研究的创新点：美好生活成为大学生的价值追求是应有之义。基于美好生活的价值内核，面向当下大学生的生活现实，提供合理有效的价值导向，是本书的基本思路。本研究的创新点在于，从“现代生活中价值的失落”这一问题出发，从美好生活的理论内涵、历史演进、价值意蕴入手展开，围绕美好生活所包含的基本结构关系，提出美好生活是物质生活与精神生活的统一、是学习生活和闲暇生活的统一、是私人生活与公共生活的统一、是线上数字生活与线下生活的统一，并以此作为分析和探查大学生价值现状的整体框架。采用多学科视野、采用“质”的研究，运用哲学思辨的方式分析了大学生价值失落的根源。在探索美好生活的价值内核与思想政治教育价值之间结合点的基础上，从基本原则、核心议题、展开维度以及平衡机制四个方面提出美好生活视域下大学生价值导向实现的实践路径，以期更好引导大学生树立合理的价值观念。

2. 研究的不足点：本研究在讨论美好生活视域下大学生的价值导向问题时，采用有说服力的近期案例和实证数据支撑一些观念仍有不足。另外,以问题聚焦的方式来探查部分大学生失衡和价值失落的表现和原因,一定程度上无法完整呈现具有积极生活状态和端正价值取向的大学生群体。

第一章

美好生活的基本内涵

什么才是美好生活？这是研究的出发点，也是研究的落脚点。美好生活的提出暗含着一个与价值多元主义（相对主义）不同的前提。因为只有在我们预设存在不美好的生活时，这种提法才有意义。这种说法同时还蕴含着以下情况：存在一种放之四海而皆准的生活美好的标准，依据这些标准我们可以判断生活到底是否美好。这种“规范性的（normative）人本主义立场”是基于人性的几个基本前提。人作为一种种属，并不只是在解剖学和生理学意义上，而是具有基本的精神素质。人是欲望与理性的综合体，正如古老的图画所示，人总是处在“一半是猿一半是天使”的半路之中。每个人都是同时受着生理和精神功能的指引，为过上更圆满生活的目标而努力。这一人性事实提醒我们，一方面，人作为理性存在掌握着可以敬畏的道德律；另一方面，人还作为生理的、有欲求的存在，会阻碍人奋起向上。尽管人性自古以来就是一个复杂的问题，至今也无法给出一个完美的界定，我们对人性仍持一种乐观态度。正如康德所认为的，人是在与本性中的粗野相纠缠的斗争中不断进步[①]。人能在尊重人性内在规律的基础上，不断发展人的潜力和实现自我创造。弗洛姆也指出，“人在改造周围世界的同时，也在历史的进程中改造了自己。事实上，人是自己的创造之物。但是……他也只能按照人的本性来改造、改变他自己。人在历史进程中所做的，便是开发这种潜力，并按照人性的可能发展方向来改造这种潜力”[②]。而人性内在地有一部分动力和需要有益于健康和幸福，而有另一部分则是会造成苦痛和不幸的。哪一部分内在品质将会由潜在的发展成为实在的东西，取决于是否按照人性的特征和规律发展成熟。因此，在对美好生活进行“规范性”的诠释之前，我们有必要先对人性的基本需要做一个学理上的辨析。

第一节　需要概念的学理辨析

从学理上辨析需要概念，有必要对需要和欲望的相关概念及其相互关系做一个简要的梳理。

一、需要与欲望

从历史上看，早在古希腊哲学中就有关于欲望的探讨。欲望这一概念源自古希腊神话的爱神“Eros”，意味着人在生理、心理或者精神上的“空缺”和“匮乏”。柏拉图肯定欲望的“空缺”说，并把

---

① 高国希：《康德的德性理论》，《道德与文明》2009 年第 3 期。

② [美]艾里希·弗洛姆：《健全的社会》，孙恺祥译，上海译文出版社 2011 年版，第 11 页。

欲望区分为“必要的”和“不必要的”。所谓“必要的”，就是符合人的本性的不可避免的欲望和有利于人的发展的欲望，而“不必要的”，指的是超过人的本性所需，以及不利于甚至妨碍身心健康发展的欲望。亚里士多德则把人的欲望对象区分为外在诸善、身体诸善以及灵魂诸善。其中，外在诸善包含财富、实物、权力、名声之类的东西，身体诸善包含健康或漂亮等，灵魂诸善则指的是德性的善。“外在诸善有其阈限，……超出其阈限就必然会对其拥有者有害，或变得没有用处；灵魂方面的每一种善，却是愈多超出愈有益处。”[①]可以说，不论是柏拉图还是亚里士多德，对欲望和欲望对象的区分旨在强调欲望是理性节制的对象。

到近代哲学这里，霍布斯等人把感性欲望与人的主体建构结合起来，欲望成为理解人的主体行动的基本动力。欲望问题成为一个突出而重要的问题。尤其是在黑格尔那里，欲望成为自我意识的构成性成分。他在《精神现象学》里更是直言，“自我意识就是欲望”，在欲望的满足中人得以确认自身主体性的存在，人的自我得以生成。正如亚历山大·科耶夫(Alexandre Kojève)所指出的：“正是在他的‘欲望’中，通过‘他的’欲望，更确切地说，作为‘他的’欲望，人才成为人，并且——向自己和他人——显现为一个自我，本质上不同于和完全对立于非我的自我。(人的)自我是一种欲望——或欲望自我。”[②]马克思发展了黑格尔的欲望逻辑，肯定了人是在欲望的推动下实现自身天赋才能的有限存在物，并以“自由而自觉的活动”的类本质实现扬弃了人的感性欲望的满足，“最终

① [古希腊]亚里士多德：《政治学》，颜一等译，中国人民大学出版社2003年版，第228页。

② [法]亚历山大·科耶夫：《黑格尔导读》，姜志辉译，译林出版社2005年版，第4页。

以层次性的需要概念替代了笼统的欲望概念"[①]。在马克思那里，需要不仅包括满足生命存在的基本感性需要，还包括实现人的天赋能力的自由而全面的发展需要。不仅如此，马克思还从历史哲学的视角来理解需要，"已经得到满足的第一个需要本身、满足需要的活动和已经获得的为满足需要而获得的工具又引起新的需要，而这个新的需要的产生是第一个历史活动"[②]。人的感性欲望的满足作为人的活动的直接目的，能够生产出实现人的自由全面发展这一内在目的的条件。作为感性存在的人也进展为社会历史性的存在。可以说，马克思一方面充分肯定了欲望对人的主体建构的积极作用，另一方面又把欲望限制在实现人的自由全面发展的类本质的物质基础领域内，为人在现实历史的发展中展现出人的全部潜在能力提供了可能空间。

从理论上看，需要（needs）和欲望（wants）之间的区别是需要理论中最值得关注的话题之一[③]。不少研究者按照主客观二分法来区分需要和欲望：欲望本质上是主观的感受状态，而需要被认为是客观的要求。然而，所谓需要的客观性在相关文献中也是一个有争议的问题。一些学者比较关注认定特定事物为需要的规范性含义，还有一些学者则希望需要可以弥合"是"（what is）和"应该"（what ought to be）之间的鸿沟。当我说人需要某物时，我也暗指人应该有某物。因此，需要并非全然客观的。例如，阿利森·阿斯特（Alison Assiter,）和杰夫·努南（Jeff Noonan）将"需要"定义为

① 毛林林：《马克思哲学视域中现实主体的生成：从欲望到需要》，《哲学研究》2019 年第 9 期。

② 《马克思恩格斯文集》第 1 卷，人民出版社 2001 年版，第 531—532 页。

③ Joshua Cutts, "Herbert Marcuse and'False Needs'", *Social Theory and Practice*, 2019, 45(3), p. 3.

“基本生活必需品”[①]。当这种需要未得到满足时，将会造成“客观损害”。约翰·麦克默特里（John McMurtry）将“客观损害”定义为“基本机体功能的削弱”，将影响到“有足够的知觉、运动和思想水平，足以过上健康的、自我决定的、有意义的和有社会价值的生活”[②]。虽然客观损害的提出是为了区分需要和渴望，但是当麦克默特里提出关于个人有意义的生活时，这种区别就被打破了：因为人类有时会用客观的需要来满足他们的主观渴望。

威廉·莱斯（William Leiss）强调需要、欲望、愿望（desires）、驱动力（drives）之间的细微区别，他通过汇集人类学、经济学和心理学等领域对需要理论的研究成果，指出这几个术语之间的细微差别[③]。如社会学和人本主义心理学经常使用“需要”，而经济学用的是欲望、选择（choices）和需求（demands）；行为心理学更喜欢驱动力；消费心理学喜欢选择和愿望。最后，一些哲学家将所有这些与偏好（preferences）区分开来。此外，在大多数研究中，普遍存在基本的二分法。需要或欲望的集合（或任何其他名称）按照自然的与培育的、直接与衍生、身因性与心因性、必需的与奢侈的、实在与象征、真实与虚假、客观与主观、基本与随意、低级与高级等对立类别进行分组。在上述不同的术语用法和分类方案中，有三种反复出现的思维模式：生物和文化成分之间的区别，等级或相对优先级之间的区别，以及行为主义和批判视角之间的区别。

---

① Alison Assiter, Jeff Noonan, “Human Needs: A Realist Perspective”, *Journal of Critical Realism*, 2007, 6(2), p. 176.

② John McMurtry, *Unequal Freedoms: The Global Market as an Ethical System*, Garamond Press, 1998, p. 164.

③ William Leiss, *The Limits to Satisfaction: An Essay on the Problem of Needs and Commodities*, University of Toronto Press, 1976, p. 53.

二、三种代表性的需要理论

为更好理解在需要理论研究中反复出现的思维模式，这里着重介绍三种代表性的需要理论：马克思主义的需要理论、马斯洛的需要层次理论以及需要批判主义视角。

（一）马克思主义的需要理论

马克思指出："人以其需要的无限性和广泛性区别于其他一切动物。"[①]动物的需要主要是维持生命存续的本能需要，而对人而言，生物本能只是人的需要的自然前提。人能通过实践和思维"开拓出一个无限的实践与认识的世界"[②]，因此，人的需要更加丰富完整，从内容上看主要包括物质文化需要与精神文化需要。正如黄楠森所说，人所独有的需要"可划分为本能文化需要与纯文化需要，前者主要是物质文化需要，后者主要是精神文化需要"[③]。

从需要的社会性和历史性出发，马克思主义理论认为人的需要可以分为生存需要、享受需要和发展需要三个层次。生存需要包括吃、穿、住以及休息等"原有个体生命的再生产"需要以及"新的个体生命的再生产"即繁衍需要。这些是作为自然存在物的必要的需要，可归结为"自然主体的那种个人的需要"[④]。这种需要是人的"需要的社会体系"的基础，也是"需要的历史序列"的前提。享受需要又可称为占有需要，指的是人在单纯满足自身的生存限

① 《马克思恩格斯全集》第 49 卷，人民出版社 1982 年版，第 130 页。
② 同上书，第 204 页。
③ 黄楠森主编：《人学原理》，广西人民出版社 2000 年版，第 215 页。
④ 《马克思恩格斯全集》第 49 卷，人民出版社 1982 年版，第 20 页。

度的基础上，需要进行劳动者的再生产，这就需要追加劳动力再生产的教育训练费用等生活资料。这里包括必要劳动的需要与剩余劳动的需要。因此，这种需要超出了人的单纯对象性需要，使活动本身成了人本身的需要。人不仅仅作为自然存在物而存在，也作为能动的生产者而进行再生产。这是"历史地自行产生的需要即由生产本身产生的需要"，又被称为"外在的需要"。而发展需要是在生存和享受需要的基础上发展起来的，属于人的高级需要，包括科学探究、社会交往以及审美创造等方面的需要。发展需要是人成为真正的社会自由人的历史需要，满足发展需要的活动不再是为了满足自然欲望或者外在力量的要求，而是成为人的真实能力和自由个性的展开。马克思认为只有这时，人才是真正的内在富有的人。"富有的人同时就是需要有完整的人的生命表现的人。在这样的人身上，他自己的实现表现为内在的必然性，表现为需要。"[①]可以说，发展需要在人的需要中属于最高层次。生存需要和享受需要都属于满足人的生活的手段，只有发展需要才是人之为人的最终目的。发展的需要还体现在作为需要的社会体系和历史序列的一种理想和目标，即体现为共产主义社会中人的全面发展："随着个人的全面发展，生产力也增长起来，而集体财富的一切源泉都充分涌流之后……社会才能在自己的旗帜上写上：各尽所能，按需分配。"[②]

（二）马斯洛的需要层次理论

第二种思维模式是将人的需要按等级排列。需要紧迫性和重要性程度的不同决定了我们必须处理它们的顺序，最有影响力的

---

① 《马克思恩格斯全集》第42卷，人民出版社1979年版，第129页。

② 《马克思恩格斯选集》第3卷，人民出版社1972年版，第12页。

模式是亚伯拉罕·马斯洛(Abraham Maslow)的需要层次理论。马斯洛确定了以下几类需要:身体需要(即生理需要)、安全需要(秩序、可预测性、环境的可靠性)、爱和归属的需要、自尊、自我实现。上述需要按照最直接到最不直接排列,所以,在每一个连续的类别中所代表的需要仅仅表现为前面的那些已经达到了足够的程度。前三个是基本的或"匮乏"的需要,这些需要无法满足就会导致生理或心理疾病;后两种代表衍生需要,其展开是实现全面发展人格的途径。寻求释放紧张是为了满足匮乏性需要,后者是开放式的积极活动。在这两类需要的承继过程中也存在一种内在的动力,因为只有后者才能界定人之为人的独特性,因此才是个人奋斗的适当目标。这一需要层次模型还蕴含着一种伦理判断和心理健康的概念。把注意力集中在更直接的需要层面是不恰当的,因为衡量个人成长或成熟的标准是展现表达更高需要的能力。对于一个成熟的人来说,前两类中包含的"物质"目标应该找到一个满足点,在那里,事情的积累就结束了,而非物质的目标(后三个)则开启了一个潜在的无止境的个人成长前景①。马斯洛需要层次理论在本质上是时间性的(temporal),也是本体论的(ontological)。生理需要是最紧迫的,必须首先得到满足,社会运作得当时后续的需要满足就会相继发生。同时,需要的进展也是本体论意义上的:后面的阶段代表更高的存在状态,或者更适合人类生存的领域。

马斯洛认为,人在某一时刻都应该超越物质活动水平,以达到自我实现活动,与商品交换无关。然而,在高度商品化和市场环境下,实际的行为趋势却大相径庭。物质交换的领域并没有被超越,

---

① William Leiss, *The Limits to Satisfaction: An Essay on the Problem of Needs and Commodities*, University of Toronto Press, 1976, p.56.

而是越来越深入地扩展到“心理”领域。自尊和自我实现的需要通过购买商品来表达和追求。商品不只是简单的实物，而是具有复杂的符号意义。社会实践将个人活动系统地定向于获取越来越多的大宗商品。在这一背景下，自我或“个性”(individuality)通过消费和积聚一系列独特的商品来实现。根据马斯洛的观点，自我实现指的是一种“无争的、非以自我为中心、自我认可的终极体验”；它是在“巅峰体验”中达到的。比如创造性的时刻、智慧的洞察力、为人父母的感觉、神秘的直觉等。这一概念将生命的非物质领域与物质领域生硬分割开来，并暗含着对物质需要的一种贬低。但是，如果许多人将他们的巅峰体验与消费活动联系起来，如果这些“精致”的感觉体现在商品中，那么精神需要的终极优先权将会停留于社会主流关注的边缘。因此，不能简单地把需要的非物质维度和物质维度分开。不论在哪一种社会，各种需要构成了一个统一的活动领域，每一部分都能反映出整体的共同特点。

（三）需要批判主义视角

弗洛姆、马尔库塞等人提出了有关需要的批判性观点，试图对行为确立一些客观标准，用以判断行动的适当性。例如，弗洛姆就从这个角度论证了“一个健全的社会是一个符合人的需要的社会——这里所说的需要，并不一定就是指人觉得他所需要的东西，因为即使是最病态的目的，也可能被人主观地认为是最需要的；这里所说的是指人类客观的需要，我们可以从对人的研究中知道这些需要。”①马尔库塞则对真实的需要和虚假的需要、自发的需要与人为的需要进行了区分。心理健康和生理健康是客观条件，据

① ［美］艾里希·弗洛姆：《健全的社会》，孙恺祥译，上海译文出版社2011年版，第18页。

此我们可以明确真正的需要（反之，也能列举何为真正有害的需要）。当资本主义市场经济本身的必要性（生产体系中不断扩大商品领域的必要性）变成内在化，成为个人经验中深切感受到的需要，这种需要其实是一种虚假需要。社会压力特别是不断的广告宣传制造了“人为的”需要或“虚假的”需要，这种虚假需要是高消费生活方式的来源。

然而，批判性视角的主要困难在于，试图通过“人的研究”提供一个客观的标准来判断所感觉到的需要的相对真实性。但是人的需要受其发展的特定历史环境所制约，没有普遍适用的客观标准。这一理论难以现实地描述受到多重需要（实际上反映市场经济自身持续扩张需求的消费者需求）制约的人能够进入自主和自由状态的阶段。这一批判视角的贡献在于通过对社会发展的批判性研究，指出需要的形成要在个人心理和社会经济体系的动态相互作用中才能得以理解。

三、美好生活需要的内涵

“美好生活需要”应该涵盖物质文化需要和精神文化需要两方面，以体现人的需要的完整性、丰富性和全面性。从物质维度上看，美好生活需要指的是丰富的物质需要。作为现实的有生命的个人，“首先必须吃、喝、住、穿，然后才能从事政治、科学、艺术、宗教等等”[①]。因此，作为人的基础需要，物质需要是美好生活需要的重要内容。当然，美好生活需要并不仅仅停留于基本物质需要的满足，在强调积累和提高物质财富的同时，还要凸显物质需要的

① 《马克思恩格斯选集》第3卷，人民出版社2012年版，第1002页。

品质性和文化性。由于需要是历史发展变化的，随着生产力的发展和科技的进步，人们对物质需要的高品质和文化内涵也提出了更高要求，如饮食的营养均衡、穿着的舒适健康以及环境的清新自然，都属于日益增长的物质需要。从精神维度上看，美好生活需要包括"高品质的文化需要、公平正义的政治需要、有尊严的社会需要以及和谐美丽的生态需要"①。高品质的文化需要以推动人的自由全面发展为价值旨归，观照人的自我提升以及生命的价值感和意义感。比如审美需要的满足能丰富人的精神生活样式，提升人的艺术修养。公平正义的政治需要凸显了人的共同体需要，肯定人的政治主体性，倡导人积极自觉、理性有序参与政治生活。有尊严的社会需要强调人的关系属性，强调真正的自由个性是个性化与社会性的统一。一方面，要找回人之为人的生命尊严，让人与物的关系回归人的存在方式；另一方面，要还原人与人之间的真实关系，营造一种和谐融洽的社会氛围。和谐美丽的生态需要基于人与自然是生命共同体，旨在克服以环境污染和生态破坏为代价的发展悖论，从而实现人与自然的和谐共生。在追求和谐美丽的生态需要下，人要尊重自然、保护自然。在思想上树立绿色价值观，在行动上自觉践行绿色生活方式。

美好生活需要作为物质需要与精神需要的统一体，不仅在内容上更加丰富，而且在层次上更加关注人的发展。首先，作为美好生活需要的应有之义，美好的物质需要指的是一种合理的物质需要，具有相对有限性。这是因为，合理的物质需要指的是能满足人的生存和发展的需要，而非满足人的欲望。人的欲望可能是无限

---

① 秦维红、张玉杰：《马克思需要理论视域中"美好生活需要"探析》，《马克思主义理论学科研究》2020 年第 4 期。

的，但这种物欲膨胀只是一种异化的物质需要。可以说，丰富充裕的物质需要以实现人的自由全面发展为旨归，以实现人们的美好生活为目标。其次，与物质需要相比，精神需要具备无限发展的可能性。随着物质需要的满足，精神生活的丰盈将成为人的发展的主要方向。美好生活需要以美好的精神需要为主导内涵。在当代，要激发和满足人们美好的精神需要，就要着力批判物化、泛娱乐化、虚无化等低层次的精神文化，在社会主义核心价值观的引领下，提升人的精神需要层次，不断接近人的发展的"现实要求"。

第二节　美好生活的价值内核

需要再次强调的是，尽管我们一直在追求某种"共同确认"(consensual validation)的标准，但是谨慎起见，我们只能大致确定一些共识性的维度，并从否定性的视角做出界定。查尔斯·泰勒(Charles Taylor)在《人生的意义》一书里通过剖析反面教材西西弗来阐释好生活，我们也可以借鉴这种做法，通过解构不好生活的要素，来明晰美好生活的价值内核。

一、美好生活是一种自主的生活

缺乏自由、自发性和真实表达的生活是不美好的，因为自由和自发性是人本身的一种内在追求。我们把这种内在追求称为自主。自主(autonomy)来自 *autos*(self)和 *nomos*(rule or law)的组合，意指自我管理和自我规范。它是伦理学、心理学、政治学甚至法学等领域里的一个重要概念。作为一个形而上学的自由术语，意指“自由意志”和“自由行动”，即能够按照主体的意愿行事。通俗一点说，就是过自己想要的生活，不受制于外部力量。一种压迫、强制的生活必然不是一种美好生活。首先，自主价值的核心在于生活中的选择与行动是自我发起（self-initiated）和自我导向（self-directed）的，而不是外力强制和推动的。正如先秦儒家代表人物荀子在《解蔽》篇所云：“心者，形之君也而神明之主也，出令而无所受令。自禁也，自使也，自夺也，自取也，自行也，自止也。故口可劫而使墨云，形可劫而使诎申，心不可劫而使易意，是之则受，非之则辞。”这里的心泛指人的自主意识。即便人的形体可以被强制，人的自主意识也难以被改变。可以说，好的生活应该是“我”的生活，而非父母、老师或者社会强加的。恰如约瑟夫·拉兹（Joseph Raz）所说的，“我们每个人都想去追求美好的人生，但美好人生的构成要件之一，是我能够信服地接受它，甚至于在原则上我要能修改它……否则我作为主体只是美好生活的容器或者载体，我与它是分隔的。这种生活，这种人生，是被强加的，而不是他自己的”[①]。

自主包含着生物意义上的自主和社会意义上的自主。从生物意义上看，自主能够推动个体追求基本的生物需要和快乐的满足。基本功能正常的人与动物都具备这种意义上的自主。从社会意义上看，自主指的是本真（authenticity）和忠于自己（being true to oneself）。即生活中的行动和选择都出自主体自身真实的意愿，不受强制和控制。一个自主的人，能够运用理性审视自身观点和品位，能够为了自己不带内疚或焦虑改变信念，也会选择匹配自身品

① ［英］约瑟夫·拉兹：《自由的道德》，孙晓春等译，吉林人民出版社2011年版，第381页。

性和兴趣的生活方式。

在现实层面上，绝对的自主几乎不可能。首先，自主要面对各种偶然因素和客观条件的限制。因为各种诱惑和意外等外部因素都会让主体的生活计划和实施面临种种阻力和困难，从而降低心理自主水平。用中国传统哲学的话来说，生活里存在“力”与“命”。力即人力，指生活中人具有支配和选择的能动性。关于“力”，《论语·颜渊》有云：“为仁由己，而由人乎哉？”《孟子·尽心上》亦云：“求则得之，舍则失之，是求有益于得也，求在我者也。”这是一种对主体力量的确认。由此，自主意味着肯定人的主体价值和能力运用的正当性，在生活态度上表现为积极努力并把“我”视为命运的主宰。命即天命，指生活中一些难以捉摸的偶然性因素或人力不可为的超越性力量。关于“命”，《论语·子路》云：“道之将兴也与？命也，道之将废也与？命也。”《孟子·尽心上》接下去也说：“求之有道，得之有命，是求无益于得也，求在外者也。”因此，人的自主不是为所欲为，离不开必然性的限制，生活总是存在一些无法预料的外在限制，无法做到绝对的自主。面对这种限度，一方面，人需要“知命”，才能不陷于“盲动”，另一方面，社会发展程度越高，提供的自主空间越大。只有当社会发展到一定程度时，真正的自主生活才有实现的可能。

其次，自主不等于绝对的自我。如果把自我看成是价值观、偏好、喜爱的唯一来源，就无法真正满足自己的需要。因为不受外界限制的我行我素的生活方式可能走向极端的个体主义。人必然要应对各种外部关系，也只有在这种关系中才能实现美好生活。社群主义就强调自主只有在关系中才能得以完全发展和表达。现实个体并不是抽象而孤立的，正如马克思所说，人是一切社会关系的总和。所以，自主价值对于美好生活的意义在于它是植根于一种道德人格以及对每个个体生命价值的尊重。当我们认识到自身的决定和选择必须观照到社会关系时，认识到他者和自我都是具有自己计划和价值的行动者时，我们就会在追求美好生活的过程中自我约束和自我规范。因此，自主价值具有道德内核。关于这一点，康德提出，道德主体的“自我立法”是源于主体自身的“法”，主体为自己订立一种可以普遍化的道德法则。在此基础上，自主的主体要服从于自身所立的“法”。可以说，康德意义上的自主是道德自主，是主体自我约束，“遵从自我订立的终将普遍化的道德行为准则行事”①。且不论这种道德自主在经验和逻辑上实现的可能性，自主不能无视道德文化传统和社会关系。自我禀赋的完善和对他人的慈善构成了个体自主概念的义务。因此，在现实生活实践中，自主价值与理性思考能力相关联。行为主体需要对自身的选择和行动进行批判性反思，从而选择一种合理性的生活方式。

马克思从批判人的虚假意识入手，阐明了何为真正的人的自主，以及实现美好生活的现实基础。他指出，“迄今为止人们总是为自己造出关于自己本身、关于自己是何物或应当成为何物的种种虚假观念。他们按照自己关于神、关于标准人等等观念来建立自己的关系。他们头脑的产物不受他们支配。他们这些创造者屈从于自己的创造物。他们在幻象、观念、教条和臆想的存在物的枷锁下日渐萎靡消沉，我们要把他们从中解放出来。我们要起来反抗这种思想的统治”②。受虚假意识的支配，人变成物的工具和手段。尤其是在资本主义生产关系下，商品拜物教成为一种普遍样态。在生活中，物质、利润和效率成为价值考量的主要依据。此

① 王晓梅、丛杭青：《自主概念的规范性构建》，《哲学动态》2015 年第 2 期。

② 《马克思恩格斯文集》第 1 卷，人民出版社 2009 年版，第 509 页。

外，虚假意识还让人以为："谁能买到勇气，谁就是勇敢的，即使他是胆小鬼。……从货币持有者的观点看来，货币能把任何特性和任何对象同其他任何即使与它相矛盾的特性或对象相交换，货币能使冰炭化为胶漆，能迫使仇敌互相亲吻。"[①]这种资本逻辑把财富和资本视为需要和欲望的对象。要摒弃这种虚假意识，人就要超越物种规定的限制，"以自身为根源"，实现一种"自由"和"自觉"的生命特性。因此，美好生活的自主价值体现在整体生活的选择与行动上，人具有能动性和创造性。人可以通过自身的创造性活动来实现"目的性"和"主体性"。面对纷繁变化的历史境遇，生活不是封闭静止的，而是开放可变的。因此，我们需要对自己的生活负责，不能随波逐流、得过且过。

二、美好生活是一种进步的生活

落后的、衰退的、停滞不前的生活不是美好生活。作为一种生活目标，美好生活是人借助日常实践实现一种不断进步的生活态势。进步，英文为 progress，是一个现代性价值观念。中国古文献中关于"进"的表述有三种。一是高度的增加，可见《说文》："进，登也。"二是方向的向前，可见《周礼（大司马）》："进，行也。"又见《诗（常武）》："进，前也。"三是导向善的变化，可见《文选・东京赋》："进，善也。"[②]这三种表述与现代进步价值的基本含义没有太大的出入。

概括起来，现代进步价值有以下两重含义，一是社会层面上的

① 《马克思恩格斯全集》第 42 卷，人民出版社 1979 年版，第 155 页。

② 高瑞泉：《论"进步"及其历史——对现代性核心观念的反省》，《哲学研究》1998 年第 6 期。

发展和超越。现代性所蕴含的美好生活图景离不开一种“进步”的预期。基于一种历史意识上的目的论，现代的进步观念认为“人类必将朝向一个确定和理想的方向缓慢前进，并相信这一进步将会无限地持续下去，只要人类愿意努力，人类和平、幸福的伟大事业必然会实现”[①]。与历史循环论或轮回说不同，这种意义上的进步观相信社会会日新月异，未来将越来越好。不论是康有为描绘的大同社会、还是马克思所说的共产主义理想，都认为人类社会将不断提升和进步，并终将实现一种理想的社会形态。近代以来随着科学技术的发展，人类改造自然的能力越来越强大，并创造出日益增多的物质财富。唯物史观认为，生产力是社会发展进步的根源和基础，也是衡量社会进步的最高标准。“社会生产力的现实状况和发展的客观要求，是衡量或检验社会经济、政治制度以及相应的各种社会行为是否具有优越性和生命力的客观尺度。”[②]这是因为人类社会本质上是一种高级的物质运动形式，只有用生产力这个客观的物质力量才可以衡量社会的进步。历史上每一次社会更替都是因为既有的生产关系与生产力发展水平不相适应。

二是伦理层面上人的发展和完善。这种意涵的进步具有道德导向的作用。莫理斯·金斯伯格(Morris Ginsberg)指出：“贯穿所有时代的进步理论的核心，是相信人类已经前进、正在前进，并且将继续前进，走向满足人类伦理需要的方向。”[③]学者徐复观也指出，进步的观念只有在以现存人的合理性生存为前提时，才不失为

① 汪行福：《“进步”的困境与历史的任务》，《中国社会科学报》2017 年 5 月 25 日。

② 曹军：《社会进步标准问题的哲学思考》，《安徽大学学报(哲学社会科学版)》1993 年第 1 期。

③ Morris Ginsberg, *Essays in Sociology and Social Philosophy: Evolution and Progress*, William Heinemann LTD, 1961, p.3.

历史的动力[①]。中国古人讲“进德修业”，相信人会在更为完善的世俗生活中实现精神的潜力和德性的增长。在这个意义上，美好生活指的是个体在生活实践中不断体认、发展和完善自己的精神生活价值的一种努力。马克思主义则用人的本质的全面发展和人的潜能的充分发挥来衡量这种生活状态。在马克思看来，人的全面发展就是“作为一个完整的人，占有自己的全面的本质”[②]。具体表现为人的能力的全面发展、社会关系的全面发展以及个性的全面发展。其中，人要实现能力的全面发展，就要通过参加物质生产以及经济生活、政治生活、文化生活、社会生活等活动，将自己的本质力量外化为对象性产品，在改造自然界和人类社会的同时不断改造自身，从而完成自身能力的确证和发展。人的社会关系同样也要在各种实践活动中才能变得全面而丰富。“个人的全面性不是想象的或设想的全面性，而是他的现实关系和观念关系的全面性。”[③]人不仅与他人而且与自然都是内在一体的。就与他人的关系来说，“个人是社会存在物。因此，他的生命表现，即使不采取共同的、同其他人一起完成的生命表现这种直接形式，也是社会生活的表现和确证”[④]。就与自然的关系而言，自然是人表现自己生命的“现实的、感性的对象”。

因此，进步不仅意味着展现历史丰富的可能性，努力全面实现人的本质力量，不仅包含知识物化力量的实现，而且指向道德和智慧境界的提升。基于此，美好生活的实现首先离不开生产力的高度发展。生产力状况制约着人生活的美好程度。当生产力不够发

---

① 徐复观：《徐复观文集》第1卷，湖北人民出版社2002年版，第28—29页。

② 《马克思恩格斯文集》第1卷，人民出版社2009年版，第189页。

③ 《马克思恩格斯全集》第46卷下，人民出版社1980年版，第36页。

④ 《马克思恩格斯全集》第42卷，人民出版社1979年版，第122—123页。

达时，人的生活只能是贫瘠而片面的。生产力的发展为人们的生活提供丰富充足的物质基础，满足人们基本生存需要之后，才能满足更高层次的发展需要，为实现人的全面而自由的发展创造空间。其次，美好生活要成为可能，要以人的全面丰富的生命存在方式作为保证。美好生活具有多重面向和丰富结构，与人的全面丰富的发展是内在一致的。

然而，在现实生活中，我们要警惕对进步的误读与对美好生活片面化的理解。马歇尔·伯曼（Marshall Berman）在描述现代性体验时指出："在这个世界上，稳定只能意味着熵，意味着缓慢的死亡，而我们的进步感和成长感是我们确信自己活着的唯一方式。"[①]我们承认这种进步预期在争取全面发展人的本质力量、不断展现生活的丰富可能性上具有历史意义。但是，当趋近美好生活的进步观念超过一定限度，即不是以作为主体的人为目的，而是人被裹挟着不断进步时，就会演变成一种"进步的异化"，从而预示着一种现代性生活的危机。德国哲学家、社会学家哈特穆特·罗莎（Hartmut Rosa）就批判了增长逻辑下的生活方式[②]。他指出，不断增长的逻辑，对成长、运行和提升的渴望，不仅仅是现代社会的结构要求，而且被牢牢地固定在现代主体性的惯性结构中。经济增长、技术加速和社会文化创新带给社会主体一种幸福的允诺，使得现代主体的行为方式和处世方式都是为了让越来越多的资源、品质和资本变得可获得（available）、可接近（accessible）和可实现（attainable）。但是这种生活方式却让人与自身、与世界的关系

① ［美］马歇尔·伯曼：《一切坚固的东西都烟消云散了——现代性体验》，徐大建等译，商务印书馆2003年版，第96页。

② Hartmut Rosa, Christoph Henning (eds.), *The Good Life Beyond Growth*, Routledge, 2017.

发生一种异化。正如马克思所说:“在现代,物的关系对个人的统治、偶然性对个性的压抑,已具有最尖锐最普遍的形式。”[①]一味追求物质的增长和资源的占有的生活,使人退化为片面而贫乏的存在,使人在生活中看不见自身的本质,找不到生存的意义。因此,美好生活还应当是一种具有关系理性的生活。

三、美好生活是一种平衡的生活

如前所述,我们强调人在生活中的自主性和主体地位,但这种自主只有在关系中才能得到充分表达和呈现。我们强调美好生活的实现要落实到社会的进步和人的全面发展上,但这种进步和发展也要建立在与世界、与自我的一体性关系中。因此,美好生活还应该是一种基于关系理性的平衡的生活。我国学者贺来在批判“主观理性”和“客观理性”的基础上,提出了“关系理性”。“关系理性是一种在超越实体化、单子化个人的社会关系中,去理解‘个体’的存在规定、生存意义和根据的理性。”[②]他认为人的现实规定既不能用“普遍的人的本质”,也不是孤立的个体,而是一种“关系中的个体”。“人的本质不是单个人所固有的抽象物,在其现实性上,它是一切社会关系的总和。”美好生活的实现,离不开与自我的一致、与他人的共在、与世界的一体。

要实现生活的平衡,我们需要直面“生活世界统一性”的危机以及“共同感”的丧失。现时代的生活意义危机体现的正是总体上在物的依赖下人的精神生活处境。马克思从批判资本逻辑入手展

① 《马克思恩格斯全集》第 3 卷,人民出版社 1960 年版,第 515 页。
② 贺来:《“关系理性”与真实的“共同体”》,《中国社会科学》2015 年第 6 期。

开对物化生活的批判，认为物化逻辑是资本逻辑在一定历史条件下的表现。当物化逻辑支配人们的现实生活和精神世界时，人依附于物而存在，而不是物为人而存在。正是人在“非神圣形象”中的自我异化，使得人的精神让位于物欲，精神生活在物的占有和享受中逐步单一化和物化，丧失了固有的内在超越性，从而陷入价值虚无和意义危机的困境。要解决这种生存困境，实现真正的美好生活，我们就需要处理好物质生活与精神生活的张力关系，在人的自我否定、自我超越和自我完善的实践活动中，找到生存的意义和价值，实现物质生活与精神生活的平衡。

同时，人的生存价值与美好生活的实现，都离不开他人的存在。生活中自我利益的最大化不代表幸福的最大化。只追求一己欲望的满足，结果只能是否定生活的意义和价值。因此，美好生活不仅是追求个人自主和自由的生活，也是以相互承认的共在关系为基底的公共生活。正如阿克塞尔·霍耐特（Axel Honneth）所说，“与爱、法律和团结相关的承认形式提供了主体间的保护屏障，保护着外在和内在自由的条件，无强制地表达和实现个体生活目标的过程就依附于这些条件。”[①]要实现这种美好生活，一方面，要在人与人的“相互性”和“互依性”中来理解人的存在，即每个人的生活都是与他者紧密联系并通过关系中的另一方来获得相互承认。每个人是“他自己为别人的存在，同时是这个别人的存在，而且也是这个别人为他的存在”[②]。建立在关系理性基础上的美好生活否定人与人之间的工具性关系，即把他人看成实现自己欲望和利益的手段，用一种功利主义的价值态度和工具理性的思维惯

① [德]阿克塞尔·霍耐特：《为承认而斗争》，胡继华译，上海人民出版社 2005 年版，第 181 页。

② 《马克思恩格斯全集》第 3 卷，人民出版社 2002 年版，第 298 页。

性来处理与他者的关系。这种美好生活也反对把人分解为原子式的相互敌对的个人，把人与人的关系还原为竞争关系。而是以人们的现实差别为基础，实现人与人统一的生活世界的整体性。另一方面，人的生活总是在一定的社会历史中展开。中国古代儒家文化"家国天下"的教化传统，将个人伦理生活与民族情感、社会责任统一起来。西方古希腊城邦式的生活也汇聚了个体沉思生活、享乐生活以及政治生活。可以说，美好生活离不开美好社会秩序的构建。"人的个体生活和类生活不是各不相同的，尽管个体生活的存在方式是——必然是——类生活的较为特殊或较为普遍的方式，而类生活是较为特殊的或较为普遍的个体生活。"①从整体社会意义上思考美好生活的价值，我们要引导一种"共同感"和"共在感"的价值理念，发展人与社会的和谐一致关系，以实现个人生活与公共生活的平衡。

美好生活的平衡还体现为人与自然的一种和谐共生的平衡关系。人的生存发展与自然密不可分，正是在与自然的物质交换中，人的物质生产实践活动才得以展开。可以说，二者的关系质量直接影响到人的生活质量。然而，长期以来，在工具理性和资本逻辑的支配下，我们把自然视为满足自身生存需要的工具。对自然进行无限制的开发和利用来满足人的占有欲，造成了人与自然的紧张关系。主要表现在，一方面，资本具有不断增值的本性，需要通过扩大物质流动的速度来实现价值最大化。与自然的物质变换成为满足这种价值最大化的手段，而不是为了满足人的真实需要。然而，自然资源是有限的，资本扩张与人的欲望是无限的。这二者之间的矛盾会阻碍美好生活的实现。另一方面，随着生产的产品

① 贺来：《"关系理性"与真实的"共同体"》，《中国社会科学》2015 年第 6 期。

越来越丰富，人的消费活动不仅仅是为了满足生存需要，而是具有更多的符号意义。然而，消费本应是实现美好生活的手段，随着炫耀性消费和过度消费的出现，却成了生活目的本身。消费主义的生活方式带来了消费与生态之间关系的悖论，不断扩大的物质消费行为在逐渐加重自然环境的负担，进一步激发了人与自然的矛盾。要解决人与自然的紧张关系，就要倡导一种绿色平衡的价值理念，只有合理处理人与自然的平衡关系，才能实现真正的美好生活。

综上，从美好生活的价值内核上看，作为对生活的一种价值界定，“美好”蕴含着自主、进步以及平衡等价值意蕴。其中，自主体现了人之为人的超自然性特征。与动物的活动完全受制于必然性不同，人能够自由自觉地把握自己的生命活动，有意识地用理性约束本能，按照自己的意愿需求实现自身价值和发挥自身潜能。这种自主是追求进步的要求，也是进步的目的。这是因为，进步体现了作为生命活动的生活的目的性。只有当人具备了自我创造、自我实现的自主性时，才能积极行动，努力将自身的目的性需要转化为满足自身意愿的现实的活动，实现自己认可的美好生活。同时，不论是社会发展还是德性完善，进步的方向和目标是能够尊重人的个性，发挥人的潜能以及实现人的价值。按照阿玛蒂亚·森的观点，财富增长、事业成功等指标只是发展的工具性范畴，发展是涉及经济、政治、社会、价值观念等多方面的综合过程，是扩展人们享有真实自由或实质自由的过程。从根本上看，进步要能提高人们按照自己意愿生活的能力，让人实现自由而全面的发展。此外，不论是自主还是进步，要从可能性变成一种现实，必须以关系理性作为依托，在现实生活中找到恰当的平衡点。我们很难期望只关注自我、无视他者存在的自由能得到保障和实现。我们更无法认同关系紧张(不论是何种关系)的生活是进步的。因此,我们要通过倡导自主价值来调动人的主体能动性;倡导进步价值来激发生命活力,推动人的发展和社会的创新;倡导一种“共同感”和“共在感”的价值理念,来实现更平衡、更充分的美好生活。

第三节 美好生活的结构关系

要理解什么是美好生活,要先明确生活概念的内在规定性。我国学者王雅林用“生命”“活动(行动)”以及“社会性”三个关键词,来诠释和理解生活概念本质性的规定①。首先,“生活源于生命,人所从事的所有生活活动都是其特有生命形态以多种方式的展现”。进一步来说,生活是人区别于动物的特有的“文化式生存”。其次,生活是人通过具体“活动”或行动而展现的生命形式,带有一定的能动性和目的性,体现了生活的意义和价值。在活动的展现过程中,生活总是丰富感性、不断生成的。而“社会性”指的是生活需要在关系中展开,在个人与历史社会的互动生成关系中,个人生活与历史生活相互交融,建构起异质性的个人生活行动与同质性的社会生活秩序。这三个关键词在宏观层面为我们理解弥散琐细、变动不居的微观生活现象提供了内在规定性。

除了内在规定性,作为整体的生活概念本身应包含着以下几种结构关系。一是就人的需要而言,人的基本需要包含物质生活需要与精神生活需要。生活是物质属性与精神属性的统一。因此

① 王雅林:《生活范畴及其社会建构意义》,《哈尔滨工业大学学报(社会科学版)》2015年第2期。

生活包含着物质生活与精神生活这一结构关系。二是就生命的存在本质而言,生命是独享性和关系性的统一。每个人的生活既表现为一种独享性的自我状态,又体现为一种关系性的社会状态。因此,生活具有个体性和公共性,独享性的生活只有同公共性的生活联系起来,才能实现生活从自发到自为的超越性功能。为此,生活还包含着个人生活与公共生活这一结构关系。三是就活动性质而言,生活是需要的生产活动与满足活动的统一。就大学生群体而言,学习能提升知识能力,为满足以后的生产活动(包含创造性劳动)做准备。闲暇指个体的人依据一定的价值取向配置生活资源,满足自身具体的生活需要的活动。因此,生活还包含着学习生活与闲暇生活的结构关系。四是就生活场域而言,随着网络技术的发展和数字化时代的来临,人的生活场域逐渐被二重化为线上生活和线下生活。线下生活是在一定的时间和空间里展开,而线上生活则相对不受时空的限制,能够提供满足线下生活无法实现的目的的机会。结合大学生作为数字原住民的身份,这里采用数字生活来指代线上生活。所以生活还蕴含着数字生活与线下生活这重结构关系。

一、物质生活与精神生活

人的现实生活有多样形态,但无论哪一种都包含着物质和精神这两种构成要素。这是由人的需要包含物质文化需要和精神文化需要所决定的。作为生命存在物,人需要满足衣食住行等物质生活需要。作为与动物区别开来的文化生存体,人的生活还需要有文化娱乐、情感心理以及价值意义等精神生活的内容。物质生活和精神生活作为两种交融互动又异质互补的生活样态,二者对立统一的关系是人类生活的基本结构。“合理的生活结构应当是物质生活与精神生活整体性的协调统一，需要在物质生活与精神生活之间保持必要的张力，维持动态的平衡。”[①]分析这两种生活的存在本质、具体样式以及价值追求，是探讨美好生活议题的首要任务。

物质一词具有丰富的内涵。在日常生活的通俗意义上，物质指的是人赖以生存和发展的生产和生活资料。具体来说，物质生活指的是对满足人们日常生产或生活需要的物质产品如衣食住行等日用品的获取与消费。马克思从历史和辩证的视角看待物质生活，他从对象化实践出发，指出主体通过实践活动实现了“主体的物化”。这种物化是主体通过对象化确认感性存在的方式，它重塑了人与自然、人与人以及人与社会之间的关系。可以说，随着这种生产实践的展开，主体实现物化的同时带来了生产力水平的不断提高，社会财富总量随之增加，也带来了科技的发展和社会的进步，前现代社会物质生活普遍匮乏的境况得到改善，体现了现代性的力量和现代文明的价值。可以说，以对象化实践为内核的物质生活是美好生活的基础，必要的物质生活条件是人生存、活动和创造的前提，丰富的衣食住行等物质条件可以满足人们最基本的生存和感性需要，从而提高人的生活品质。如果没有生产力发展所提供的物质财富，“那就只会有贫困的普遍化；而在极端贫困的条件下，就必须重新开始争取必需品的斗争，也就是说，全部陈腐的东西又要死灰复燃”[②]。随着生产力的发展和科技的进步，人们的物质生产活动范围不断扩大，逐渐摆脱了对自然的直接依赖和对

---

① 庞立生：《历史唯物主义与精神生活的现代性处境》，《哲学研究》2012 年第 2 期。

② 《马克思恩格斯全集》第 3 卷，人民出版社 1960 年版，第 39 页。

共同体的完全依附，人的本质力量不断展开并获得了更大的独立性。物质生活的水平塑造着人的发展形态。正是不断丰富的物质生活为满足和丰富人的精神需求创造了条件和基础。但是，物质生活并非人类生活的全部内容，更不是人类生活的终极目的。人作为具有超越性的生命存在还体现在精神对物质的超越。

精神生活作为人现实生活的重要样态，具有复杂性、多样性和多变性。关于精神生活的内涵，学界存在不同的理解和界定。童世骏认为，"精神生活的核心和起点是自我意识：在自我意识的基础上形成人的精神世界，而精神世界中的生活就是精神生活，区别于物质世界中的物质生活、社会世界中的社会生活"[①]，体现的是人与自我的关系。他进一步指出，精神生活的水平和质量可以从心理生活的健全程度、文化生活的丰富程度以及心灵生活的充实程度来衡量。庞立生从历史唯物主义的理论视角出发，认为人的精神生活"要通过社会历史性的实践活动不断确证和提升自身存在的意义与价值，实现精神的升华"[②]。在西方哲学史上，精神生活观有超验主义与自然主义的传统。超验主义的传统表现为一种"昂首向高处凝望，把下界一切置之度外"[③]的精神指向。他们注重对人生终极意义的探求，是一种远离日常感性生活的活动，由于剥离现实生活的客观内容，成为一种内在论唯心主义。这种传统最终导向追求彼岸世界和终极信仰的宗教神学的境遇。可以说，超验主义传统强调的是精神生活的超越性和抽象性，可能会使精

---

① 童世骏：《世俗化社会中的精神生活论纲》，杨国荣主编：《思想与文化》第 5 辑，华东师范大学出版社 2005 年版。

② 庞立生：《历史唯物主义与精神生活的现代性处境》，《哲学研究》2012 年第 2 期。

③ ［古希腊］柏拉图：《柏拉图文艺对话集》，朱光潜译，商务印书馆 2013 年版，第 125 页。

神生活成为一种神秘主义的异在。之后,随着这种传统逐渐失去了解释力,带有启蒙意义的自然主义解释框架就出现了。自然主义认为,精神生活依赖并从属于自然感性的生活世界。自然主义传统强调感性愉悦对精神生活的必然性,可能使精神生活失去自由性而变得"物化",呈现出叔本华所说的在"痛苦—无聊"中徘徊的处境。

马克思从"实践""现实"与"人的解放"等维度来理解精神生活,实现了精神生活现实性和超越性的统一。从实践维度上看,精神生活的价值内容形成于实践,并通过实践得以实现。精神生活是"与物质前提相联系的物质生活过程的必然升华物"①。精神生活的改变是人们在物质生产和交往活动中,在改变现实世界的同时也改变着自身思维的产物。但是,"精神的自我超越的面向未来的可能性,正是人的精神生活的特质和旨趣。精神生活不完全与物质实践同一,而具有异质的向上的超越性,从中展示自身向上的力量和对现实的牵引"②。可以说,马克思把精神生活的根基拉回到现实的生活实践中来。

作为精神生活的基础,物质生活制约着精神生活的发展程度。同时,精神生活具有超越性,它确证和实现着人的生活意义与价值。人总是通过生活实践来寻找一种源于又高于物质生活的生活样态。随着生产力和科技的进步发展,人们的物质生活变得越来越丰裕。这种丰裕的物质生活应成为美好生活的现实力量和物质基础。当人在满足物质生活需要之后却找不到生活的意义和价值,便会产生意义危机。这种危机既是人与自身的关系问题,也是人的物质属性与精神属性的关系问题。因此,实现人的物质生活

---

① 《马克思恩格斯文集》第1卷,人民出版社2009年版,第525页。

② 陆杰荣、徐海峰:《论马克思的精神生活观》,《哲学动态》2015年第10期。

和精神生活的平衡统一，是美好生活的题中之义，二者统一于人的生命活动中并推动着人的发展与进步。

二、个人生活与公共生活

历来许多哲学家和社会学家都会谈及个人生活与公共生活的问题。德国古典哲学集大成者黑格尔(Georg Wilhelm Friedrich Hegel)早在《法哲学原理》一书中就讨论了现代性下人的特殊性和普遍性问题。在他看来，特殊性指人的欲望、任性和私人利益；普遍性则指人的公共精神和普遍利益[①]。现代性要面对两个问题，一是特殊性的发展导致的个体意识的发展和公共精神的失落。现代社会不同于古代之处在于，它赋予特殊性全面发展和伸张的权利。具体来说，这种现代社会形式就是市民社会。正是市民社会的出现带来了追求私人利益和福利的功利主义价值观。私利大行其道的同时，公共精神被漠视，人们不关心国家事务和公共生活。二是在现代条件下如何重建公共精神以实现人的具体自由。德国社会学家格奥尔格·西美尔(Georg Simmel)通过对时尚的解读来分析现代社会的两种截然对立的心理倾向：社会认同诉求和个体差异诉求，也就是社会的融入与追求自我的独特之间的平衡问题。马克思在考察国家和市民社会的关系时，用“天国的生活”和“尘世的生活”形象地区分了公共生活和个人生活。他指出：“前一种是政治共同体中的生活，在这个共同体中，人把自己看作社会存在物；后一种是市民社会中的生活，人作为私人进行活动，把他人看

① [德]黑格尔：《法哲学原理》，范扬、张企泰译，商务印书馆1961年版，第197—198页。

作工具,把自己也降为工具,并成为异己力量的玩物。"[1]

个人生活推崇个体权利、自主选择和独立空间。马克思曾深入挖掘和批判市民社会中个人生活的本质。市民社会中的个人以"私人"形象而出现,是直接的、感性的、"原子式的个人"。这种个人以利益最大化为目标。资本增值和个人利益最大化是市民社会中个人生活的主要指导原则。在这种条件下,个人回归到了一种"本真生存状态",获得了直接的现实性。市民社会中的个人生活追求直接感性需要的满足,追求个人权利的满足。马克思认为:"在这些权利中,人绝对不是类存在物,相反,类生活本身,即社会,呈现为诸个体的外部框架,显现为他们原有的独立性的限制。把他们连接起来的唯一纽带是自然的必然性,是需要和私人利益,是对他们的财产和他们的利己的人身的保护。"[2]因此,他主张人要克服那种只追求物欲和利己的"自然人"的个人生活状态,需要人作为类存在物进入类生活之中,成为"社会关系中的个人"。

公共生活是与个人生活相对的,是人通过社会交往的互动、公共事务的参与来发展自身的生活。因为人在现实性上是"一切社会关系的总和",个人的存在具有公共性意义,因此,公共生活与个人生活一样都是实现人之为人的本质的方式。公共生活具有公开性、公共性与最低限度性。关于公开性,汉娜·阿伦特(Hannah Arendt)做过一个比喻,公共生活就像一个打满灯光的舞台,"在那里出现的每一件事都是每一个人能见能闻的"[3]。阿伦特进一步指出,公共生活不仅是一个可见的领域,而且是一个焦点关注的领

① 《马克思恩格斯全集》第3卷,人民出版社2002年版,第173页。
② 同上书,第187页。
③ Hannah Arendt, *The Human Condition*, University of Chicago Press, 1958, p.45.

域，发生在那里的事情都会被“昭显在亮处”，成为公众关心的问题。这就是公共生活的公开性和公共性，包括人们对公共利益的关注，把关怀的目光投向他人和社会。最低限度性指的是公共生活要有一种最低限度的公共价值。玛格丽特在《正派社会》里指出，正派社会有一个基本的行事原则：不羞辱人，也就是不伤害他人。好生活和正派社会的第一原则不是做什么，而是不做什么，不是做哪一件事情，而是不做哪一件事情。不让社会制度羞辱社会中的任何一个人，这是好生活和正派社会的第一原则。可以说，好的公共生活是要恪守道德，以不伤害他者为底线，在宪法和法律容许的范围内展开。

三、学习生活与闲暇生活

学习与休闲都是人的内在需求，是生命意义的充分体现，能够充分发展人的自由本性。法国教育学家安德烈·焦尔当（André Giordan）认为，“学习是一切生命形式都具有的能力。随着时间的推移，这种能力成了进化的动力之一”①。学习是生物的根本特性，也是生命的必需品。对人来说，学习更是生命的一种内在冲动。那些保持着学习热情的人，才能保留着对生活的热情。学习让人们走出习惯、依赖和自命真理，从成功和失败中汲取经验并在新的情境中再次运用这些经验。每个人天生带有好奇心以及由此带来的学习兴趣，好奇心、求知冲动、探索的热情是学习的内在驱动力。在学习生活中，深度的学习源自自主的探索。

---

① [法]安德烈·焦尔当：《学习的本质》，杭零译，华东师范大学出版社2015年版，第52页。

随着大学生发展需要的转向，大学生的生活方式出现一种闲暇中心性（leisure-centered）的特点。所谓闲暇中心性，指的是闲暇成为"生活兴趣的核心"①。人们"把休闲视为生活中一个可以提供中心意义、吸收重大的自我投入以及资源的活动"②，生活中的其他部分则围绕休闲进行调整。闲暇中心性的思想源头可以追溯到古希腊。亚里士多德认为，"我们全部生活的目的应是操持闲暇。勤劳和闲暇的确都是必需的；但这也是确实的，闲暇比勤劳高尚，而人生所以不惜繁忙，其目的正是获取闲暇"③。在大学这个生命历程的特殊阶段，大学生在担负成家立业角色之前，最有可能把精力投入休闲角色中。"青少年期只是生命进程的一个阶段，这一时期的休闲环境和休闲交流可能最为突出，因为人们需要就自己的社交能力和生活能力做出界定，探索与异性的关系，并为刚刚形成的自立能力寻求社会支持。"④甚至从某种程度上说，大学生对休闲的个人投入要比工作和学习还要重要。

四、数字生活与线下生活

线上生活是随着线上生活世界的形成而呈现出来的生活样态。在历史的长河里，人们很长时间以来主要生活于单一的现实世界，日常生活交往被现实的角色和情境所规范。随着互联网和

---

① 生活兴趣核心（central life interest）是由 Robert Dubin 提出的一个术语，用来指代人们看重的社会生活侧面。

② [美]约翰·R. 凯里：《解读休闲：身份与交际》，曹志建等译，重庆大学出版社 2011 年版，第 105—106 页。

③ [古希腊]亚里士多德：《政治学》，吴寿彭译，商务印书馆 2007 年版，第 416 页。

④ [美]约翰·R. 凯里：《解读休闲：身份与交际》，曹志建等译，重庆大学出版社 2011 年版，第 23 页。

社交媒体的发展，这种一元的生活场景开始出现分化，数字“虚拟”场景的诞生对现实生活发起挑战，开始深刻影响着人们的生活样态和存在方式。在网络世界的“虚拟”场景中，“同时代的人”与“邻人”无异，“共同世界”与“周遭世界”趋向同一化。

从概念的发展来看，虚拟这个词古老而边缘，本用于宗教语境，到 20 世纪 70 年代开始具有了现代含义。作为一种现代表达，虚拟与互联网的兴起有密切关联。纳尔逊（Ted Nelson）给予虚拟性关键的现代含义，赋予它“‘感知结构和感觉’以及‘与真实相对’这两重意义”①。随着计算机技术的迅速发展，“网络空间”/“虚拟空间”的出现，“暗示着一种由计算机生成的维度，在这里我们把信息移来移去，我们围绕数据寻找出路，网络空间代表着一种再现的或人工的世界，一个由我们的系统所产生的信息和我们反馈到系统中的信息所构成的世界”②。这一表述也意味着现实世界与虚拟世界的分化，二者存在一种明显的界限。让·鲁瓦（Jean-Louis Roy）说：“历史上从未有过可与虚拟世界诞生相提并论的东西，它既是现实世界的副本，又能与之重合。”“这个虚拟世界并非现实世界的拷贝或投影，而是作为一个特殊实体存在的……我们不再只是我们自己，每个人从此都拥有一个储存在世界各地数据库中、术语统计学范畴的新自我，成为人类事件永久性索引的组成部分。”③

然而，随着网络空间深度嵌入日常生活，现实物理空间也逐渐

① [德]迈克尔·厄尔霍夫、蒂姆·马歇尔编著：《设计辞典：设计术语透视》，张敏敏等译，华中科技大学出版社 2016 年版，第 404—407 页。

② [美]迈克尔·海姆：《从界面到网络空间：虚拟实在的形而上学》，金吾伦等译，上海科技教育出版社 2000 年版，第 79 页。

③ [加]让-路易·鲁瓦：《全球文化大变局》，袁粮钢译，海天出版社 2016 年版，第 43 页。

被虚拟空间所覆盖，在线社交、在线购物、在线阅读和在线学习消解了许多原本属于现实生活的事务，线下现实生活不断被压缩和排挤。约书亚·梅罗维茨(Joshua Meyrowitz)说："电子媒介所形成的日趋同化的信息网络，为个体提供了相对完整的社会观点，以及检测自己命运的更广泛的领域。"①生活空间由线下向线上转移，自我的身份建构、自我与他者的"接触情境"，由周遭世界逐渐转移到共同世界(舒茨)。随着虚拟生活与现实生活之间的边界逐渐模糊，虚拟/现实二元区分话语逐渐失去了基本的解释力。为此，根据数字原住民的大学生这一研究对象的特点，这里采用数字生活与传统线下生活来进行话语区分。

以上我们阐释了基于大学生群体生存方式的生活概念的整体结构关系，即物质生活与精神生活的关系、个人生活与公共生活的关系、学习生活与闲暇生活的关系、数字生活与线下现实生活的关系。作为一种理论形态和概念模型，这四组关系为我们解析大学生的生活形态提供了认识的方向，以期在复杂多变、琐细繁杂的生活现象中把握生活的完整要素。

---

① [美]约书亚·梅罗维茨：《消失的地域：电子媒介对社会行为的影响》，肖志军译，清华大学出版社 2002 年版，第 123 页。

第二章

美好生活思想的历史演进与价值意蕴

前一章主要从理论和逻辑上对美好生活的价值内核和结构关系做了阐释和分析，还需要用具体和历史的视角来理解和把握美好生活的价值意蕴。恩格斯指出，“每一个时代的理论思维，从而我们时代的理论思维，都是一种历史的产物，它在不同的时代具有完全不同的形式，同时具有完全不同的内容。”[1]同样，美好生活在不同的历史阶段和文化背景下呈现出不同的表达形式和价值指向。反过来说，随着社会历史的发展以及价值观念的变化，人们对生活何以为美好这一问题的理解也有具体的历史特点。从历史演进和文化表征上对美好生活的价值追求进行梳理和考察，是理解当代社会价值失落问题的关键，也是阐释美好生活与价值导向内在关联的历史依据。

---

① 《马克思恩格斯选集》第4卷，人民出版社1995年版，第284页。

第一节 中国传统文化中美好生活的价值向度及实现路径

中国传统文化一直存有对理想生活的各种文化想象，这些生活理想是一定历史条件下人们价值目标的具体表现。“传统价值观念在沿袭传承中凝结为牢固的社会心理定势甚至成为根深蒂固的集体无意识，制约、规范和铸造着一个民族、一个社会特有的生活方式、行为方式和思维方式。”①传统的生活理想和价值观念，以深厚的思想底蕴和深层的文化基因不断影响着当代人对美好生活的追求。与此同时，当代中国现代化的实践过程，也在不断冲击着传统的价值观念和旧有的生活形态。面对这种新旧价值观念的碰撞和生活形态的转换，我们需要以立足于当下的时代视野，深入历史去透视中国传统生活理想和背后的价值追求，以探寻传统和现代对话的可能方式。中国传统文化是一个源远流长又博大精深的思想体系，在发展过程中，涌现出了多种理论特质各异的思想流派，这些不同的思想流派围绕着义利之辩、理欲之辩、群己之辩等问题产生了价值观念的冲突与融合。在这种价值观念的演变中，逐渐形成了以儒家为主导、儒释道互补融通的文化格局。可以说，正是儒释道的思想为传统中国人的精神安顿提供了支撑。“儒、释、道构成完整的国魂学体系，共识是人格养成、向往真善美和社会和谐……三家共同搭建起中国人的精神世界，共同培育着中华民族精神。”②

---

① 戴茂堂、江畅：《传统价值观念与当代中国》，湖北人民出版社 2001 年版，第 10 页。

② 宋志明：《国学十八讲》，人民日报出版社 2013 年版，第 1 页。

一、美好生活的价值向度

要在传统文化视野下挖掘美好生活的价值内涵，首先需要明确传统文化对人的理解。因为任何理论视角下的美好生活，都是对人的需要的满足。总体而言，中国传统文化肯定人在现实生活中的主体精神。春秋战国时期，就已经逐渐形成了“天地之性（生）人为贵”的价值观念。据《左传》里记载，早在春秋初年，隋国季梁就提出了“夫民，神之主也”的观点。子产提出“天道远，人道迩”，意指与其寄托于缥缈难期的天道，不如踏踏实实在人道上下功夫。儒家尚仁义、墨家讲兼爱、法家重严术、道家法自然，他们在义利、群己、天人、德力等问题上价值取向各异，但是在价值争论和冲突中仍然有共识和贯通之处。这种贯通百家的共同价值取向就是“贵人”，即推崇人的价值。因为“义、利、德、力、群、己、天、人都是主体整体需要的各个侧面的对象化，都是环绕着人这个主体中心而展开的价值维度”①。

具体来说，儒家以仁义作为立人之道。《周易・说卦》云：“立人之道曰仁与义。”《礼记》对人道也有具体化的界定：“仁义礼智，人道具矣。”也就是说，人的价值体现在仁义礼智上，要把仁义礼智作为人在生活中的价值追求。孟子认为仁义是人共同的本性。《孟子・告子上》说：“心之所同然者何也？谓理也义也。”又曰：“恻隐之心，人皆有之；羞恶之心，人皆有之；恭敬之心，人皆有之；是非之心，人皆有之。恻隐之心，仁也；羞恶之心，义也；恭敬之心，礼

---

① 赵馥洁：《价值的历程——中国传统价值观的历史演变》，中国社会科学出版社 2006 年版，第 54 页。

也;是非之心,智也。”基于此,仁义是人的安身立命之本。“仁,人之安宅也。义,人之正路也。”(《孟子・离娄上》)可见,儒家把仁义作为人应当追求的一种精神境界和生存方式。与之相对应,儒家所推崇的理想人生就是在仁义主导下的道德生活。

而道家则是崇尚大道化人。尽管道家推崇自然和无为,但也肯定人是宇宙天地间有价值的存在。正如老子所言,“道大,天大,地大,人亦大。宇中有四大而人居其一焉”。然而如果人“不知足”“不知止”,靠私智和技巧来满足一己私欲,就会使人本然的价值产生失落。为此,老子主张以道为法来实现人本然价值的复归。而道的核心在于“自然无为”。也就是说,老子认为人的价值在于顺应自然、复归一种自然素朴的自由状态。正如老子所言,“道常无为而无不为,侯王若能守之,万物将自化”(《老子・三十七章》)。为此,《庄子・逍遥游》云:“今子有大树,患其无用,何不树之於无何有之乡,广莫之野,彷徨乎无为其侧,逍遥乎寝卧其下。”《天运》直接说:“逍遥,无为也。”可以说,逍遥体现了道家对一种美好生活境界的追求。

在肯定人的价值的基础上,根据以儒释道为代表的传统文化对理想生活图景的设想,可以把传统文化对美好生活的价值追求大致概括为,追求现实生活的完备、重视精神生活的完善以及肯定群体生活的价值三个方面。

(一) 追求现实生活的完备

由于中国传统文化具有强烈的入世精神,对美好生活的文化想象也体现了极强的务实态度和现实指向。传统观念里普遍向往的是人间“乐土”,而非某一宗教所信奉的彼岸生活。这种生活的理想并不具有超越性和彻底性。正所谓“道在伦常日用之中”,传统儒家通过讲究当下的一念一行来成就生活中某种理想的道德价值，把人的道德情感和伦理关系作为人格完善的现实基础，肯定日常世俗伦理的现实性和身心需求的合理性，在现实的世俗生活中追求个人的美好生活。因此，儒家视野里的美好生活是直接的现实生活，而不是超验的彼岸生活。即便是超脱的道家，也肯定现实的生命情趣与人生价值。"真人"作为道家的理想人格的化身，是在天地之间的人。所以，与其说道家的价值趋向是宗教的，不如说是审美的。对此，徐复观说："在我国传统思想中，虽然老、庄较之儒家，是富于思辨地形上学的性格；但其出发点和归宿点，依然是落实于现实人生之上。"[①]借用邓晓芒在《人之镜》一书中的话，中国人的美好生活不在现实之上，而在现实之中，不是要超越现实，而是要适应和改变现实，不是要追求虚无缥缈的东西，而是要"正本清源"、"返璞归真"、回到自足的本心本性。这也是传统文化关于美好生活的本质特征[②]。

在现实生活中追求一种完备，是传统文化对美好生活的首要追求。不论是家庭生活的幸福和圆满，还是田园生活的自在悠游，都代表着传统文人墨客和平民百姓共同的生活理想。中国传统文化对美好生活的价值追求，不仅体现在各派思想家的观点论辩中，更普遍地反映在普通百姓对生活的价值评价与行为选择中。"圣人之道无异于百姓日用"，普通百姓追求完备的生活理想集中体现在对"五福"的向往上。《尚书·洪范》言："五福：一曰寿，二曰富，三曰安宁，四曰攸好德，五曰考终命。"唐代孔颖达对此做了注释："一曰寿，年得长也；二曰富，家丰财货也；三曰康宁，无疾病也；四

---

① 徐复观：《中国艺术精神》，春风文艺出版社 1987 年版，第 40 页。

② 邓晓芒：《人之镜——中西文学形象的人格结构》，上海文艺出版社 2009 年版，第 46 页。

曰攸好德，性所好者美德也；五曰考终命，成终长短之命，不横夭也。”也就是说，长寿、富足、平安康宁、有好的德性以及寿终正寝是幸福的具体体现。后人又把五福简化为福、禄、寿、喜、财。《礼记·祭统》有云：“福，备也，备者百顺之名也，无所不顺者之谓备。”可见，在古人看来，福是人的诸种需要得到满足的一种顺畅的生活状态。根据学者江畅等人的解释，“顺”指的是“物质生活顺利，精神生活顺畅，从更一般意义上说，就是人的欲望能顺利地得到满足，没有什么大的障碍或缺憾”①。因此，作为百顺齐备的福是一种完整意义上的理想生活状态，它寄托了普通民众对生活的一种美好愿望。中国佛教与道教的流传也与普通百姓对福的向往分不开。这从他们把庙宇佛寺称为“福界”“福宇”，把行善修德的行为称作种“福田”、积“福报”等可见一斑。

（二）重视精神生活的完善

在追求现实生活的完备的基础上，传统文化肯定一定的物质条件是美好生活的重要保障。如古人对理想生活的向往就包含了丰衣足食的美好图景。《管子·牧民》言：“仓廪实而知礼节，衣食足而知荣辱。”《孟子·滕文公上》也提出，“有恒产者有恒心，无恒产者无恒心”。只有不饥不寒，才能申之以“孝悌之义”。尽管如此，就总体而言，传统思想更强调精神生活的完善对个人美好生活的重要性。在儒家看来，一种理想的生活境界是对一种个人德性的完善即“仁义”的追求。毫无疑问，儒家肯定人有追求物质功利的欲望，如《论语·里仁》曰：“富与贵，人之所欲也”“贫与贱，人之所恶也”。在《为政》篇，孔子还解释了如何求得“君子之禄”：“言寡

---

① 江畅、戴茂堂：《西方价值观念与当代中国》，湖北人民出版社1997年版，第502页。

尤,行寡悔,禄在其中矣。”荀子则直接指出:“好利而恶害,是人之所生而有也。”(《荀子·荣辱》)。在他看来,人追求物质功利是合情合性的。但是,儒家更强调,一味追求物质功利(外物)的生活方式,会使人“役于物”。因为“蕴利生孽”“唯利所在,无所不倾”。当人被物所役使和支配时,就会失去主体的精神自由。《荀子·正名》指出了“己为物役”的表现:“故欲养其欲而纵其情,欲养其性而危其形,欲养其乐而攻其心,欲养其名而乱其行……夫是之谓以己为物役矣。”在儒家看来,人更应该追求一种理想的精神境界,即“孔颜之乐”。《论语·雍也》有言:“贤哉,回也！一箪食,一瓢饮,在陋巷,人不堪其忧,回也不改其乐。贤哉,回也!”《论语·述而》又言:“饭疏食,饮水,曲肱而枕之,乐亦在其中矣。不义而富且贵,于我如浮云。”儒家的“乐”就是以“求仁而得仁”为乐,虽富贵而不淫,虽贫贱而“不改其乐”。这种乐不仅仅是感官之乐,还是精神向度上的心性之乐,通过体悟道德的内在价值来实现一种超乎功利的精神境界。《孟子·尽心上》指出:“万物皆备于我,反身而诚,乐莫大焉。”正如西汉扬雄所言:“纡朱怀金者之乐,不如颜氏子之乐。颜氏子之乐也,内;纡朱怀金者之乐也,外。”(《法言·学行》)这种孔颜之乐是一种在外在物质功利之上的内在之乐,体现了儒家对美好生活的一种判断。

而道家的代表人物老庄更是直接主张,要超脱于世俗名利等外在对象的限定,消除内在欲望与情意的束缚,追求一种精神上虚静无明的境界,实现一种逍遥自在的状态。老子在《道德经·第十二章》说:“五色令人目盲,五音令人耳聋,五味令人口爽,驰骋畋猎令人心发狂,难得之货令人行妨。是以圣人为腹不为目,故去彼取此。”也就是说,圣人追求内在的目的,而不求外物的诱惑,以此来保持本性的纯朴。庄子后学用“至乐”来形容一种否定和超越万物局限后的身心解放状态。正所谓“至乐无乐”，至乐所否定的乐是一种为物所累的有限狭隘的快乐，追求的是“逍遥”之乐和“游于无何有之乡”。可以说，庄子的乐是一种精神体验层面上的心灵超越境界，一种超越了物质的、逻辑的和社会声望的局限的至乐。因此，尽管儒道各有侧重，但两家都把精神自足和德性完善作为美好生活和理想人生的价值内核。

（三）肯定群体生活的价值

在传统思想的视野里，个体提升内在修养和道德自觉的目的，是为了成就一种理想人格，而这种理想人格大体都具有一种整体观。在一种理想的生活状态里，人要与宇宙整体或者社会整体保持一种和谐统一的关系。这种关系集中体现在“天人关系”和“群己关系”上。在天人关系上，“天人合一”是传统儒家与道家共通的主张。在群己关系上，传统思想流派既有重视群体的一端，也有肯定个体的一面。

根据儒家的观点，一方面，人是定位于群体中的个人。群体生活是人禽之分的重要特征。孔子有言：“鸟兽不可与同群，吾非斯人之徒与而谁与?”孟子也认为，自我德性的提升以群体完善为最终目的。荀子更是直言“人之生，不能无群”。个人只有将生命的价值与群体利益联系在一起，才能实现生活的完满与幸福。正所谓“修身、齐家、治国、平天下”，个人的生活意义只有在“家国天下”的框架下才能得到彰显。另一方面，和谐的群己关系要以血缘亲情为基础，以“仁”和“礼”规范为本位。《论语・学而》有言：“入则孝，出则悌，谨而信，泛爱众，而亲仁……”由父慈子孝、兄友弟恭、夫和妇顺的基本人伦关系，“推恩”产生“朋友相善以信，君臣相结以义，师生相责以善，邻里相恤以情，路人相遇以礼，于老者当求安之，于少者当求怀之，视四海之内当如兄弟，而求以中国为一人、天下为一家”[①]。正是依照由己及人的伦理秩序，一个生活共同体才得以形成。这种人与人共生相连的共同体被表述为“大同世界”。《礼记·礼运》描画了这个大同世界的美好图景：“大道之行也，天下为公，选贤与能，讲信修睦。故人不独亲其亲，不独子其子，使老有所终，壮有所用，幼有所长，矜寡孤独废疾者，皆有所养。男有分，女有归，货恶其弃于地也，不必藏于己，力恶其不出于身也，不必为己。是故谋闭而不兴，盗窃乱贼而不作。故外户而不闭，是谓大同。”这种大同描摹了一种理想的共同体生活，追求人与人之间的一种共生共存关系。

而对道家而言，个体生活是群体生活的根底。《老子·第七章》里说道：“是以圣人后其身而身先，外其身而身存。非以其无私邪？故能成其私”。也就是说，无其私指向的仍是成其私。而成其私的目标正是对个体原则的确认。他们认为个体要摆脱外在礼仪法度的束缚，以悠然自在的方式生活。只有个体以自然无为的方式生活，一种和谐融洽的群体生活才有可能。老子还设想过一种小国寡民的美好社会：“小国寡民，使有什伯之器而不用，使民重死而不远徙。虽有舟舆，无所乘之；虽有甲兵，无所陈之；使民复结绳而用之。甘其食，美其服，安其居，乐其俗。邻国相望，鸡犬之声相闻，民至老死不相往来。”（《老子·第八十一章》）可以看出，老子表达了对个人自然无为生活方式的追求，也展现了对个体交往方式的向往。可以说，正是儒道两家对群己关系不同主张的制衡，使得古人在群体生活与个体生活之间保持着一种动态的平衡。钱穆先生有言：“事实上，儒家的大同，从亲其亲到人不独亲其亲，老吾老

① 唐君毅：《中国文化之精神价值》，广西师范大学出版社 2005 年版，第 151 页。

以及人之老，大同乃是将家庭共同体的感性生活扩大到整个人类的共同生活层面。从此两点上，我们可以推想出，一种基于普遍的人文关怀的理想的共同体生活，一定包藏着对于人之自由的朴素理解。"[①]也就是说，即便推崇群体原则的儒家也包含了对个人价值的肯定，而显扬个体生命价值的道家，也没有彻底主张弃人绝群。

二、美好生活的实现路径

在中国传统文化中，作为美好生活价值向度的内在要求，其实现路径是要通过自强不息、明德修身以及和谐利他来创造和达致一种理想的生活状态。

（一）自强不息

通过自强不息来达成一种理想人格和创造美好生活，这是中国传统文化中最为核心的精神理念。《周易・大象传》有云，"君子以自强不息"。古人所谓自强不息指的是人要刚健有为、积极进取，"日新其德"，永不懈怠，让有限的生命实现更大的价值。这种自强不息的精神在历史文化长河里得到传承和发扬，并成为中国优秀传统文化的重要内容。

儒家的价值理想与自强不息的精神内核有相通之处。如孔子在谈仁时，指出"刚、毅、木、讷近乎仁"。谈及治学，主张要"学而不厌，诲人不倦"，并要"发愤忘食，乐以忘忧，不知老之将至"。这种发奋进取和持之以恒的学习态度是对"自强不息"内在精神的具体

---

① 钱穆：《中国文化史导论（修订本）》，商务印书馆 1994 年版，第 48 页。

诠释。在儒家之外，道家、墨家、法家虽然没有对自强不息有过明确的表述和直接的诠释，却也表达了相近的价值取向。道家虽然一直主张守静、无为、向往逍遥之境，但这种无为仍是为了有所为。老子就曾肯定“强行者亦有志”，庄子亦有“图南”之志。这一点班固在《汉书・艺文志》里就说过：“道家者流，盖出于史官，历记成败、存亡、祸福、古今之道，然后知秉要执本，清虚以自守，卑弱以自持，此君人南面之术也。”[①]墨子则提出“赖其力者生，不赖其力者不生”，认为劳动是人得以生存的基础。并认为“君子力事日强，愿欲日逾，设壮日盛”[②]，也倡导一种锐意进取的人生态度。法家同样提倡“尽力务功”的人生态度，肯定人应在建功立业中实现人生价值。后人曾对自强不息做过总结性的诠释：“凡勉强以进德，不必须在位也。故尧舜一日万机，文王日昃不暇食，仲尼终夜不寝，颜子欲罢不能。自此以下，莫敢淫心舍力，故曰‘自强不息’矣。”[③]即便在佛教经典那里，也可见用自强不息来表勤修佛法之意。如《华严大疏钞》里提道：“谓乾者刚健之象，君子当法天刚健，故自强进德不休息也。今借用之明佛勇猛，自励策修练磨其心，得成正觉为勇健耳。”[④]此后，自强不息的内涵不断得到拓展，常被用以激励后人要勤于治学、勤于事功、勤于修德。

可以说，自强不息是实现理想人格的根基，也是通往幸福生活的阶梯。不论是儒、道、墨、法都推崇一种“刚健有为”的人生态度，充分肯定和弘扬“人与天地参”的主体精神，来实现人的各种生活

---

① 班固：《汉书》，中华书局 1962 年版，第 1732 页。

② 吴毓江：《墨子校注》，中华书局 2006 年版，第 11 页。

③ 李道平：《周易集解纂疏》，中华书局 1994 年版，第 38 页。

④ 澄观：《大方广佛华严经随疏演义钞》，收录于《大正新修大藏经》第 36 卷，佛陀教育基金会出版部 1990 年版，第 283 页。

理想和价值目标。可以说,“自强不息是中国传统文化的核心理念之一,它作为中华民族精神的内核,在中华民族发展史上起到了独特而不可替代的作用”[1]。它所承载的刚健有为、奋发不止的精神,一直激励着中华民族一路向前奋发进取,创造更加美好的生活。

(二)明德修身

尽管儒释道在对人生哲学的阐释上,所指向的伦理价值和追求的理想人格是不同的,但是他们都强调要立足于本心进行修身养性,提升人的德性,以实现人的价值和过上理想生活。正如古人所云,“自天子以至于庶人,壹是皆以修身为本”(《礼记·大学》)。这种修身养性的功夫注重内在自省和洁身自好。

儒家十分看重修身对实现理想人生的重要性。《论语·宪问》里指出,修身有三个层次。一是“修己以敬”,即让自己保持严肃恭敬的态度待人。二是“修己以安人”,即修养自己以使别人感到安乐。三是“修己以安百姓”,即修养自己使全体百姓安居乐业。有学者用今天的话把这三个层次对应为无损于人、有益于人以及造福社会[2]。孟子在此基础上提出了“穷则独善其身,达则兼善天下”,并认为每个人皆有善端,只要善加爱护培养,保持仁义,善养浩然正气,就能成为顶天立地的大丈夫。《孟子·尽心上》说:“存其心,养其性,所以事天也。夭寿不贰,修身以俟之,所以立命也。”就个体而言,修身是为了安身立命;从整体来看,修身是为了知天命,以实现天人合一。要实现不为物役的理想人格,同样要通过内

① 张岂之主编:《中华优秀传统文化核心理念读本》,学习出版社 2014 年版,第 100 页。

② 江畅:《中国传统的整体观念及其现实意义》,《武汉科技大学学报(社会科学版)》2019 年第 2 期。

省修身来实现。《荀子·修身》有云："志意修则骄富贵，道义重则轻王公，内省而外物轻矣。传曰：'君子役物，小人役于物。'此之谓矣。"只有"志意修""道义重"才能做到"重己役物"，不为物质功利所奴役。所谓"重己"就是要"为己""成人"，强调人的道德修养的提升和君子人格的实现。《中庸》也强调"修身则道立"，通过"修德性而道学问"，以达到"致广大而尽精微，极高明而道中庸"的理想境界。

尽管对德的理解不同，道家同样主张修身崇德。在道家看来，"道"与"德"是分不开的。老子指出"道生之，德蓄之"。《道德经·第五十九章》又言："是以万物尊道而贵德。……重积德则无不克！"也就是说，道通过德来体现，要求得大道，就要积德。关于具体怎么积德，老子又说："吾有三宝，一曰慈，二曰俭，三曰不敢为天下先"。慈是要善待万物，济物利人。俭是要少私寡欲，淡泊名利；不敢为天下先指的是乐人之志，与人为善。《道德经·五十四章》里对修身做了进一步说明："修之于身，其德乃真；修之于家，其德乃馀；修之于乡，其德乃长；修之于邦，其德乃丰；修之于天下，其德乃普。"具体来说，善于修德于心的话，个人的德行是真实纯正的；这种修身运用到治家、治乡和治国安邦乃至天下时，都会让德行丰盈增长。而在《逍遥游》里，庄子则树立了一个修身处世的准则："至人无己，神人无功，圣人无名。"具体来说，道德修养高的人可以超脱外物和自我的界限，达到忘我的境界；精神生活充盈脱俗的人，不把自我功名放在心上；道德境界臻于完善的人，不追求名誉与世俗地位。因此，道家强调修身崇德的目的就是要摆脱名利、物欲和私利的束缚，过上一种逍遥自在的生活状态。

佛家倡导以正确的生活方式来"净心"和"正命"，以达到身心和谐和心灵净化的目的。每个个体通过"修心""悟心""戒心""守心”的修行实践来荡涤心性，磨砺心智，实现转迷开悟和身心和乐。禅宗代表人物惠能主张明心见性，“欲得早成，戒心自律”。佛家看来，要想获得真正的快乐，需要破除各种占有的欲望，放下拥有某些东西就能带来幸福和美好生活的执着。真正的幸福不能在拥有或满足我们的欲望中找到。相反，它是一种持久的满足感和一种不执着于外物的内心的宁静。在这种佛学智慧的开启下，人们认识到要寻找人间净土，关键在于自心。

总之，不论各思想流派在具体伦理主张上有何不同，他们通过向内寻求本心的清静和理想的生活境界是共通的。正如宋僧智圆所言，“儒释道宗，其旨本融”。“儒者饰身之教，故谓之外典；释者修身之教，故谓之内典。……修身以儒，治心以释”。也就是说，尽管儒释各有畛域，但是儒家修身于外，佛家修心于内，两者互为表里，共化生民。

（三）和谐利他

在中国传统文化中，不论是“仁者爱人”“推己及人”的伦理主张，还是“民胞物与”的道德情怀，都表达了以和谐利他创造美好生活的重要思想。早在西周末年，史伯就提出了和而不同的思想，“夫和实生物，同则不继。以他平他谓之和，故能丰长而物归之；若以同裨同，尽乃弃矣”①。也就是说，只有不同要素之间的和才能生长出万物。对传统儒家而言，“和”首先是一种人际的和睦。要过上一种理想的社会生活，就应注重“礼之用，和为贵”(《论语·学而》)。《论语·子路》云：“君子和而不同，小人同而不和。”这是一种求同存异的相处之道。《礼记·乐记》对此做了解释：“乐者，天

① 黄永堂译注：《国语全译》，贵州人民出版社1995年版，第590页。

地之和也；礼者，天地之序也。和，故百物皆化，序，故群物皆别。”[①]《国语・周语下》也肯定了“夫政象乐，乐从和”。无论是制礼还是作乐，都是为了人际关系的和谐。这种和谐可体现为一种“万物并育而不相害，道并行而不相悖”[②]的美好状态。除了作为人际和睦的和之外，和还是一种义利之和。《易传・乾文言》指出，“利者，义之和也”。朱熹对此做了释义：“‘利者义之和’，义是个有界分、断制底物事，疑于不和，然使物各得其分，不相侵越，乃所以为和也。”[③]朱熹指出，义能断是非，别曲直，它是一种人伦秩序和伦理规范。而利不仅指物质利益，还涉及人际关系。义和利并非矛盾对立的，关键要使利各得其所，各得其宜；只要合宜适当，就符合义的要求，就能生出和来。此外，和也是一种身心的中和之道。《中庸》有言：“中也者，天下之大本也。和也者，天下之达道也。致中和，天地位焉，万物育焉。”[④]也就是说，中是人心性的本然状态，而和是对已发的各种情感和欲求的调和，使之处在无所偏倚的适中状态。

道家主张人的身心和谐、人际和睦以及人与自然的合一。《老子・五十六章》说道：“挫其锐，解其纷，和其光，同其尘，是谓玄同。”可以看出，老子主张要摈弃自己的个性棱角，排除无谓的纷争，人的心性不分光尘，始终保持一种物我合一的状态，即与玄妙的天道融为一体。老子还指出气和对万物和人的重要性，“万物负阴而抱阳，冲气以为和”[⑤]。

---

① 崔高维校点：《礼记》，辽宁教育出版社1997年版，第127页。
② 朱熹：《四书章句集注》，中华书局1983年版，第37页。
③ 朱杰人等主编：《朱子全书》第16册，上海古籍出版社、安徽教育出版社2002年版，第2281页。
④ 朱熹：《四书章句集注》，中华书局1983年版，第18页。
⑤ 陈鼓应注译：《老子今注今译》，商务印书馆2006年版，第233页。

佛家的慈悲利他思想与和谐共生的精神也是相契合的。慈悲精神是佛家的根本精神。“大慈与一切众生乐，大悲拔一切众生苦。”（《大智度论》卷27）慈，指的是用爱护心对待众生，让众生喜乐；悲，指的是以怜悯心对待众生，帮助众生拔除苦难。“慈能除断忿恚根栽，慈能永灭一切过失。慈能超越热恼所侵，慈能生长身语心乐。”（《大宝积经》）慈悲心可以帮助人们获得真正利益。因此，一个有觉悟的人应该常行利他，“善男子，一切众生，常求自利；菩萨所行，恒求利他”（《优婆塞戒经·义菩萨心坚固品》）。可以看出，佛教通过提倡慈悲利他，教导人们不囿于一己之利，才能摆脱追求私利带来的种种烦恼。从而学会与他人、社会和大自然和谐相处的智慧，达到一种“常、乐、我、静”的理想境界。

从上述的梳理中不难发现，中国优秀传统文化不仅蕴含着对美好生活的认识论，而且包含实现美好生活的方法论。中国优秀传统文化普遍强调要关注现实生活的完备，重视精神生活尤其是德性的完善，以及群体生活对人的价值。并通过自强不息、修身养性以及和谐利他等方式来成就一种理想人格和过上理想生活。习近平指出：“中华优秀传统文化是中华民族的精神命脉，是涵养社会主义核心价值观的重要源泉，也是我们在世界文化激荡中站稳脚跟的坚实根基。”[①]充分挖掘优秀传统文化中蕴含的生活理念和实践智慧，对理解现时代美好生活的价值内涵和实现路径有很高的启示价值。其中，自强不息的精神就一直鼓舞着一代代的中华儿女不断艰苦奋斗和创造更美好的生活；修身崇德的思想启发我们要不断完善个人修养以提升生活境界；和谐利他的理念指导我们要通过凝聚力量和共建共享，为实现美好生活共同奋斗。

---

① 习近平：《在文艺工作座谈会上的讲话》，人民出版社2015年版，第29页。

然而，由于传统思想视野下的美好生活图景是建立在农业文明的经济基础上，他们所追求的理想人格大都是文化精英阶层的一种浪漫想象，具有历史和时代的局限性。比如，传统的修身思想过于强调人在主观认识上的提高，却忽视物质实践对改变现实生活的作用。我们需要结合新的时代特点和生活实践来进行创造性转化和创新性发展，以丰富和提高对美好生活的认识和理解，为实现美好生活提供指导性的实践策略。

第二节　西方思想史上美好生活思想的历史演进与视域交融

在西方思想史上，美好生活思想的历史演进循着古典哲学的伦理思辨走向进行。此外，美好生活也作为当代心理学实证研究的核心概念之一被不断阐释。在不同视域的交融下，美好生活的内涵远比我们能想到的还要复杂和多面化。

一、西方美好生活思想的历史演进

什么样的生活才是美好生活？这是西方哲学史要回答的一个根本性的问题。本特·布瑞德（Bengt Bruide）曾指出："好生活（well-being，eudaimonia，quality of life）的问题是一个经典的哲学问题。"①

① Bengt Bruide, "Happiness and the Good Life, Introduction and Conceptual Framework", *Journal of Happiness Studies*, 2007, 8(1), p.1.

（一）西方古典哲学中关于美好生活①的论述

古希腊早期思想认为 eudaimonia 是一个“广义的概念，指生活进展顺利”②，意指一种所有人都向往的生活。而关于最好生活是什么则存在一些分歧，有的看重物质上的富足，有的看重生活上的体面，也有的看重健康、快乐或者有德性地生活。加拿大布兰登大学的亚历克斯·C. 迈克洛斯（Alex C. Michalos）等曾梳理过公元前 8 世纪到公元前 3 世纪西方思想史上关于美好生活思想的研究。③ 基于他们的研究，挪威北极大学学者乔尔·维特素（Joar Vittersø）又做了进一步的整理（详见表 1）。

表 1　古代关于美好生活的十二种观点④

思想源头	关于“善的生活”的观点
荷马（Homer）	财富、身体健康和吸引力，品格力量，勇气、正义、慷慨和虔诚

① 这里的“美好生活”对应的是希腊语“eudamonia”。eudamonia 一词包含着丰富的意蕴。不仅屡见于古希腊悲剧大作中，也作为市井小民的日常语汇而出现。根据学者克劳特·理查德（Kraut Richard）的研究，从词源上看，“Eu”是希腊文“好”的意思，“daimon”是“神性或精神”的意思，eudamonia 即为“受善神守护的美好生活”的意思。西语中用“Well-being”“good life”或者“happiness”来对应 eudamonia。现代汉语中也有人用“幸福”来翻译“happiness”，由此对应“eudamonia”；心理学研究中常用“幸福感”来翻译“well-being”，这些译法偏重 eudamonia 中的主观满足感的内涵，却偏离了其蕴含的客观上的圆满丰盛之意。与西语的“good life”相对应，本文用汉语中的“美好生活”一词来表达“eudamonia”的意思，虽然在语义上无法做到精确，但是希望在意思上更加接近。

② Julia Annas, *Themorality of Happiness*, Oxford University Press, 1993.

③ Kenneth C. Land, Alex C. Michalos, M. Joseph Sirgy, (eds.), *Handbook of Social Indicators and Quality of Life Research*, Springer, 2012, pp. 23 - 62.

④ Joar Vittersø, *Handbook of Eudaimonic Well-being*, Springer, 2016, p. 2.

（续表）

思想源头	关于"善的生活"的观点
赫西俄德（Hesiod）	繁荣兴盛的共同体，居住着诚实的人们，生活恬静，没有烦恼与疾病，可以享受自己劳动的成果
毕达哥拉斯（Pythagoras）	在无法观察到的实体里有无法观察到的和谐，就是不朽的灵魂
赫拉克利特（Heraclitus）	欲望满足的最大化对好的生活既不是必要的，也不是充足的
恩培多克勒（Empedocles）	每个人都有一个类似灵魂的不断轮回的精灵（daimon），最终经历当前的好或坏的生活和积分
普罗泰戈拉（Protagoras）	取决于个人喜好的特征
安蒂丰（Antiphon）	仔细而精确地观察自然，"正确地"思考是什么导致了"痛苦"和"快乐"，并遵循自然的指引，享受漫长而愉快的生活
德谟克里特（Democritus）	不可观测的有序、和谐
柏拉图（Plato）	外在善如财富和身体的善如健康固然重要，但灵魂的善如美德更为重要
伊安布利霍（Iamblichus）	对良好人际关系的信任和守法
亚里士多德（Aristotle）	活得好，做得好。当一个人为了做美好的、优秀的或高尚的事情而有意地不受阻碍地极好地行使自己的能力时，这是可以实现的，只要他的深思熟虑和活动是出于一种高尚的品格，并伴随着适量的外部利益和快乐
伊壁鸠鲁（Epicurus）	快乐，是由健康的身体、平和的心境和高尚的品德组成的

在古代关于美好生活的不同观点中,亚里士多德第一个系统地研究了一般伦理理论和美好生活,后来的希腊学派都是沿着他的路径往前走。当代积极心理学中关于幸福的讨论也是延续着亚氏的幸福研究模式。因此,我们首先要集中梳理一下亚里士多德关于美好生活的观点。

在亚里士多德看来,美好生活(eudaimonia)是作为完整(as a whole)的最好生活而存在。这种生活具有以下特征[①]:1. 伦理概念(ethical concept):亚氏伦理学的核心是良善生活,行动的被选择是由于能帮助构成良善生活;此外,个人的幸福深深依赖于和他人的良好关系。2. 本性实现(nature fulfillment):通过功能(ergon/function)论证的方式,亚里士多德认为美好生活是对作为人的本性中潜能的充分实现;他强调人是理性的和社会的存在。3. 活动(activity):美好生活是一种生活方式,而不只是一种主观状态。4. 构成性的活动(constitutive activity):当"活动即目的"时,行动和目的是不可分的,这种不可分离性意味着行为构成目的,这样的活动就是构成性的。比如艺术创造、友谊以及民主都是构成性的目标。与构成性相对应的是工具性,比如财富,工具性活动为构成性目标的追求提供基础。5. 多种构成成分(multiple constituent):人是理性的社会存在,需要建立友谊、公正以及最佳政治形式等构成性的善。6. 快乐(pleasure):美好生活是快乐的,这种实现的快乐伴随着高贵的追求(如学习),排除了低俗的快乐(如暴食)。7. 德性(virtue):只有当一个人品行卓越时才能称得上过得好。8. 完整的生活(complete life):作为整体的生活,而不是一系列短暂的心理状态。9. 终极目的(final end):作为完全自足的终极目

① Joar Vittersø, *Handbook of Eudaimonic Well-being*, Springer, 2016, p.69.

的，是人类生活的最好形式。此外，美好生活的特点突出表现为：人在经验层面做出和谐一致的道德行动。亚里士多德从完满意义上理解幸福，而不是采用主客观二分法来分析，这是古典哲学与当代科学心理学在美好生活概念研究上的最大区别。

（二）当代美好生活研究的二元划分

法国结构主义代表人物列维·施特劳斯（Levi Strauss）认为概念图式常演变成二元对立，这种二元对立属于人类思维的基本结构。这种二元对立的思维模式也体现在当代关于美好生活的研究。细说起来，有沃尔夫冈·格拉泽（Wolfgang Glatzer）的主观与客观之分[①]，乌尔里希·什马克（Ulrich Schimmack）的认知与情感之分[②]，丹尼尔·哈布龙（Daniel M. Haybron）的心理和审慎之分[③]，科里·李·M. 凯斯（Corey Lee M. Keyes）和朱莉娅·安娜斯（Julia Annas）的人的感觉与功能之分[④]，亚瑟·斯通（Arthur A. Stone）等人的经验与评价之分[⑤]。值得一提的是，迈克洛斯与罗宾逊认为判断美好生活有两种变量，一个是实际生活条件，一个

---

① Wolfgang Glatzer, Laura Camfield, Valerie Møller, et al., *Global Handbook of Quality of Life: Exploration of Well-Being of Nations and Continents*, Springer, 2015, pp. 1 - 11.

② Eid M., Larsen R. J. (eds.), *The Science of Subjective Well-Being*, Guilford Press, 2008, pp. 97 - 123.

③ Dan Haybron, "Two Philosophical Problems in the Study of Happiness", *Journal of Happiness Studies*, 2000, 1, pp. 207 - 225.

④ Corey L. M. Keyes, Julia Annas, "Feeling Good and Functioning Well: Distinctive Concepts in Ancient Philosophy and Contemporary Science", *Journal of Positive Psychology*, 2009, 4, pp. 197 - 201.

⑤ Arthur Stone, Christopher Mackie, *Subjective Well-Being: Measuring Happiness, Suffering, and Other Dimensions of Experience*, National Academies Press, 2013.

是个人关于这些条件的感受和评价，即客观和主观两种成分。根据这两种变量的组合，可以产生以下四种可能的类型。真正的乐园（real paradise）：好的生活状况与好的主体评价；真正的地狱（real hell）：坏的生活状况与坏的主体评价；愚人的乐园（fool's paradise）：坏的生活状况与好的主体评价；愚人的地狱（fool's hell）：好的生活状况与坏的主体评价。根据这四种类型的划分，我们普遍认同和追求的应该是主客观一致的“真正的乐园”。

关于美好生活，西方思想史上存在“精神上的”（mental）与“完整的”（complete）两种理解。麦金太尔（MacIntyre）从亚里士多德伦理学的目的论（Telos）出发，把这种区分解释为，存在一种“偶然成为的人”（man-as-he happens-to-be）与“一旦意识到自己自身本性后可能成为的人”（man-as he-could-be-if-he realized-his-essential-nature）[①]之间的对照。可以说，美好生活的概念蕴含着一定的价值判断，而不同的时代和人所认可的价值标准不同，要找到一个普遍认同的名字来指称相近的价值内涵是极富挑战的。比如，用来描述“完整意义上的美好生活”的说法有尼拉·K.巴德沃（Neera K. Badhwar）的“最高的审慎的善”，玛莎·努斯鲍姆（MarthaNussbaum）的“完整的人类生活”，而用来描述“精神状态上的美好生活”的说法常见于心理学家的研究视域，较为代表性的有诺曼·布拉德伯恩（Norman Bradburn）的“心理幸福感”（psychological well-being），埃德·迪纳（Edward Diener）的“主观幸福感”（subjective well-being），丹尼尔·卡内曼（Daniel Kahneman）的“享乐幸福感”（hedonic well-being）。我们可以从表

---

① Alasdair MacIntyre, *After Virtue (Vol. 99)*, University of Notre Dame Press, 1981, p.52.

2便捷地了解到一些当代研究者关于美好生活的论述。

表2　一些关于美好生活的描述[①]（节选）

描述	作者
古希腊人认为这是对生活进展顺利思想的指称，意指作为整体的生活品质	J. 安娜斯（Annas J.） J. R. 艾弗里尔和 T. A. 莫尔（Averill J. R. & More T. A.）
在有意义的活动中，与充分参与或最佳表现相关的情绪状态 指的是在明确考虑人生意义时，对自我感觉良好的评价	J. J. 鲍尔、D. P. 麦克亚当斯和 J. L. 帕尔斯（Bauer J. J., McAdams D. P. & Pals J. L.）
（亚里士多德看来）一个人在做某些事情或活动时所获得的乐趣——特别是那些涉及你努力发展的能力的活动 一种有价值的、有意义的、有吸引力的生活	T. 本迪特（Benditt T.）
一种包含多种值得选择的目标，并把这些目标连成内在一致整体的生活	K. C. 伯里奇和 M. L. 克林格巴赫（Berridge K. C. & Kringelbach M. L.） S. 布罗迪（Broadie S.）
实现一个人的真正本性，包括自我实现以及对社会共享目标的承诺，涉及的构念包括自我实现、自我接纳、自我决定、对目的与意义的认知、竞争力培养、关系信任、合作等	A. 德莱韦（DelleFave A.）
心理幸福感，即对意义、自我实现以及个人成长的追求与实现	S. I. 唐纳森、M. 多尔维特和 M. A. 罗（Donaldson S. I., Dollwet M., Rao M. A.）

① Joar Vittersø, *Handbook of Eudaimonic Well-Being*, Springer, 2016, pp. 10 - 11.

（续表）

描述	作者
自我实现的理论，认为幸福是人主要的善	大英百科全书
从古典希腊人的意义上说，指的是“有善神守护的生活”，这是“拥有客观有价值生活的状态”	J. 格里芬（Griffin J.）
寻求运用和发展最好的自己，符合自己的价值观和真实的自我 体现了对一个人的生活是否值得称赞的价值判断	V. 胡塔（Huta V.） P. 凯塞比尔和 E. 迪纳（Kesebir P. & Diener E.）
“我的活动”（不是一种“产生”于我的状态）即通过有德性地活着来解释	C. L. M. 凯斯和 J. 安娜（Keyes C. L. M. & Annas J.）
表达了人类繁荣和幸福的更普遍的概念。它指的是整体的生活质量，尤其是个人的有道德的生活。	N. 纳奥尔、A. 本泽夫和 H. 奥肯辛格（Naor N., Ben-Ze'ev A. & Okon-Singer H.）(2014)
关注意义和自我实现，用一个人充分发展的程度来界定幸福	R. M. 莱恩和 E. D. 德西（Ryan R. M. & Deci E. D.）(2001)
基于个人独特潜力追求卓越的理念	C. D. 瑞弗和 B. H. 辛格（Ryff C. D. & Singer B. H.）(2008)
专注于通过有道德的生活和达到重要的目标成为一个更好的人，美好生活(well-being)不只是快乐(happiness)，还包括与不幸进行抗争	S. P. 舒勒和 M. E. P. 塞利格曼（Schueller S. P. & Seligman M. E. P.）(2010)
一种是善和行善的完整的状态	L. W. 萨姆纳（Sumner L. W.）(1996)
一种值得过的生活或自性为善的生活	E. 特尔弗（Telfer E.）(1980)
其要素不只是积极的情感或者生活满意度	V. 泰里厄斯（Tiberius V.）(2013)

（续表）

描述	作者
简单的感觉良好不代表一切。美好生活的精髓在于“活得好”而不是“享受生活”，活得好被视为“心理发展” 个人表达的感觉	R. 维恩霍芬（Veenhoven R.）（2013） A. S. 沃特曼（Waterman A. S.）（2008）
不是为了快乐而追求，而是按照理性过一种有道德的生活所达到的目的——快乐是锻炼良好品格的副产品	C. 普罗克特、R. 特维德和 D. 莫里斯（Proctor C.， Tweed R. & Morris D.）（2015）

二、美好生活的两种研究传统

如前所述，哲学家和心理学家对美好生活给出了许多不同的概念，这些探讨的前提在于对人生活的一种目的论假设。即人的行为都指向某种终极目的，这种目的虽然不具体但是却统一我们的行为。有分歧的是关于目的到底是快乐（伊壁鸠鲁主义）、美德（斯多亚主义）还是基于合适条件的美德实践（亚里士多德主义）。这个古代伦理的争辩仍然延续至今①。

（一）享乐论（hedonism）

1. 享乐论的哲学基础：享乐主义与功利主义

享乐的词源是希腊语的ἡδονή（hēdonē）。享乐论源自古代伊壁鸠鲁（Epicurus）与阿里斯蒂普斯（Aristippus）的享乐主义哲学传统，根据这一传统，唯一内在的善是快乐与避免痛苦。快乐和痛

① Julia Annas, *The Morality of Happiness*, Oxford University Press, 1993.

苦是唯一具有终极意义的东西。哲学上的享乐主义者十分关注快乐在美好生活中的价值。作为一种价值理论,他们认为所有且只有快乐具有内在价值,所有且只有痛苦不具有内在价值。享乐主义代表人物伊壁鸠鲁的哲学围绕着什么是幸福,怎样获得幸福生活展开。享乐主义有四种大致代表形态,即民间享乐主义、价值或审慎的享乐主义、动机享乐主义、规范享乐主义[①]。其中规范享乐主义有享乐主义利己主义与享乐主义功利主义两种。规范享乐主义代表人物伊壁鸠鲁强调快乐的持久性,即快乐不只是物质上或身体上的愉悦,还包括精神上的心灵宁静。他提倡限制对不必要东西的欲望,因为无论我们多么富有,我们的欲望都会超出自身能力。最终干扰我们过上平静幸福的生活。

沿着伊壁鸠鲁的享乐主义传统,在 18、19 世纪经验主义的全盛时期,出现了极富影响力的享乐主义功利主义。代表人物是杰里米・边沁(Jeremy Bentham)与约翰・S. 密尔(John Stuart Mill)。边沁提出了最大快乐原则。根据这一原则,如果行为似乎不能使所有可能受到影响的人的幸福最大化,那么它就是不道德的;只有看起来能使所有可能受到影响的人的幸福最大化的行为才是道德上正确的行为。边沁提出的享乐计算(Hedonic Calculus)根据确定性、接近性、广度、强度和持续时间来确定快乐的价值,还利用了行为中与未来快乐或痛苦相关的两个方面——繁衍性和单纯度。繁衍性即一种快乐或痛苦中能否随之衍生出另外的快乐或痛苦的可能性;单纯度即不产生相反感觉的可能性。根据这些因素并按照边沁所给定的步骤就可以计算出某种快乐或

① Dan Weijers, "Hedonism", https://www.iep.utm.edu/hedonism/,最后浏览日期:2024 年 3 月 20 日。

痛苦的量值。

边沁的不关注快乐来源的定量享乐主义做法受到了质疑和诟病，并被后人喻之为"猪的哲学"。他的学生密尔也不例外。虽然密尔和边沁一样，也属于审慎享乐主义、享乐主义功利主义以及动机享乐主义，但是他最大的不同在于对快乐本质的理解。快乐有高低层次，低层次的快乐是与身体有关的生理快乐，较高层次的快乐是与心智有关的，是人类特有的，如艺术欣赏、德性行为和哲学沉思。在密尔看来，高层次的快乐更具有价值。所以密尔更关心快乐的质量而非数量。他的享乐主义是一种定性享乐主义做法。

2. 享乐论的心理学研究

享乐论，作为观察幸福感的一个观点，有很多不同的解读方式。既有狭义上关注身体愉悦，也有广义上关注欲望和自我利益。享乐论心理学家的一个共同观点是，幸福由主观的快乐组成，涉及快乐和不快乐的体验。[①] 关于享乐的理解，心理学倾向于采用广义上的界定，即对生活中好坏因素的判断，包括生理和心理上的愉悦感。它的来源是不同领域目标和有价值的结果的实现。[②] D. 卡内曼等人把幸福感定义为与痛苦相对的愉悦感。[③] 他们把享乐心理学的目标和方向设定为最大限度地增加人类的幸福感，并列举人们如何计算利用价值和将获取愉悦感的投入最优化和最大化。这个现代视角与古代趋利避害的关注点是一脉相承的。据此，很

① Richard M. Ryan, Edward L. Deci, "On Happiness and Human Potentials: A Review of Research on Hedonic and Eudaimonic Well-Being", *Annual Review of Psychology*, 2001, 52(1), pp. 141 - 166.

② Diener E., Sapyta J. J., Suh E., "Subjective Well-Being Is Essential to Well-Being", *Psychological Inquiry*, 1998, 9(1), pp. 33 - 37.

③ Daniel Kahneman, Ed Diener and Norbert Schwarz (eds.), *Well-Being: The Foundations of Hedonic Psychology*, Russell Sage Foundation Press, 1999.

多研究者利用主观幸福感(SWB)来测量幸福。幸福意味着体验高的积极情绪、低的消极情绪以及对生活的满足。

(二) 实现论(Eudaimonism)

1. 实现论的哲学渊源

实现论被定义为"利用和发展自己最好的一面"①。个人忠于真实的自我进行生活,充分实现自身潜能,获得自我实现的快乐。伴随着积极心理学的发展而兴起的实现主义起源于亚里士多德哲学传统。正如前文所述,亚里士多德认为幸福是符合美德的活动。幸福就是人的灵魂的有逻辑的部分的合德性的实现活动,而人的可实现的最高的善就是幸福。② 美德是品格的一种状态。在这一点上,实现论与享乐论的区别在于美德不是为了追求快乐,是按照理性过一种有道德的生活所实现的一种目的——快乐是践行良好品格的副产品。根据克劳特·理查德(Kraut Richard)的研究,亚里士多德用 eudaimon 一词只是作为代替更为重要的活得好(euzên)的表达。③ Eudaimonia 经常被翻译成"happiness",然而,亚里士多德明确区分了感觉状态(happiness)与带着感觉开展的活动(eudaimonia)。在《尼各马可伦理学》一书中,亚里士多德把美好生活(eudaimonia)描述成一种德性和实践智慧的生活,"美德是与选择相关的品格状态,在于中道",即在合适的时间,出于合适的动机,采用合适的方式,对合适的对象做出符合德性的行为,这

---

① Susan A. David, Ilona Boniwell and Amanda Conley Ayers (eds.), *The Oxford Handbook of Happiness*, Oxford University Press, 2013, pp. 201 - 213.

② [古希腊]亚里士多德:《尼各马科伦理学》,廖申白译注,商务印书馆 2003 年版,第 18—19 页。

③ Colin Allen, Uri Nodelman and Edward Zaltad (eds.), *The Stanford Encyclopedia of Philosophy*, 2011.

就是德性卓越。德性生活关心我们身体自性所产生的感觉，最终通向幸福。

艾瑞克·弗洛姆采用了亚里士多德的观点，认为美好生活要区别两种感觉："一种是主观感受到的欲望，满足这种欲望会带来暂时的愉悦。而另一种来源于人性的需求，这类需求的实现能促进人的成长和导向美好生活。换句话说，就是要区别纯主观感受的需求和客观合理需求。部分主观感受需求不利于人的成长，而后者则与人的本质要求相一致。"①

2. 实现论的心理学研究

关于幸福的心理学理论，代表性的有三大理论：阿伦·S. 沃特曼（Alan S. Waterman）的实现统一性理论，卡罗尔·D. 瑞弗（Carol D. Ryff）的心理幸福感理论，爱德华·L. 德西（Edward L. Deci）和理查德·M. 莱恩（Richard M. Ryan）的自我决定论。这三者都植根于一种实现自性的哲学。

实现论哲学家大卫·L. 诺顿（David L. Norton）和克劳特·理查德认为，美好生活涉及一系列独特的主观经验。比如，诺顿认为这是一种"成为想成为的人，做想做的事"的感觉，包含一个人在关于行动、认同、目标的强度和能力中获得的一种合宜和专注的感觉。罗洛·梅（Rollo May）则主张拥有一种对自身的掌控感。在此理论基础上，沃特曼指出，当人们在日常活动中与其深层价值观高度一致时，人们全身心投入，自我实现式的幸福才会实现。在这种情况下，人们能深刻感受到生命力与真实存在感。这种遵从真我来生活的状态就是"人格展现"（personal expressiveness），由此

---

① Erich Fromm, "Primary and Secondary Process in Waking and in Altered States of Consciousness", *Journal of Altered States of Consciousness*, 1979, 4(2), pp. 115－128.

与享乐式的快乐相区别。[①]

据此传统，瑞弗和波顿・H. 辛格(Burton H. Singer)同样延续了亚里士多德的理论，认为幸福并不等同于简单的快乐，他们认为心理幸福感就是“努力表现完美的真实的潜力”。瑞弗和凯斯用心理幸福感(psychological well-being, PWB)来测量这种幸福，提出了心理幸福感测量的多维度模型。六大衡量指标涉及自我实现的不同方面：自我接纳、生活目的、积极人际关系、自主性、环境驾驭以及个人成长。[②] 他们认为主观幸福感作为健康生活的指标并不可靠。埃德・迪纳(Ed Diener)等人反驳，心理幸福感是由专家来界定标准，而主观幸福感则属于普通人告诉研究者是什么让生活变得更好。这二者的区别就在于是对美好(wellness)的界定不同，导致两者对幸福的成因、结果和动力的研究方向不同。

自我决定论把自我实现作为幸福的核心定义，并试着详细说明什么是自我实现以及如何实现。[③] 自我决定论提出了人的三种基本心理需求：自主需求、能力需求和关系需求。这些需求的满足是人的生活的自然目的，它描绘了许多人的活动的意义和目的。[④] 基本需求的具体化不仅界定了个人心理健康的最低标准，也规范了社

---

① Waterman, Alan S., “Reconsidering Happiness: A Eudaimonist's Perspective”, *The Journal of Positive Psychology*, 2008, 3(4), p. 236.

② Carol D. Ryff, Corey Lee M., “The Structure of Psychological Well-Being Revisited”, *Journal of Personality & Social Psychology*, 1995, 69(4), pp. 719-727.

③ Ryan R. M., Deci E. L., “Self-Determination Theory and the Facilitation of Intrinsic Motivation, Social Development, and Well-Being”, *American Psychologist*, 2000, 55(1), pp. 68-78.

④ Ryan R. M., Deci E. L., “The ‘What’ and ‘Why’ of Goal Pursuits: Human Needs and the Self-Determination of Behavior”, *Psychological Inquiry*, 2000, 11(4), pp. 227-268.

会环境应该为人们心理成长和发展提供的促进因素。

从哲学到现代心理学关于美好生活研究的思想演进中，我们可以看到，美好生活从形而上的伦理概念逐渐变成一个清晰可量化的科学实证概念，并沿着西方哲学传统中的享乐论与实现论的两种走向，拓展和深化了对美好生活的理解。

第三节　马克思经典文本中的美好生活思想

马克思经典文本中蕴含着丰富的有关美好生活的思想资源。挖掘马克思关于美好生活的思想不仅能在理论上帮助我们建构美好生活的研究范式，而且能够从实践上为美好生活的实现路径指明方向和提供价值引领。从总体上看，马克思的美好生活思想以现实的人为逻辑起点、以现实的感性实践活动为核心、以人的自由解放为价值旨归来展开。马克思说："我们开始要谈的前提不是任意提出的，不是教条，而是一些只有在想象中才能撇开的现实前提。这是一些现实的个人，是他们的活动和他们的物质生活条件，包括他们已有的和由他们自己的活动创造出来的物质生活条件。"[①]在马克思看来，生活具有现实性和历史性的规定。现实生活的前提包含三个方面："现实的个人""他们的活动"以及"他们的物质生活条件"，展开为以物质生活为基础，生成精神生活、社会生活、政治生活等多领域和多样态的整体生活面貌。在此基础上，生活还展开为一种历史性生成关系，即在生成、嬗变以及历史变迁中不断展开自身的逻辑。

---

① 《马克思恩格斯选集》第1卷，人民出版社1995年版，第66—67页。

一、美好生活的逻辑起点：以"现实的人"为生活的主体

"现实的人"是马克思美好生活思想的出发点和落脚点。在马克思看来，"我们不是从人们所说的、所设想的、所想象的东西出发，也不是从口头说的、思考出来的、设想出来的、想象出来的人出发，去理解有血有肉的人。我们的出发点是从事实际活动的人"[①]。人的现实性前提是从事的活动和已创造出来的物质生活条件。"现实的人"指的是在现实中存在的人。首先，它不同于"一般的人"和"纯粹的人"，而是具有具体角色设定的个人存在，总是追求着个人目的。因此，美好生活的主体是具有个性化和多样性的存在。其次，"现实的人"不是孤立的个体，也不是抽象的人，而是社会中的人，总是处于一定的关系之中。因此，它是"一定的个人"。"现实的人"的活动和交往构成了生活的全部内容。最后，"现实的人"是在历史中不断生成的，因而他们的生活也呈现出阶段性和历史性的特点。"人的依赖关系（起初完全是自然发生的），是最初的社会形态，在这种形态下，人的生产能力只是在狭窄的范围内和孤立的地点上发展着。以物的依赖性为基础的人的独立性，是第二大形态，在这种形态下，才形成普遍的社会物质交换，全面的关系，多方面的需求以及全面的能力的体系。建立在个人全面发展和他们共同的社会生产能力成为他们的社会财富这一基础上的自由个性，是第三个阶段。第二个阶段为第三个阶段创造条件。"[②]这三种形态的替代过程，不仅是现实的人的发展和解放的

① 《马克思恩格斯选集》第1卷，人民出版社1995年版，第73页。
② 《马克思恩格斯全集》第46卷上册，人民出版社1979年版，第104页。

过程，也是美好生活形态的生成和实现过程。

二、美好生活的现实展开：以“感性的活动”为核心

“感性的活动”，亦即“对象性的活动”和“实践的活动”，是马克思美好生活思想展开的根基。在马克思看来，生活既不是精神观念的运动或活动，也不是自然抽象的类人的生活，而是展开为一种自由自觉的感性实践活动。感性的活动是对费尔巴哈的“感性对象”和黑格尔的“精神的能动性”的一种批判的继承。费尔巴哈在《未来哲学原理》一书中指出，未来哲学的基础应是感性的对象，“不要任何抽象的、任何形而上学的、任何神学的对象和实体，它要实在的、感性的对象和实体”[①]。然而，尽管他看到了感性对象，但是他把感性等同于现实性，没有从历史性关系和社会联系来找到感性对象的本质，因而没有触及感性对象的历史性。他的感性对象只是停留于“感性实体”或“感性直观”的层面上。用马克思的话来说，即“从来没有把感性世界理解为构成这一世界的个人的全部活生生的感性活动”[②]。而黑格尔看到了历史性，但是却停留于绝对精神的运动。黑格尔“唯一知道并承认的劳动是抽象的精神的劳动”[③]，而不是人的感性的对象性活动。他所证明的历史只是一种抽象的、逻辑的、思辨的表达，是在客观精神的运动中被建构出来的，所以不是一种“作为一个当作前提的主体的人的现实历史”。

---

① ［德］路德维希·安德烈斯·费尔巴哈：《未来哲学原理》，洪谦译，生活·读书·新知三联书店1955年版，第59页。

②《马克思恩格斯选集》第1卷，人民出版社2012年版，第157—158页。

③《马克思恩格斯文集》第1卷，人民出版社2009年版，第205页。

马克思正是在创造性结合感性对象与精神劳动的基础上，提出了“感性的活动”或“对象性活动”。一方面，感性的活动正是“实践的人的活动即劳动”[①]。“实践的人的活动即劳动”蕴含着真正的历史性和生成性，创造和开拓着一种未来的可能的美好生活。美好生活正是在“感性的活动”中生成的，美好生活呈现于现实的历史过程。正如卢卡奇所评论的那样，“生成表现为存在的真理，过程表现为事物的真理。这意味着，历史发展的倾向构成比经验事实更高的现实”，在这个意义上，美好生活是在现实历史的发展和生成中得以实现的。另一方面，美好生活是在对象性关系中实现的。对象性活动不仅满足着人的生存与享受需要，而且满足着人的发展需要。对象性活动首先体现为维持人基本生存的物质生产活动，因为现实的人首先是感性的生命有机体，“人们首先必须吃、喝、住、穿，然后才能从事政治、科学、艺术、宗教等”。可以说，美好生活首先是人的基本生存需要得到充分保证的丰富的物质生活。在此基础上，“个人的全部活生生的感性活动”，不断扩大自身的活动范围与交往联系，创造出了更丰富和全面的生活内容与形式。感性的活动或对象性活动全面展开的过程，就是人与世界的对象性关系实现统一的过程，也是美好生活不断生成的过程。“感性实践活动在空间中的共同展开构成了整个现存感性生活世界，在时间中的动态生成和发展过程则创造出了整个人类历史。”[②]因此，感性的活动所创造出来的美好生活具有全面性、整体性和历史生成性。

---

① 《马克思恩格斯全集》第 3 卷，人民出版社 2002 年版，第 271 页。

② 陈曙光、周梅玲：《〈德意志意识形态〉中的“生活”概念》，《湖湘论坛》2017 年第 4 期。

三、美好生活的价值旨归:人的自由与解放

不论是确立“现实的人”的主体地位,还是立足于具有历史性和对象性的感性活动,都是让人能够自由自主活动,从而建构一种能实现人的自由与解放的美好生活形态。马克思在“感性的活动”的基础上对美好生活进行了新的阐释,并且通过对人的自我异化的批判,为美好生活的价值归宿和实现过程指明了方向。

马克思首先分析了现实生活对人的限制和约束。他指出,现存世界中的一种不合理的生产秩序,使人处于一种自然而非自愿的分工条件下。有限的生产条件和交往关系限制着个人自主活动的范围,使人的发展变得片面。具体来说,基于资本逻辑的私有制生产方式虽然创造了巨大的物质财富,却也带来一种“幸福悖论”。首先,雇佣劳动制度造成了人的异化,表现为人与自己劳动产品的异化,劳动产品成为一种异己的力量;造成了人与劳动的异化,本应可以自由发挥体力和智力的感性活动,成了肉体受摧残、精神受折磨的过程;造成了人与自由自觉的类本质的异化。资本积聚的两极分化,造成了物质生活的相对贫困,带来了人与人、人与自身关系的对立。因此,在人的异化状态下,美好生活的实现从根本上是不可能的。其次,商品拜物教逻辑把人的生存目的异化为对物质的占有和货币的积累。这种物化逻辑使得本应丰富多样的生活内容变得单一化和同质化,人也成了“单向度的人”。人的精神生活变得物化,整个社会“把粗陋的物质捧上宝座,毁掉了一切精神内容”[①]。政治生活成为有钱人的游戏,“金钱代替刀剑成了社会

① 《马克思恩格斯全集》第3卷,人民出版社2002年版,第505页。

权力的第一杠杆”[1]。社会生活降格为商品交换的利益关系。“使人和人之间除了赤裸裸的利害关系，除了冷酷无情的‘现金交易’，就再也没有任何别的联系了”。此外，私有制条件下的自由竞争切断了个人与共同体的关系纽带。个人获得了自由，但是这种自由“不是建立在人与人相结合的基础上，而是相反，建立在人与人相分隔的基础上”[2]。个人变得原子化，处于一种永远不安定和不断变动的无根状态。他人成为达到私人目的的手段。“我同你的社会关系，我为你的需要所进行的劳动只不过是假象，我们相互的补充，也只是一种以相互掠夺为基础的假象”[3]。在这种社会关系下的共同体只是一种虚假的共同体，美好生活的实现无从谈起。

马克思认为，要改变人的异化处境，就需要废除私有制的根源。尽管资本主义生产方式创造了庞大的物质财富，但是也造成了人的异化以及发展的狭隘性，从而无法实现真正的美好生活。只有建立一种“自由人的联合体”，恢复资本的社会本性，建立人与自然、人与自身、人与社会的和谐关系，才能真正实现人的自由与解放。“资本是集体的产物，它只有通过社会许多成员的共同活动，而且归根到底只有通过社会全体成员的共同活动，才能运动起来。”[4]因此，要解放资本的社会本性，实现共产主义，从制度上保障美好生活的实现。“共产主义是对私有财产即人的自我异化的积极的扬弃，因而是通过人并且为了人而对人的本质的真正占有；因此，它是人向自身、也就是向社会的即合乎人性的人的复归，这种复归是完全的复归，是自觉实现并在以往发展的全部财富的范围内实现的复归。这

---

① 《马克思恩格斯全集》第 25 卷，人民出版社 2001 年版，第 375 页。
② 《马克思恩格斯文集》第 1 卷，人民出版社 2009 年版，第 41 页。
③ 《马克思恩格斯全集》第 46 卷，人民出版社 1979 年版，第 35 页。
④ 《马克思恩格斯文集》第 2 卷，人民出版社 2009 年版，第 34 页。

种共产主义，作为完成了的自然主义，等于人道主义，而作为完成了的人道主义，等于自然主义，它是人和自然界之间、人和人之间的矛盾的真正解决，是存在和本质、对象化和自我确证、自由和必然、个体和类之间的斗争的真正解决。”[①]只有在这种“自由人的联合体”中，“个人才能获得全面发展其才能的手段……在真正的共同体的条件下，各个人在自己的联合中并通过这种联合获得自己的自由”[②]。这种真正的共同体消除了异化，使实践的人的活动即劳动成为人的第一需要。也消灭了畸形的社会分工，人们不再局限于某一个活动范围，人可以自由选择发展自身能力和兴趣，实现真正的“自由个性”。

当人成为“自己的社会结合的主人，从而也就成为自然界的主人，成为自身的主人——自由的人”[③]，人才能“以一种全面的方式，就是说，作为一个完整的人，占有自己的全面的本质”[④]。在这样的条件下，物质生活在质和量上得到了充分保证，不仅满足人的生存与享受需要，也能满足人的发展需要。非物质生活能够满足人的超越性需要。人的一切活动和生活过程不再仅仅以物质占有和资本积累为目的，而是以人的自由全面发展为价值归宿。这才是马克思美好生活思想的本质规定和价值旨归。

第四节 新时代美好生活思想的价值意蕴

在新时代的历史方位下，我国正处于为实现中华民族伟大复

① 《马克思恩格斯文集》第 1 卷，人民出版社 2009 年版，第 185 页。
② 同上书，第 571 页。
③ 《马克思恩格斯文集》第 3 卷，人民出版社 2009 年版，第 566 页。
④ 《马克思恩格斯文集》第 1 卷，人民出版社 2009 年版，第 189 页。

兴而奋斗的新征程中。党的十九大报告明确指出，“我国社会主要矛盾已经转化为人民日益增长的美好生活需要和不平衡不充分的发展之间的矛盾”。随着我国社会主要矛盾的变化，美好生活作为一个重要的政治话语和目标期许被提出，具有了新的生成逻辑、价值内容和实践目标。

一、美好生活的逻辑理路

（一）美好生活需要的历史生成

从历史视角来探究美好生活的生成理路，不能仅仅局限于新时代的时空场域，而应将其置于新中国成立 70 多年来的历史形势和实践图景之中。

首先，美好生活需要是物质生活水平不断提高的结果。新中国成立伊始，我国生产力水平较低，面临着物质匮乏的状况。人们的生活目标主要以物质文化生活需要的满足为内容。之后，伴随着改革开放的发展实践，我国生产力和人民生活水平不断提高，物质产品日益丰富。人们的需要已经逐渐从基础性的物质需要提高到对更高级的物质生活与精神生活的需要。进入 21 世纪，尤其是十八大以后，中国综合国力不断增强，我国进入了一个全新的历史发展方位。社会生产力水平总体上显著提高，“高质量发展”成为新时代生产力发展的显著特征①。人们的需要变得更加高级、丰富和全面，从物质文化生活需要转变为对更充分更平衡的美好生活的需要。因此，正是生产力的不断发展推动和催生了人民对美

① 魏志奇：《社会主要矛盾的转化规律与实践要求研究》，《中国劳动关系学院学报》2021 年第 1 期。

好生活的需要。当然，单纯依靠生产力水平的提高并不必然带来生活的美好，生产力的发展只是人们实现美好生活的手段，而非最终目的。

其次，美好生活需要还是我国社会生产关系历史演变的要求。在我国社会主义建设初期阶段，在一穷二白的物质条件下，实行的是大锅饭的平均主义。改革开放初期，社会主义市场经济体制允许一部分人先富起来，效率优先，兼顾公平。随着我国市场经济体制不断完善，更加注重社会公平和全民共同富裕成为新时代的奋斗目标和发展任务。可以说，在生产力不断跃升的基础上，社会结构和利益格局不断调整和变动，我国社会生产关系也发生了深远的变化。只有更加注重平衡发展的社会主义生产关系才能克服生产力客观发展带来的历史局限性。

因此，美好生活需要的提出既是社会生产力发展的必然，也是社会主义生产关系形态的体现。美好生活不仅是从基础性需要到发展性需要的满足，而且表现为不同群体比较之后的一种平衡感和满足感。

（二）美好生活的理论起点

马克思主义唯物史观是新时代美好生活的理论依托。正是在马克思主义理论与我国社会主义实践的相互作用下，才实现了对美好生活的新时代诠释。

首先，马克思主义以人民群众的现实幸福为内在规定，其终极目标是“现实的人”实现自由全面的发展。关于“现实的人”，马克思说，“前提是人，但不是处在某种虚幻的离群索居和固定不变状态中的人，而是处在现实的、可以通过经验观察到的、在一定条件下进行的发展过程中的人”[①]。现实的人既具有自然的物质欲望，也具有自为的精神追求；既是自由的个体，也是社会的成员；既能积极发展创造生活，又能参与闲暇享受生活；既是受到各种现实条件制约的人，又是能发挥主观能动性的人。新时代美好生活的建构正是以马克思“现实的人”为逻辑起点，充分尊重人的全面性和历史性，把人的物质需要与精神需要、个体需要与社会需要、发展需要与享受需要、现实性需要与超越性需要等统一于现实生活实践中。

其次，马克思主义把生活作为确立唯物史观的基础。“社会生活在本质上是实践的”，在以实践承载的生活里，人们不仅在对象化活动中生产出物质生活资料，而且也发展出了丰富多样的社会关系。在生活实践中，人的生存价值和本质力量得以实现。正是基于马克思主义的生活观，美好生活是“现实的人”在自然历史过程中实现的个体自由和生活解放，它具有历史性和实践性。随着人活动范围的扩大和生活世界的展开，发展出的社会关系为美好生活需要的实现提供了支撑。此外，人的能动性和创造性是生活的本质特征。美好生活正是人在解决现实问题中不断克服困难、凸显人的生命本质的过程。所以，美好生活并非毫无缺陷的完美生活，也不是一帆风顺的圆满生活，而是需要在创造性活动中突破原有的各种条件限制才能得以实现，它具有开放性和生成性。

（三）美好生活的现实关怀

美好生活需要的提出是具有现实问题指涉的，其本质源于当前历史条件下一种不充分不平衡的发展状态。这种发展状态是当

---

① 《马克思恩格斯文集》第1卷，人民出版社2009年版，第525页。

前我国社会发展的阶段性特征。一方面，人们的需要层次不断提高，向往过上更高质量和更加丰富多彩的生活；另一方面，发展的状况即满足需要的供给方面仍存在不充分不平衡的问题，制约着美好生活的实现。要实现人们对美好生活的向往，就必须直面并努力改善这种不充分不平衡的状态，注重发展的整体性和均衡性，从各方面为美好生活需要的实现提供有力的现实支撑。可以说，解决这种不平衡不充分的现实问题是满足人们美好生活需要的关键之维。问题是时代的口号，表现时代精神状态的最实际的呼声。美好生活的提出是对时代发展状况的回应，也为未来社会发展指明了方向。社会主要矛盾的转变意味着要解决的根本问题的转变，这种根本问题是党和国家的根本任务，完成这一根本任务又是党和国家在一定时期内的工作重点①。根据这个理论线索来指导发展实践，“要在继续推动发展的基础上，着力解决好发展不平衡不充分问题，大力提升发展质量和效益，更好满足人民在经济、政治、文化、社会、生态等方面日益增长的需要，更好推动人的全面发展、社会全面进步”②。

二、美好生活的价值实现

（一）以人民为中心是美好生活的价值理念

从经验事实层面看，美好生活意味着一种社会发展的进步性

---

① 韩庆祥、黄相怀：《中国特色社会主义新时代的哲学理解》，《哲学研究》2017 年第 12 期。

② 习近平：《决胜全面建成小康社会　夺取新时代中国特色社会主义伟大胜利——在中国共产党第十九次全国代表大会上的报告》，人民出版社 2017 年版，第 11—12 页。

事实。从价值层面看,美好生活必然是某种确定的价值理想的实现。新时代的美好生活在价值取向上必然是属人的,以实现人的自由全面发展为价值理想,以实现人的潜能和发挥人的价值作为最终目的。

从普遍的意义上看,价值理想规定了单个个人或整个社会生活世界的界域。某种生活样态背后都潜藏着与之相应的价值观念。正是对生活何以美好的理解差异,造就了生活践履方式的不同。回看现代社会发展的历史,在物质贫乏和能力有限的条件下,人们会把摆脱贫困和积累财富作为一种合理的价值追求。必须承认,这种价值追求促进了技术的进步和财富的创造,拓展了人对自然、科学和艺术的探索和认识深度,带来了社会经济生活前所未有的进步。然而,人们在拥有和享用物质成果的同时,但却可能将对财富和利益的追求作为生活的全部内容,将人与人之间的关系简化为一种物的关系,用人的欲望替代人的需要,人的存在被片面化。正如马克思所说,"我们的一切发现和进步,似乎结果是使物质力量成为有智慧的生命,而人的生命则化为愚钝的物质力量"①。这种以物为本的价值取向必然导致现代生活的疏离状态。这种疏离集中体现为人与自然的疏离、人与社会的疏离以及人与自身的疏离,是一种"异在化的、非我的生活境遇"②。因此,这样的生活不是属人的,也不是真正美好的。

真正的美好生活,是内在于人的。作为一种积极向"人"回归的生活样态,它体现了生活的丰富意蕴。在价值取向上,美好生活要从以物为本转到更加注重以人为中心。"人民对美好生活的向

① 《马克思恩格斯选集》第 1 卷,人民出版社 1995 年版,第 775 页。

② 袁祖社:《"现代性"发展观念及其生存逻辑的深刻弊端与历史反思——新发展理念的制度实践与美好生活的价值创构》,《思想战线》2019 年第 3 期。

往，就是我们的奋斗目标”。以人民为中心的发展思想，是人的自由全面发展思想的时代表达，也是对马克思主义人民立场和人民观点的秉持和发展。马克思主义把人类解放作为理论使命和崇高追求。马克思从“现实的人”出发，指出人民是历史发展的主体，也是历史的创造者，实现人的自由全面发展是人类社会追求的最高价值目标。基于马克思主义人民观，人民是美好生活的历史主体，也是美好生活的实践主体，更是美好生活的价值主体。以人民为中心的价值取向，追求的是最广大人民的共同福祉，而不是少数人的自由幸福。因此，美好生活要以全方位提高人民的创造能力和满足人民的真实需要为实现方式，避免一味追求物质财富的增长和欲望的满足所带来的生活形态的物化。要以实现发展成果的共建共享作为价值目标，克服推崇自我实现的个人主义所导致的生活形态的狭隘化。

（二）价值复杂性是美好生活实现的现实场域

首先，实现美好生活要直接面对价值多元复杂的现实状况。在现代化和全球化的背景下，中国正处在一个急剧变化的社会转型期。新中国成立 70 多年、改革开放 40 余年的伟大实践，带来了社会物质财富的增加和普遍的繁荣，人们的生活水平和生活质量大大提高。然而，伴随着社会发展而来的价值变迁也带来了严峻的伦理道德问题。改革开放的历史进程带来了价值体系的重建。中国传统以儒学为主导、儒释道相融的价值观念体系不断受到冲击。以市场为基础、以利益为导向的价值体系冲击着生活的根基和价值的基础。查尔斯·泰勒总结过现代性文明在发展中的三大隐忧：一是个人主义和现代自由带来的崇高目标感的丧失，以及随之而来的生活的平庸化和狭隘化；二是工具主义理性的主导性扩展并入侵生活领域，效益决定和规范着人们的生活，导致生活中深刻性、共鸣性和丰富性的丧失；三是公民对公共领域的疏离，导致政治自由的丧失。尽管在中国文化境遇下，这些隐忧只是以碎片形态和萌芽方式出现，但也值得我们重视和反思。中国当前社会发展面临的矛盾、问题和挑战，是对我国并存的多重复杂的价值生存状况的反映。这种价值复杂性状况的产生，“既是世界复杂价值格局在中国的延伸和微缩，也有中国社会本来的价值复杂性的传承与继续，还包含着中国快速现代化和全球化的进程中不断产生并多重表现出来的独特性价值新问题”①。要实现美好生活，就需要直面现代生活中对传统的质疑、道德的褪色、意义的丧失以及工具理性的膨胀等问题。只有面对现实存在的价值复杂生存状况，才能适应和引导人们过上更好的生活。

其次，美好生活要充分发挥自己的导向功能，以有效应对这种价值复杂性挑战。在实践维度上，现代化以及随之而来的全球化蕴含着西方各种多元价值观念，我们要将有利于发展的积极价值因素融合到社会发展中，为促进全面发展和社会进步提供积极力量。面对中国传统价值体系的消解和式微，要致力于挖掘中国优秀传统文化中的精神品格，将优秀历史文化的思想进行创造性转化，使其获得时代性意义。面对当下中国复杂现代性所带来的价值状况，要从中国的历史与现实出发，既要大力推进改革开放，积极推进现代化进程，又要坚持中国特色社会主义发展道路，把增进人民福祉和促进人的全面发展作为一切实际工作的出发点和落脚点。

在价值维度上，美好生活要坚持人的逻辑，扬弃和超越物的逻

---

① 欧阳康：《中国道路及其价值意蕴》，《马克思主义与现实》2011 年第 3 期。

辑与资本的逻辑。遵循人的逻辑，就是要发挥人的潜能、发展人的能力、促进人的发展以及实现人的自由。当前中国现实生活中的价值困境，体现了物质财富和个体主体性的过度伸张，其本质是“生产领域内资本发展逻辑背离了个人自由而全面发展的需要”[①]。资本具有追求自我增值的内在本性，随着社会经济的不断发展，资本逻辑和物的逻辑从生产领域向精神领域扩张，使得现代生活遭遇道德式微、物化生存等异化问题，这一生活图景所隐藏的价值危机背离了新时代美好生活的价值追求，甚至成为创造美好生活的障碍。美好生活以人的自由全面发展作为价值旨归，这里的自由指的是人逐渐从自然限制和社会关系中解放出来的自由。虽然物质产品的丰裕和资本要素的积累，为人的自由解放提供了物质基础，但是物的逻辑和资本逻辑不应成为人们理解和把握生活逻辑的主要依据。因为在物的逻辑和资本逻辑支配下的生活样式是基于“以物的依赖性为基础的人的独立性”，这种生活样式下的人没有获得真正的自由，仍在“物”的镣铐下生活。因此，这种生活的“物化”是“必然的直接的现实”。而新时代的美好生活是属人的，彰显的是人的主体作用、本体力量和生命意义。关于人的本质，马克思指出，“人的本质不是单个人所固有的抽象物，在其现实性上，它是一切社会关系的总和”。社会性是人的本质属性，人在本质上是关系性存在。人的社会关系越是丰富，人的社会本质就越是完善，人们创造和实现美好生活的能力就越强，就越有可能实现自由全面的发展。因此，美好生活要以人的逻辑超越资本逻辑和物的逻辑。人的逻辑在价值主张上要实现人的身心协调、人与

① 杜仕菊、程明月：《从资本逻辑到人的逻辑：美好生活视域下绿色消费的理路变迁》，《江苏大学学报（社会科学版）》2021 年第 2 期。

社会和谐发展以及人与自然平等共生，创设出能最大限度实现人的自由全面发展的美好生活图景。

第五节 美好生活与大学生价值导向的内在关联

"价值问题根本上是人所以为人亦即人特有的生存方式和生活意义问题。"[①]只有深入人的生活样式中，才能探明人的价值取向。生活不仅为人所创造，而且反过来塑造人的价值世界，甚至是培育价值意识的源泉。因此，人的生活在本体论上具有价值性。美好生活作为人类生活的理想形态，内蕴了合乎人的生存与发展的价值，它与价值导向具有内在关联性。基于这种内在关联，在美好生活视域下讨论大学生价值导向才得以可能。在美好生活的视域下，大学生价值导向的目的是引导他们建构一种美好生活。那么，什么才是合理有效的价值导向？价值导向何以能够引导美好生活的建构？引导建构一种什么样的美好生活？怎样建构美好的生活？这是在美好生活视域下探讨大学生价值导向必须回答的几个问题。

一、大学生价值导向的基本遵循

从一般意义上看，价值导向就是要对一定价值主体的价值观念进行方向性的引导，使之符合社会规范和核心价值体系。因此，

① 张曙光、戴茂堂：《价值的存在论研究》，《北京师范大学学报（社会科学版）》2006年第5期。

合理有效的价值导向要遵循价值观念的生成规律、遵循现实的人的发展程度以及遵循价值取向和价值认同的生成过程。

(一) 大学生价值导向要遵循价值观念的生成规律

在现实性上，价值观念来源于社会实践和现实生活，反映了现实生活的价值关系及其运动变化。任何价值观念都是一定生活方式积淀而成的产物，具有相对稳定性。当价值观念一旦形成，就作为人们生活意义的解释框架和生成机制，规定了人们的思想方式和行为方式，指导人们的实践活动和塑造人们的生活内容。“价值观念并不是外在于人们的日常生活和日常实践，它就作为生活意识的一部分活生生地存在于生活实践之中。”[①]因此，随着社会实践的变迁和人们的生存发展需要的改变，反映社会现实的价值观念也会随之变化，这种变化反过来又引起生活方式的调整。可以说，价值观念和生活方式之间是相互促动、互为因果的。

随着社会的转型，现实生活中价值关系日趋多样，价值运动变得复杂，由此也带来了价值观念的多元和价值取向的多变。在日趋复杂多变的社会中，大学生价值观念的改变不仅仅源自外在的思想教育，而且在现实生活实践和现实价值关系的倒逼下不断发生调整。牢记价值观念是对现实社会实践和生活方式的反映这一基本立场，才能确定合理的可行的价值导向目标。

(二) 大学生价值导向应遵循现实的人的发展程度

价值导向还要遵循现实的人的发展水平。哲学解释学认为，一切理解都是基于认识主体所持有的“前见”基础，不同价值主体

---

① 马俊峰:《社会转型期的价值观念与对策选择》,《江海学刊》1999 年第 4 期。

的“前见”基础存在着差异。只有依据每种主体“前见”的特殊性，才能有针对性地开展行之有效的价值教育。因此，把握现实的人的发展程度是合理有效的价值导向的基础。

首先，作为价值主体的人需要具备一定的理性认知能力和反思能力，价值导向才具有可能性。就大学生来说，他们的理性认知能力和反思能力较高中阶段有了明显的增强，他们能相对成熟地运用理性来分析问题和解决问题，他们的理性认知范围也在不断扩宽。但是，从高中阶段的知识化教育中走出不久的他们，理性反思能力仍然没有完全成熟，独立思考能力仍然有待加强，认知途径仍然依赖于案例、故事、影视作品等感性方式，价值观念和价值知识缺乏有力的理论支撑和现实视野。因此，对他们进行价值导向具有必要性。

其次，价值导向要尊重价值主体的能动性和自主性。价值主体在具备一定的理性认知能力和价值反思能力的基础上，能够对外在的价值因素进行适当的诠释和做出相应的选择。现代性的一个进步就体现在个体理性审慎能力的提升。价值导向不是简单的思想灌输或者角色安排，任何主导价值观念的确立，都要建立在个体理性审视和批判反思的基础上。因此，价值导向的过程也是反思性和批判性的。针对大学生这一群体，价值导向尤其要以尊重和发展他们的独立性和自主性为前提，更要与大学生不断扩展的生活、不断增长的知识以及不断提升的认知能力相契合。

（三）大学生价值导向应遵循价值认同的生成过程

认同最初作为心理学概念，包含着主体对某种价值规范的认可、内化和转化为自身行动的过程。“认同感的强弱与否，与人们的价值体验和价值判断密切相关。认同问题，从根本上说是价值认同问题。”[①]这种认同为个人的价值判断和行动提供参照、方向和意义。正如泰勒所说：“知道你是谁，就是在道德空间中有方向感；在道德空间中出现的问题是，什么是好的或坏的，什么是值得做和什么是不值得做，什么是对你有意义的和重要的，以及什么是浅薄的和次要的。”[②]当价值认同问题作为一种现代性现象出现时，就是要在流动多变的社会生活中寻求一种确定性和安全感。相应地，我们需要充分认识到进行大学生价值导向的现代性语境。大学生价值导向要确立某种价值认同，就需要引导作为价值主体的大学生群体在价值断裂中寻求连接，在价值怀疑中重塑信仰，在价值多元化中找到共识，在价值私人化中获得秩序。

首先，在现代性语境下，价值认同是一个关系性概念而不是实体性概念。一方面，价值观念日趋多元，不同的价值观念应保持理性的交流和沟通；另一方面，个体理性反思能力日益提升，他们要在不同价值取向的鉴别选择中确立价值认同。“我们总是在与一些重要的他人想在我们身上找出的同一特性的对话中，有时是在与它们的斗争中，来定义我们的同一性。”[③]若缺乏与具有差异性的价值理念的交流和比较，那么所确立的对某一价值理念的认同就飘如浮萍，容易动摇。所以，现时代的价值导向不能采用简单灌输或围追堵截的方式，要允许多元价值的表达和碰撞。对大学生来说，要真正培养和锻造其价值品格，就要帮助他们充分理解不同的价值理念和社会思潮，引导他们做出反思批判和审慎选择，从而

---

① 吴玉军：《思想政治教育中的价值认同问题》，《马克思主义与现实》2016 年第 2 期。

② [加拿大]查尔斯·泰勒：《自我的根源：现代认同的形成》，韩震等译，译林出版社 2001 年版，第 38 页。

③ [加拿大]查尔斯·泰勒：《现代性之隐忧》，程炼译，中央编译出版社 2001 年版，第 38 页。

形成具有反思性的价值认同。

其次，价值导向的认同目标应当具有政治高度、思想深度以及心理黏度。“在绝大多数情况下，认同都是建构起来的概念。人们是在程度不同的压力、诱因和自由选择的情况下，决定自己的认同。”①大学生价值认同的建构不能让他们在势均力敌的价值观念中进行自由选择。价值导向要遵循价值认同的生成规律，牢牢把握住政治导向这一原则，通过制度化的安排设计加深大学生对国家主流价值观念的认同感。同时，价值认同的取得，取决于能否在思想深度上打动人。因此，透彻的说理、严密的逻辑和科学的论证是大学生价值导向的前提。此外，尽管价值导向总是指向某种超越性的价值理想，但不能脱离现实生活的基础而变得虚幻缥缈。否则无论理论上多么高超和精妙，也难以获得认同。所以，大学生价值导向的目标要贴近现实生活，能回应现实需求和思想困惑，才能具有心理黏度和吸引力。

二、美好生活视域下大学生价值导向的逻辑蕴含

（一）价值导向是美好生活的内在蕴含

如第一章所述，美好生活具有自主、进步以及平衡等价值内核。这些价值内核是一种主导性价值。主导性价值的存在是价值导向的前提。作为价值体系中最为基础和核心的部分，主导性价值反映着个人和社会的整体价值追求，引导着个人的理想信念和社会的价值取向。“主导价值观的存在及其作用，是‘价值导向’得

① [美]塞缪尔·亨廷顿：《我们是谁？——美国国家特性面临的挑战》，程克雄译，新华出版社 2005 年版，第 21 页。

以实现的前提，即主导价值观就是具有导向作用的价值观，或者说，价值导向就是由主导价值观所引领的。”[①]因为主导性价值可以在各个方面规定人们的价值选择和价值判断，并影响人们对生活意义的理解和追求，进而关系人们对生活的态度和体验。作为一种应然的价值，主导性价值不是自发形成的，而是要自觉建构的，因此对人具有导向性。

具体来说，自主是相对于强制和被迫而言的，它强调发挥人的能动性和创造性，通过对各种自然限制和社会强迫的超越，获得真正属人的自由。自主是对人主体性的一种确认，是美好生活实现的根据。正是在自主的意义上，马克思指出，“建立在个人全面发展和他们的共同的、社会的生产能力成为从属于他们的社会财富这一基础上的自由个性”[②]，是人类社会发展的最高阶段。恩格斯也指出，“人终于成为自己的社会结合的主人，从而也就成为自然界的主人，成为自身的主人——自由的人”[③]。美好生活是一种主体性的确认和实现，大学生价值观念的引导也要以确认每个人在生活中的自主性为前提。当然，在美好生活的视域下，人不是抽象孤立的存在，而是具体的关系性存在。美好生活的自主价值也不意味着可以随心所欲，任何一种生活都是实践活动的结果。为此，价值导向要让大学生的主体需要和生活的现实基础趋向统一。

进步的价值则意在引导人们形成一种向上向善的力量，追求一种美好崇高的生活境界。正所谓“进德修业”，美好生活的进步性就在于确立真善美等价值在生活中的主导地位，让生活获得秩

① 廖小平：《价值观变迁与核心价值体系的解构和建构》，中国社会科学出版社 2013 年版，第 41 页。

② 《马克思恩格斯文集》第 8 卷，人民出版社 2009 年版，第 52 页。

③ 《马克思恩格斯文集》第 3 卷，人民出版社 2009 年版，第 566 页。

序和意义。根据我国学者廖申白等人的说法，追求崇高道德价值的生活才是实现个体自由的生活，重视道德价值的生活才是“好生活”[①]。在西方伦理学视野里，“美德意味着一个人的功能的充分实现和能力的全面发挥，意味着人的卓越性或人的最优状态，显示着人的长处、优势能力或优越性”[②]。因此，进步价值引导着作为主体的大学生不断提升和完善自己的品性状态和生存样式，努力去体认、践履和实现生活的价值和意义。

而平衡的价值以关系理性作为人们思想和行为的出发点，这种关系理性将人与自身、人与人之间以及人与自然之间和谐的价值关系，作为美好生活的尺度和依据，引导人们的价值选择，实现一种平衡的生活状态。这种关系理性是由生活的实践本性所决定的，因为无论是物质生产实践还是社会交往实践都是建立在主体间的关系上。每个人的生活状态和价值世界都受到三种价值关系的影响。在价值导向意义上，关系理性是在肯定个体价值主体性的基础上，对生活统一性和人们共同感的复归。这意味着要尊重和平等对待处在社会关系网络中的每个生命个体，在化解各种价值关系的矛盾中实现美好生活。

（二）美好生活是大学生价值导向的现实基础

美好生活不仅具有价值性，而且具有实践性。这是由生活的本质所决定的。“‘生活’是专指建立在实践活动基础之上的人的特殊生命活动。这也是人之自我生成活动，人只有在生活中才可

---

① 廖申白、孙春晨主编：《伦理新视点——转型时期的社会伦理与道德》，中国社会科学出版社 1997 年版，第 25—28 页、第 323—392 页。

② 寇东亮：《“美好生活”的自由逻辑》，《伦理学研究》2018 年第 3 期。

能生成。”[①]生活的实践本质决定了人的现实性，而人的现实存在赋予价值导向以现实性和历史性的品格。从现实性上看，任何价值观念的形成，都是生活实践的结果。价值导向的主导价值是否科学合理，能否立地生根都要从具体的生活领域出发，并通过具体的生活实践来进行检验和证成。美好生活包含着人们的物质生活与精神生活、个体生活与公共生活、学习生活与闲暇生活、数字生活与线下生活等多重生活领域。这些生活领域的现实样态是价值导向的立足点，为价值导向提供现实支撑。大学生价值导向要回应物质生活与精神生活、个体生活与公共生活、学习生活与闲暇生活以及数字生活与线下生活涌现出来的现实问题，引导大学生在多维性的现实生活中，找到符合自身本质以及发展需要的价值根据，从而对具体生活样式进行有效引领和提升。

从美好生活的历史演变来看，不论是中国文化传统、西方思想传统，还是马克思主义哲学，都肯定价值观念的现实基础。传统儒学重视把日常生活体验和现实人生境遇作为认识和思想的源泉。正所谓“极高明而道中庸”，就是指终极的精神境界也要通过人伦日用得以实现。后来王阳明提出“日用即道”，“不离日用常行内，直造先天未画前”[②]，强调作为最高价值的道内在于日用常行之中，并具体展开在日常生活的过程之中。也就是说，人的价值理想并不是超拔于现实生活之外的抽象存在，而是扎根于现实生活，通过实际生活过程外化和展现出来。西方思想传统同样把价值理想扎根于现实生活的实践中。以希腊精神为例，一方面，它的形成离不开古希腊时期社会现实的沃土，“尤其是雅典民主政治的建立和

① 鲁洁：《道德教育的根本作为：引导生活的建构》，《教育研究》2010 年第 6 期。
② 王守仁撰：《王阳明全集》（上），吴光等编校，上海古籍出版社 1992 年版，第 791 页。

繁荣，给希腊精神的生长提供了现实基础和特殊环境”[①]。另一方面，希腊精神本身就蕴含着实践精神，具有现实的生命力，既是希腊人的主导价值观念，又是可以践行的生活信念。亚里士多德认为美好生活是善德的实现，人的善德包含实践智慧与理智智慧。其中，实践智慧就是在变化的经验生活世界中做出明智的筹划，它要通过人们日积月累的生活经验才能获得。在马克思主义哲学视野下，现实生活是精神观念形成的根基。“意识在任何时期都只能是被意识到了的存在，而人们的存在就是他们的现实生活过程。”“我们的出发点是从事实际活动的人，而且从他们的现实生活过程中还可以描绘出这一生活过程在意识形态上的反射和反响的发展。”在马克思看来，一切复杂的精神现象都要置于现实的生活世界中加以审视，并以改变现实生活作为价值目标。在习近平新时代中国特色社会主义思想的指引下，满足人民对美好生活的向往就是最大的价值共识。美好生活根据人民的现实需要，立足于解决中国实际问题，具有现实性和实践性。新时代历史条件下的价值导向更要扎根于美好生活的实践进程，有效解读实践进程中产生的新鲜经验，及时回应当代大学生的需求多样性和价值复杂性。

三、美好生活视域下大学生价值导向的实现进路

（一）立足于“现实的人”，实现人的自由全面发展

美好生活的立足点是“现实的人”，精神宗旨是实现人的自由全面发展。在美好生活视域下，价值导向就要牢牢把握“现实的

---

① 江畅、戴茂堂：《西方价值观念与当代中国》，湖北人民出版社 1997 年版，第 28 页。

人”这个根本。现实的人，是具有多重规定的具体存在，“呈现出感性的形态（表现出生命形态），也有理性与精神的规定；既是一个一个的个体，又展开为类和社会的结构。”[①]也就是说，人是生命存在与理性本质的统一，是物质属性与精神属性的统一，也是个体性和社会性的统一。习近平也指出：“人，本质上就是文化的人，而不是‘物化’的人；是能动的、全面的人，而不是僵化的、‘单向度’的人。人类不仅追求物质条件、经济指标，还要追求‘幸福指数’；不仅追求自然生态的和谐，还要追求‘精神生态’的和谐；不仅追求效率和公平，还要追求人际关系的和谐与精神生活的充实，追求生命的意义。”[②]因此，立足于“现实的人”，价值导向要为大学生指明本真的存在方式，引导大学生按照人的存在规定去生活，使他们走上成人之道。要把大学生作为人的潜能的展开与人的本质力量的发展作为趋向，不断完善人的存在，使他们获得美好价值内容的规定。同时，大学生价值导向要以人的逻辑扬弃物的逻辑，以生活的逻辑超越资本的逻辑。资本逻辑遵循的是自利原则、经济理性和市场规则。如果不加以规约，将会导致资本（物）与生活（人）关系的颠倒。资本控制和支配着人的思想和行为，导致人的物化和生活世界的货币化。这就需要在价值导向上实现对生活逻辑的复归，坚持按照人的尺度，把生活资料的增加与生活意义的丰富统一起来。生活逻辑肯定资本的作用，同时强调人是资本增值的主体和目的。在具体生活方式上，引导大学生重生存而不是重占有。因为“占有式个体是只知占有的物欲主义者，他崇拜的是物质和权力，而生成

① 杨国荣：《道德的形上内蕴》，《华东师范大学学报（哲学社会科学版）》2001 年第 5 期。
② 习近平：《之江新语》，浙江人民出版社 2007 年版，第 150 页。

的人却以更有趣的生活为更高目标，他推崇的是自由和创造”[①]。

此外，价值导向要以现实生活实践为载体。恩格斯曾经指出，“我们不知道有任何一种力量能够强制处在健康清醒状态的每一个人接受某种思想”。任何一个人都无法强制他人接受某种价值目标和认同某种美好生活的标准。每个人都是基于自己的生活经验和利益需求来选择、认同某种价值。人们不会通过逻辑和历史的推演来论证某种价值导向的合理性，他们只会通过自身生活来进行感知。因此，要把抽象的价值逻辑转化为具体的生活逻辑，要把大学生价值导向与他们的具体生活目标结合起来，才能增强价值目标与实际生活的契合度。

（二）立足于对现实生活的反思，树立科学合理的美好生活观

价值导向的根本要旨是要让人自主自觉地建构一种美好生活。而美好生活的建构首先要立足于现实生活，要关注现有的生活事实。在关注现有生活的基础上，引导人们对现实生活进行反思。这种生活的反思就是人要对现有的生活和经验保有一种“探问”的态度。因为探问和反思能为人们提供对当下生活的深刻洞察力，并指导人们走出现存的生活限定去寻求新的生活可能。所以，只有通过反思，人才能生发出建构更好生活的愿望和行动。美好生活是人生活的动力，对美好生活的不同理解会带来不同的价值取舍和行为选择。价值导向要引导大学生思考生活的意义和怎么过上一种有意义的生活，让他们树立一种积极健康、科学合理的美好生活观。

---

① 李文阁：《回归现实生活世界——哲学视野的根本置换》，中国社会科学出版社 2002 年版，第 172—173 页。

当前社会中存在一些不当的美好生活观，比如把物质生活的丰裕作为美好生活的全部支撑，由此产生了物质生活与精神生活的失衡，在价值取向上体现为消费主义。“高生产和高消费处处都成了最终目的。消费的数字成了进步的标准。……物品不是用来为人服务，相反，人却成为物品的奴仆，成了一个生产者和消费者。”[①]为此，有必要引导大学生不仅要关注物质生活的满足，更要注重精神生活的充实。不良的美好生活观还体现为一种自我中心式的价值取向。黑格尔把这种取向解释为：“每个人都以他自身为目的，其他一切在他看来都是虚无。”[②]于尔根·哈贝马斯（Jürgen Habermas）则称之为“排斥性的理性形象”，“坚持的是自我捍卫和特殊的自我膨胀”[③]。这种取向割裂了生活结构的统一性和人们的共同感，阻碍和限制人的发展空间，势必妨碍人获得真正的自由和解放。价值导向就需要从人具有社会的共在性出发，引导大学生警惕个人主义价值观。引导大学生学会利他和奉献，树立一种既基于自我又超越自我的美好生活观。大学生价值导向还要回应美好生活的享乐论与实现论之争，引导大学生在创造中体验幸福，通过创造实现美好生活。“创造，或者酝酿未来的创造，这是一种必要性：幸福只能存在于这种必要性得到满足的时候。”[④]因为创造可以实现主体的真正自由，美好的生活必定是一种创造的生活。价值导向还要应对数字生活方式兴起后大学生价值世界的激荡。通过引领人的价值追求，提升人的生活境界，创造一种可能的美好生活。

---

① 陈学明等编：《痛苦中的安乐——马尔库塞、弗洛姆论消费主义》，云南人民出版社1998年版，第115页。

② ［德］黑格尔：《法哲学原理》，范扬、张企泰译，商务印书馆1961年版，第197页。

③ ［德］于尔根·哈贝马斯：《现代性的哲学话语》，曹卫东等译，译林出版社2004年版，第357页。

④ 冯建军主编：《回归幸福的教师生活》，中国轻工业出版社2009年版，第4页。

第三章

美好生活的偏离:当代大学生的价值探查

在美好生活与价值导向具有内在关联的基础上,要在美好生活视域下对大学生进行价值导向,还需要从了解当代大学生生活的现实样态着手。而了解现实生活样态也应基于美好生活包含的四重结构关系,了解大学生生活的内部结构关系是否平衡。如果不平衡,那么其背后的价值选择必然存在问题。找到这些价值选择的问题才是价值导向得以进行的现实依据。

第一节 自我认同与生活的呈现

大学生生活的呈现总是围绕自我认同这一青年发展的核心议题,展开多重结构关系下的生活图景。

一、自我认同:生活的核心议题

大学阶段是一个人成长、探索和确立自我认同的重要阶段。精神分析理论代表人物埃里克森则把这一时期称为心理延缓偿付期（moratorium），指的是在这一阶段青年还未做好承担社会义务的准备，需要给自己一段延缓的时间。在一段时间内，青年可以接受各种思想价值观念的交锋和碰撞，尝试各种选择，从而决定未来的价值观和确定自我的认同。他们对自我的关注变得更为突出，"我是什么样的人"和"我想过什么样的生活"成为他们探索自我的核心议题，他们会根据自己的价值判断做出各种尝试性的行为选择，以便最后致力于某一种生活策略。通过这一过程，他们要学会适应生活中的各种角色，以便形成牢固和确定的自我认同。一种健康的自我认同意味着能在社会中找到自身的位置和实现自身的价值，不仅有益于社会，而且也能感受自身生活的意义。自我认同是青年大学生重要的发展课题。在社会心理学上，自我认同指的是"一个人在个人发展历程中，经过社会化，将自己的生理特征、社会特征和心理特征与自己本身建立同一关系的过程，而这一过程同时也是一个人与周围社会环境之间建立深层的心理关系的过程"①。这一过程的目的是实现主观自我与现实自我的统一，个体发展与社会要求的一致。安东尼・吉登斯（Anthony Giddens）则认为，"自我认同就是这种作为行动者的反思解释的连续性"②。从本质上看，自我认同是人在社会实践和社会交往中进行自我反思和自我形塑的过程。青年大学生自我认同也是在生活实践和交往互动中不断探索和建构的。生活的多元形态和多重关系为丰富青年大学生自我的完整性、实现个性和能力的全面发展提供了更多可能。

当代大学生的自我认同总体上具有一种主动建构的特征。他

① 章志光主编：《社会心理学（第二版）》，人民教育出版社 2008 年版，第 485 页。

② ［英］安东尼・吉登斯：《现代性与自我认同——现代晚期的自我与社会》，赵旭东、方文译，生活・读书・新知三联书店 1998 年版，第 58 页。

们自我身份的觉醒相对较早，自我认同的期望更为迫切。具体表现在，当代大学生更加注重自我形象的塑造、更为关注自我需求的满足以及更明显的自我展现行为。可以说，当代大学生的自我认同一定程度上摆脱了盲目性和无意识性，变得更加自觉和主动。因此，自我定义和自我标识可以成为探查他们生活的一个切入点。

二、多重结构关系下的生活

（一）物质生活与精神生活之维

1. 物质生活的现实样态

物质生活在这里指的是一种物质的占有与消费的需要。当代大学生的物质生活呈现出明显的符号化特征。他们成长于物质产品相对丰裕和精神产品更加繁荣的时代，物品对于他们的意义，已经不仅仅局限于物品的自然属性和实用功能。物品所包含的意象和符号，已经介入当代大学生的生活中。随着青年大学生消费能力的提高，通过对物品中符号价值的拥有来凸显自我的身份感，成为一道普遍的生活景观。“通过各种物品，每个个体和群体都在寻找着他或她自己在一种秩序中的位置，始终在尝试着根据一个人的生活轨迹竞争这种秩序。”①可以说，对青年大学生而言，不论是物质文化消费还是精神文化消费，都具有一种自我定义和自我标识的功能。他们通过对各种符号化的物品的拥有和使用，获得一种想象性的意义，从而象征性地为自己的身份找到一种外在的认同资源。物质生活之所以能和自我认同发生关联，其根本逻辑就

① ［美］乔治·瑞泽尔：《后现代社会理论》，谢立中译，华夏出版社 2003 年版，第 110 页。

在于物质的符号价值聚集了认同的文化和意义资源,可以外化为一种看得见摸得着的物品,成为自我的象征。这种象征意义可以表达个人的生活态度和价值取向,具有一种表意的功能。

当代大学生的物质生活还呈现出了"独异化"的特征。"独异化"是安德雷亚斯·莱克维茨所提出的。简单来说,"独异化"指的是人们越来越追求一种自我风格化的独异性,追求独一无二和卓尔不群。"做有态度的消费者"就是"独异化"生活的一种主张。在独异化的生活中,物被赋予了"一种审美或伦理上的价值,它们由此具有广义的文化性"①。正是在不断追求特别的自我的过程中,人们努力进行(新的)自我创造。这种独异性在生活方式上表现为,不再单纯强调物品的功能,而是要兼具文化内涵。物质生活中的文化实践体现为意义和感官两个维度。在意义层面,物品承载着一种风格或理念;在感官意义上,物品要能满足人的审美需求。人们精心装点和安排自己的生活并展示于众,他们就成为自己生活的"策展人",过上一种"策展式生活"。这种新的生活景观很大程度上契合了当代大学生身心发展的特点。物品的时尚、新潮、个性更能得到他们的认可和追捧,成为他们确立自我身份合法性的一种现实方式。生活方式的选择与生活内容的确定,成为他们自我表达和自我展现的重要途径。

2. 精神生活的现实表征

大学生精神生活是为了满足自身生存和发展需要而进行的精神文化创造和精神享受的活动,为他们的生活提供价值支撑和意义归属。他们的精神生活"不仅容涵与承载着青年关于自身存在

---

① [德]安德雷亚斯·莱克维茨:《独异性社会:现代的结构转型》,巩婕译,社会科学文献出版社 2019 年版,第 9 页。

意义的理性觉知、文化认同、心灵归属与情感寄托，反映和表征着当代青年的生命和精神发展状况，而且还引导和塑造着青年心理生活的健康、文化生活的丰富和心灵生活的充实”①。精神生活是青年大学生自我发展的重要场域，精神生活的展开是以自觉到的精神需要为基点，自主选择精神活动的内容和方式。大体上看，人的精神需要可以区分为感性层次的需要、道德层次的需要和信仰层次的需要。满足感性精神需要的生活是精神生活的最初层面，满足道德和价值层次需要的伦理内容是精神生活的支柱，而与理想信念相关的信仰需要则规定着精神生活的发展方向。精神生活的超越性价值正是体现在精神需要的升级和转化过程中，这一过程需要将青年大学生发挥理性自觉和能动选择等内在驱动力作为前提。可以说，精神生活内容的优化和质量的提升与大学生自我认同的发展不可分割。自我认同在精神生活领域集中体现为对价值的认同。

在应然层面上，大学生的精神生活是精神活动和精神状态的统一体。他们的精神活动应集中体现为对知识的追求与对真理的信仰、择善弃恶的道德活动和超越体验的审美活动。也就是说，真善美是合目的性的精神活动的价值追求。在精神状态上，一种昂扬向上的精神风貌和青春奋发的精神追求是当代大学生应有的精神状态。在这种精神状态中，他们可以感悟理想信仰的精神力量，形成正确的价值和行为导向，真正实现自我价值。在现实层面上，当代大学生在复杂现代性背景下成长起来，青年群体的发展特点与社会多重因素的相互影响，使得他们在精神价值的目标和追求

① 侯勇、徐海楠:《困境与超越:青年精神生活的现代性图景》,《中国青年研究》2012 年第 7 期。

上更加多样化和个性化。具体特征表现为：理想性与功利性兼具，超越性与务实性兼有，稳健性和冲动性并存，自主性和从众性交错[①]。根据一项针对当前“00后”大学生精神生活质量的调查显示，总体上当代大学生的精神生活质量良好。随着社会的发展，物质生活条件、秩序环境以及交往状况的改善，为大学生精神生活质量的提升提供了基础和保障。社会精神文化产品的丰富和繁荣，也为大学生精神生活的发展提供了良好的氛围和丰富的资源。在受调查群体中，有90%左右的学生肯定要以正确的理想信仰作为精神动力；与此同时，他们的个人理想体现出务实化和生活化的特点[②]。总体上看，当代大学生普遍重视精神文化需求，追求高层次的精神需要的满足，但如何通过有效合理渠道满足需求仍需要进一步引导。

（二）个人生活与公共生活之维

1. 个人生活的现实样态

总体上看，作为身处时代大变革的一代人，当代大学生的思想特点呈现出向己性，价值追求更显主体性[③]。一方面，他们强调生活中的主体性，倾向于从个体视角出发设定价值追求，依据自身利益而非外部权威来判断和选择。他们渴望更多自主选择和行动的权利，并追求更多的个人空间和个体化选择。这种对个体独特性的推崇，使得他们不盲从统一权威或者社会群体，并可以在恰当评估

① 朱白薇、郑永廷：《论当代青年精神追求的基本特征》，《思想教育研究》2012年第7期。

② 杨雪英：《00后大学生精神文化生活现状及引导研究》，华中师范大学硕士学位论文，2022年。

③ 童建军、林晓娴：《当代大学生思想动态与行为倾向分析》，《思想理论教育》2019年第4期。

自身能力之后，在可选择范围内做出更加开放和多元的人生安排。因此，可以说，当代大学生的主体性具有了反思性，相对更加健全。

另一方面，当代大学生渴望活出自我，主张“生活不设限”，渴望成为自己生活和生命的“掌控者”和设计师，但与此同时，也不希望被人贴上自我中心主义的标签。他们更加公开地表达个人欲望，尤其是物质的消费欲望，反对禁欲主义，追求即时满足与享乐。主张重归个体、感性与日常，把精神追求寄托在日常的世俗生活中。在个体建构上更专注于当下的体验、认知与理性判断；他们通过日常生活里的探索来发现、认定生活意义；他们主张“活在当下”以及“青春应该浪费在美好的事物上”。在构建自我的小世界中，他们行动的原则是更加注重过程的快乐，同时也会理性计算风险收益；他们强调自我感知和体验，借助消费来满足需求。他们所追求和实践的个体生活样态，是品质生活代表的安全感和以兴趣为核心的深度自我。

2. 公共生活的现实样态

总体上看，大学生群体关心公共事务，乐于表达自己的观点，思想认识理性宽容，社会参与积极主动。2020 年，一项针对青年大学生关注美国大选的调研显示，有 74.90%的受访大学生出于关心时政和了解国际形势的动因关注美国大选，98.23%的受访大学生认同国家命运与个人命运紧密相连，91.60%的人认为要把个人梦融入国家梦，以更好实现人生价值[①]。值得一提的是，青年大学生具有参与社会服务的积极性，却较少以一种义务和被动的心态进行社会参与，更多是在自我价值理想引导下去参与公共生活。

---

① 许克松等：《一场国际思政大课：青年大学生关注美国大选的现象透视与思考——基于全国 58 所高校 11 231 名大学生的实证调查》，《中国青年研究》2021 年第 3 期。

“众多研究显示,当代青年人可能正在摒弃传统的‘义务型’政治参与模式,如投票、加入政党、读报等。相反,那些更具个性化的‘自我实现型’政治行动,如通过社交媒体实现的数字化志愿参与和激进消费等参与样式则更受年轻人的青睐。”①可以看出,这与个体意识的凸显也分不开。

具体来看,当下大学生在社会交往中,一方面,他们不愿意委曲求全,宁愿宅着也不肯花很大成本去维持不必要的社交,以此保持个体独特性;另一方面,他们渴望获得人群中的存在感,重视能包容自己完整个体性的亲密圈,追求小众化的兴趣圈层,通过兴趣喜好上的共鸣来寻求认同感和归属感。他们对“流动共生”的交往互动持更加开放的态度。在公共参与上,他们不大关心那些和自己切身利益无关、离自己生活经验太远的社会大议题。调查显示,78.0%的“00后”大学生愿意参加公共服务活动,58.0%的“00后”大学生曾参与过公益项目②,这表明,当代大学生愿意将个人价值付诸对他人和社会的贡献。这种参与和行动更多出于感同身受而非道德压力。一些调查表明,许多青年表现出了一种希望在贡献与所得之间寻求兼顾的倾向,具有对奉献与付出后获得相应回报有所期待的心理,体现了当代大学生一定的务实倾向③。作为网络原住民和主力军,网络尤其是社交媒体成为青年学生参与公共生活的基础性平台。网络海量信息让他们对公共事务的了解可以

① 闫文捷:《社交媒体使用与当代中国青年的公共参与》(2019年03月27日),光明网,https://www.gmw.cn/xueshu/2019-03/27/content_32687590.htm,最后浏览日期:2024年5月10日。

② 张睿等:《“00后”大学生的思想观念及行为倾向研究》,《思想理论教育》2021年第6期。

③ 沈杰主编:《中国改革开放以来青年发展状况研究》,人民出版社2015年版,第329页。

更细致和具体。他们更多采用网络来作为发声的渠道。日常的社交媒体使用带给青年学生新式的公共参与体验，包括对公共事务或政策发表意见，社会议题的卷入以及就公共议题进行讨论。比如在网络上参与救助流浪动物，疫情时期发起捐款捐物的个体行动。但是，在泛娱乐化倾向突出的新媒体时代，青年大学生容易“将政治与娱乐糅合在一起，模糊了政治和生活的界限，他们像追星一样表达对政治人物的喜爱，具有强烈的感情倾向，赋予政治参与‘好玩又浪漫’的娱乐化色彩”[①]。因此，他们的公共参与有待引导和提升。

（三）学习生活与闲暇生活之维

生命历程的每一个阶段都有独特的发展任务。这一时期的青年学生面临着两大挑战，即进入社会文化的生产和再生产领域[②]。所谓进入生产领域，指的是成为一个经济独立的个人，能够在社会经济制度中生活。这种发展轨迹涉及学习教育和职业发展的相关决定。而进入再生产领域指的是对浪漫关系的承诺，如学会建立亲密关系，成立家庭，照顾孩子。应对这两大挑战的过程是青年学生实现个体化、获得成年身份和进入成年生活的基础。与这两大挑战相对应的生活内容就是大学生的学习生活与闲暇生活。一方面，大学生活经历要为未来的社会生产奠定基础。大学需要努力学习各种专业知识和技能，为未来的社会生产奠定基础。另一方面，大学生的发展需要，从求知学习慢慢转向自我表达、社会接纳，

---

① 李春梅：《新时代青年有序政治参与能力的发展困境及提升研究——基于多源流理论视角》，《中国青年研究》2019 年第 8 期。

② Jari-Erik Nurmi, *Socialization and Self-Development: Channeling, Selection, Adjustment, and Reflection*, John Wiley & Sons, Ltd, 2013, p.85.

以及在一个建制性的社会中争取自决权。

1. 学习生活

对大学生来说，一方面，学习可以促进自我意识的生产。学习作为一种不断的追求，是对自我超越甚至自我超脱的需求，可以让人们保持一种开放性。面对社会的不确定性和新技术带来的海量信息，学习已经不仅仅是事实知识的获取，更多的是一种方法和思维方式的获得。通过知识的系统化学习和探索，大学生可以培养学业自我效能感。自我效能感是指个体对自己成功达成某种特定目标所具能力的判断、感知或信念，而学业自我效能感"指个体的学业能力信念，是学习者对自己能否利用所拥有的能力或技能去完成学习任务的自信程度的评价，是个体对控制自己学习行为和学习成绩能力的一种主观判断"[①]。可以说，学业自我效能感的高低直接影响大学生自我意识的发展。另一方面，大学阶段的学习可以为未来的职业和生活打好坚实的基础。在我国，大学教育经过"个性化的精英教育阶段"和"集体化的大众教育阶段"，即将进入"个性化的大众教育阶段"[②]，大学生的身份也从"天之骄子"转变为具有个性的"劳动者"。他们的学习样态也随之发生着深刻的变化。如果说在个性化的精英教育阶段，大学生的学习主要受内在的求知动机所驱动，那么在个性化的大众教育阶段，他们的学习则更多指向自我才能的发挥和实际的现实获益。可以说，大学生的学习状况直接影响他们自我实现的程度和投入现实生活的方式。

2. 闲暇生活

闲暇是大学生自我表达的重要情境，也是他们自我探索和自

---

① 边玉芳：《学习自我效能感量表的编制》，《心理科学》2004 年第 5 期。
② 朱永新等主编：《激发教育活力》，山西教育出版社 2018 年版，第 188 页。

我发展的场域。随着后大众化时代的到来，大学生的知识基础、学术资质、成才意向存在着个体差异，与以学科知识和价值为逻辑的教育体系的匹配程度降低。大学生把生活兴趣的核心从学业转向闲暇，具有了现实与主观的可能。根据一项针对当代大学生的调查，在受调查对象中，除了双休日之外，55.2%的学生每天拥有3—5小时的闲暇时间，近27%的学生每天拥有6个小时以上的闲暇时间①。可以看出，较中学生和其他群体，大学生的闲暇时间相对充裕。随着闲暇时间的增多，大学生的生活兴趣核心也在发生转移，闲暇的意义和作用随之发生着根本的变化。

对大学生而言，闲暇逐渐超越了家庭和学校等生活情境，成为他们自我认同的中心。不仅仅是休息和娱乐，更是通过发展社会关系、角色参与身份展示来定义自我，闲暇成为大学生表达“我是谁”的重要生活情境。无论是闲暇时间的安排，还是闲暇活动的选择，大学生通过闲暇偏好来界定“我是谁”。自我成为大学生闲暇生活的共核。大学生可以在休闲中实现能力、自决、团结和道德价值等四个层面的自我发展。对大学生而言，闲暇可以提供相对性的自由以及最充分的体验生产性的机会；同时也为他们检验自我发展和评价自身能力提供一定的社会空间。在其中，他们能够充分地投入自我。此外，闲暇提供了更为感性和真实的社会空间，大学生可以通过闲暇活动中的角色参与和身份展示来定义自我，比如，很多闲暇活动的特色，在于参与者能够自由地“玩”各种角色身份，跳出现实规则的限制，满足他们体验多样性角色的需求。

---

① 沈银平：《当前我国大学生精神生活质量研究》，东南大学硕士学位论文，2016年。

（四）数字生活与线下生活之维

1. 数字生活

当今大学生是伴随互联网诞生和成长起来的一代。作为数字原住民，互联网在当代大学生的生活中扮演着愈来愈重要的角色。以网络小说、动画、网络游戏、网络社交为载体的二次元生活（与“三次元”的现实生活相对），是大学生生活的重要内容。在某种程度上，可以说，二次元的数字生活是当代青年的生活底色。深度嵌入的数字生活，让大学生在心理样态上整体呈现出“虚实两栖”的特征。“他们的心理活动是真实的，但是发生心理的情境却是虚拟的；同时，身体居于真实，心理却栖于虚拟。”①虚与实，既指个体身心所处的空间，又指心理感受与情绪发生的体验。

数字生活集中体现在对大学生自我身份建构的影响。在传统社会生活中，自我呈现具有五种功能：社会认同、自我表达、关系发展、身份澄清和社会控制。随着数字媒体的发展，这些功能也延伸到了社交网络。青年大学生可以通过多种方式创建在线角色，比如设置游戏头像、设计个人网页、撰写社交网站上的自我介绍，甚至创建一个音乐播放列表都是呈现自我个性的一种方式。正如美国 MIT 社会心理学教授雪利·特克尔（Sherry Turkle）所指出，随着手机在线社交媒体的发展，大学生发展出了一种新的自我状态，它我（itself）。这种它我预示着自我与手机、与网络、与社交媒体相伴而存在，因此是一种“被拴系的自我”（tethered self）。个人通过通信工具而保持随时在线状态。自我，依附于设备，占据了在物

---

① 李英华：《栖居于虚实两境：网生代青年心理样态透视——基于文化心理学的视角》，《中国青年研究》2019 年第 8 期。

理真实生活和在多个屏幕上的数字生活之间的一个阈限空间[①]。特克尔通过“循环穿越”(cycling through)的隐喻来描述从物理自我到多个数字自我的快速切换。借助移动通信技术,快速的循环稳定成一种持续共存的感觉[②]。举个例子,青年大学生在学校作为学生进行学习,而随时在线的状态,让他们在心理上可以随时切换到线上的某个游戏扮演角色或职业角色,并由此展开自我概念的各种试验性活动。

数字交往成为大学生人际交往的重要内容。当前大学生对网络社群的关注度和依存度高。[③] 其中一部分网络社群是现实生活中传统社会关系向网络空间的延伸。比如以血缘、地缘和业缘等为纽带建立起来的亲友群、老乡群和同学群等。还有一部分是基于共同或相近的兴趣爱好和价值观念等趣缘建立起来的网络社群,线上社交不断往圈层化方向发展。同时,大学生的网络社群显示出了多样化、动态化和去中心化等特点。在数字化环境下,大学生对人际交往具有更多的自主权,也具有了更多探索未知自我和潜在朋友的可能性。移动式亲密增加了人际互动的偶然性、巧合以及机会[④]。同时,数字化的关系也表现出更多的流动性。这种流动性不仅指大学生生活的许多方面,包括学习、休闲、消费、交往等,越来越离不开与互联网深度频繁的互嵌,而且指的是大学生的

---

① Victor Witter Turner, *The Ritual Process: Structure and Anti-Structure*, Aldine, 1969.

② Sherry Turkle, *Life on the Screen: Identity in the Age of the Internet*, Simon and Schuster, 1995.

③ 董盈盈:《大学生网络社群生存样态分析与应对策略》,《思想理论教育》2019 年第 2 期。

④ Aaron Ben-Ze'ev, *Love Online: Emotions on the Internet*, Cambridge University Press, 2004.

线下时间与线上时间不断勾连,线上体验和线下体验相互交织。传统的时间秩序和事项安排被重新建构和组织。原本虚拟的线上世界甚至成为一个真实的"网络社会"。大学生的生活呈现出多任务随时切换的状态,许多人一边在线联网,一边线下生活,线上和线下的边界变得模糊和消解。

2. 线下生活

现实生活中,大学生精神世界的时空通过数字生活得到无限延展。数字环境打破了传统生活在时空上的局限性,其虚拟真实性与超越时空性为青年大学生自我身份的确认和自我价值的认同,提供了更自由的时空模式。在数字平台上,很多现实中被压抑的自我得以呈现,一种更理想的自我得以重塑。社会学家米德认为,现实自我的发展要经过玩耍阶段、游戏阶段以及"概化他人"阶段三个阶段,现实生活中自我的形成机制也嵌入数字环境中。大学生具有更加丰富多元的自我展示平台。赖以发展的信息环境和机会空间变得更加开放和丰盛,他们可以更自由地选择自己想要获取的信息、学习的知识和个人发展的路径。不同于传统意义上的工作和成功,大学生的个人发展和自我实现具有更加自由多元的选择路径。

大学生不仅可以更加自由发展和展示自我,而且还可以通过数字化平台建构一种随时可及、深度渗透的"数字亲密"。传统的大学生主要通过学缘维系社会交往,以面对面的交流互动为主,社会交往关系具有一定的层次性。然而,数字技术的出现,突破了物理空间的限制,极大弥补了传统社交的不足,也重构了传统的人际关系。传统社会交往下,人们会花大量时间在少量的深度关系之中。伴随着大学生生活深度嵌入数字平台,人际交往的丰富性和广泛性也拉平和削弱了关系的层次感。因为对大多数人来说,关系的数量和质量之间处在一种此消彼长的零和状态。他们比从前更难充分投入那些少量而有深度的面对面关系之中。

第二节 生活结构性失衡的现象探查

探查大学生生活的结构性失衡，要从生活本身蕴藏的四重结构关系入手。因此，下文将从物质生活与精神生活的失衡、个人生活与公共生活的失衡、学习生活与闲暇生活的失衡以及数字生活与线下生活的失衡展开。

一、物质生活与精神生活的失衡

（一）“伪精致”现象

“精致”一词出自唐代司空图的《疑经后述》：“今钟陵秀士陈用拙出其宗人岳所作《春秋折衷论》数十篇，赡博精致，足以下视两汉迂儒矣。”意思是精巧细致，又指美好等。精致生活形容的是一种注重品位和质量的日常生活方式，注重的是人们对生活方式的一种心理感知。它既可以形容一个人具有独特的个人品位、爱好等生活品质观念，也可以表达具有特定精神追求的世界观、人生观和价值观。精致从形容物的精美工巧到形容人的生活面貌，既是一种社会发展的趋势使然，也体现了文化发展的符号逻辑。随着物质产品升级换代速度的加快，人们的消费观念从生存型消费转为发展型消费，从标准化消费变为品质化消费。当代青年大学生用精致生活来表达自己心目中的美好生活图景。他们通过追求高颜值和高品质生活，来塑造内心认可的精致生活[1]。他们通过网络平台空间学习、交流和分享这种精致的生活方式。好看、时尚、有格调、有品位、高级感等，是他们用来形容生活精致感的常用词汇。从本质上看，精致生活是青年大学生围绕具有文化意义的作为“符号-物”的商品群，在消费中建构起来，旨在表达美好与高级感的生活实践。它既是一种满足个人美好物质生活需要的实践行为，又是一种满足个人追求身份认同等精神需求的心理活动。“青年群体对精致及精致生活的认知主要表现在两个方面：物质形象和精神质地。物质形象又涉及人和非人的内容，即个体形象和生活仪式感；精神质地是一种生活情趣和精神偏好，内含对知识的持续汲取、对生活的优质追求。”[2]

大学生选择的精致生活是我国从生产型社会向消费型社会结构转型的结果。商品的丰盛带来了一种发展效应，那就是日常消费从物质安全转向生活品质和自我实现，传统的节约勤俭的消费伦理逐步被享乐消费所取代。然而，在消费升级的同时，大学生也可能陷入物质欲望被不断激发但消费能力不足的“伪精致”困境。“伪精致”意指一些年轻人不具备精致的物质条件，却要追求精致的活法。一部分大学生甚至超越自身经济能力过度追求所谓的生活品质，轻易“种草”又“吃土”，为了表面的精致，陷入“精致穷”。

关于这种“精致”到底是一种“追求”还是“追逐”，我们应该辩证看待。首先，当代青年大学生不仅对产品和服务的文化内涵有了更多的追求，而且希望能从产品中找到自我认同的符号价值。

---

① 徐先艳：《当代青年“精致生活”的表现、成因及引导》，《中国青年社会科学》2021年第2期。

② 刘燕：《符号标签与竞争原则：青年追求精致生活的逻辑与特征》，《中国青年研究》2020年第12期。

对他们来说，好的物品就是能表达和成就更好自我的产品。追求生活的品质无可厚非，生活的品质并非完全由经济供给能力来决定，在不那么宽裕的条件下依然能过得有品质，正是体现了现代年轻人对美好生活的一种向往。从积极的方面看，这种现象还能激发年轻人去成就更好的自己，过一种更好的生活。其次，我们不能无视这种以消费为核心的“伪精致”潜藏的问题。究其根底，“伪精致”是一种虚假的符号消费。面包一定要全麦，衣服一定要限量版，妆容必须要精打细磨……这样的生活把品牌与生活格调挂钩，把明星款与生活品位画上等号，其实是对精致的一种格式化理解，可能让青年陷入商品拜物教的陷阱。鲍德里亚在《消费社会》里这样描绘消费社会的生活图景：“在我们的周围，存在着一种由不断增长的物、服务和物质财富所构成的惊人的消费和丰盛现象……我们生活在物的时代……根据它们的节奏和不断替代的现实而生活着。”①面对物质产品的不断丰富，一方面，从现实性上看，大学生仍未完全具备独立的经济能力，仍然依赖于家庭和学校的保护和支持。面对社会上物质和精神产品的丰盛状况，他们尚未实现物质财富资本的大量积累和经济购买力的提升，因此无法获取过多的资源和权益。另一方面，随着消费生活成为追求个性自由和群体认同的新形式，消费行为本身已经是一种强制性的非理性的目的。大学生依赖消费获得的个性自由，实质是“以物的依赖性为基础的人的独立性”。纯粹从物质取向上定义的“精致生活”，会让青年大学生在“物的体系”包围中失去丰富的需要和感受形式。正如马克思所说：“一切肉体的和精神的感觉都被这一切感觉的单纯

① [法]让·鲍德里亚：《消费社会》，刘成富、全志钢译，南京大学出版社2014年版，第1—2页。

异化即拥有的感觉所代替。”①

（二）“空心病”现象

2016年，北京大学徐凯文教授在针对大学生做的一项调查研究中指出，部分大学生存在情绪低落、兴趣减退、内心空洞，找不到学习动力和意义等现象，并称这种现象为“空心病”。“空心病”看似是心理上的抑郁症状，其实是“价值观缺陷所致的心理障碍”。这一概念的提出犹如一石激起千层浪，引发了很多教育学者的后续讨论。有学者在对“空心病”做出现象性描述的基础上，对这一概念进行了学理上的界定，“空心病”是“青年群体由于缺乏支撑个体生存与发展的意义系统，以至于无法对自己的生存境遇进行有效解释和应对的一种精神世界的贫瘠状态”②。从关系层面上看，“空心病”在大学生身上体现为三方面的心理表征：与自我的关系上，缺乏合理的自我认知，希望感较低。他们不了解自己内心的真正需要，也不知道要成为什么样的人。与他人的关系上，缺乏有力的情感支持，孤独感较强。青年人阶段性的闭锁心理让他们感受到人际关系的虚幻。与社会的关系上，他们缺乏崇高的理想抱负。他们避谈崇高，只关注世俗的成功，缺乏更高的目标感。

我们不能用“空心病”来给当代大学生进行简单的标签化和随意的污名化，更不能据此对“空心”学生进行道德责难和说教。但是它让我们看到，大学生群体中心理障碍和心理问题日益突出的背后，有着人生价值和意义等更深层次的原因。无论是东方还是

---

① 《马克思恩格斯文集》第1卷，人民出版社2009年版，第190页。

② 吴玲：《现代性视角下中国青年“空心病”的诊断与治疗》，《当代青年研究》2018年第1期。

西方，每个个体的毕生发展过程中，都会或多或少出现对人生意义产生困惑和迷茫的阶段。美国学者舒伯在其生涯发展理论中，把人在 15 到 24 岁之间这段时期命名为探索期，这是一个考虑需要、兴趣、能力及机会，作暂时的决定，并在幻想、讨论、课业及工作中加以尝试的人生意义迷茫期。历史学家和思想家托尼·朱特(Tony Judt)在《沉疴遍地》中也发现了青年人“对他们生活的空虚、对他们的世界那种令人沮丧的无目的性表达同样的挫折感”[①]。又比如在改革开放初期，《中国青年》杂志发表的“潘晓来信”，表达了当时青年人面临的价值困惑和心理彷徨。当时年轻人面临着理想与现实的落差、理想的确立与幻灭、友谊和爱情的背叛以及人生意义的茫然等问题。“空心病”的提出，形象概括了当代大学生在学业、生活以及个人发展上无法自我定位、迷茫无助、缺乏持续奋斗的动力等现实问题。对这一部分大学生而言，他们往往缺少对自我的清晰认识和对未来的明确规划，当他们找不到真正的自我发展诉求时，就会习惯于按照他人的逻辑和世俗的定义来安排自己的生活。然而，进入大学后，以往的价值和目标无法适应新的发展阶段和现实，部分大学生会变得不知所措，有的甚至面临意义世界的崩塌。

二、个人生活与公共生活的失衡

（一）精致的利己主义

精致的利己主义是利己主义一种隐秘的表现形式，与“粗糙的利己主义”相对。利己主义(egoism)最早见于柏拉图的《国家篇》，

---

① [美]托尼·朱特：《沉疴遍地》，杜先菊译，新星出版社 2012 年版，第 3 页。

原意是“我”(ego)。在文艺复兴和启蒙运动后，这种表达凸显的是对人性中自然欲望的肯定。托克维尔认为，利己主义是对自己的一种偏激和过分的爱，它使人们关心自己和爱自己甚于一切。罗国杰认为，利己主义这种道德原则强调个人至上和个人本位，把一己私利的至上性和得失视为道德上善恶与否的唯一标准。与粗糙的利己主义直接推崇个人利益不同，精致的利己主义在做法上则更精于包装和遮人耳目。这里的“精致”，一方面，指素质较高的人；另一方面，还意指包装隐藏得比较好。在利己主义之前加一个精致，暗含着这种利己主义行为不容易被人察觉，不是赤裸裸的，而是包装隐蔽得比较好。青年群体中的精致利己主义，在心理特征上表现出高智商、高情商、高逆商以及高成就动机等。他们善于理解和分析规则，并利用规则来达成自己的目的；他们精通世俗，能精准感知他人和自己的情绪感受；而且他们热衷于追名逐利，有较高的成就和权力动机。在行为特征上，精致利己主义则表现出短期性、目的性、表演性和欺骗性，善用精致的手段来追求个人利益。[①]

精致的利己主义者反映了一部分高学历、高智商的青年群体对一己利益和发展的偏重。“为自己而活”是他们的生活口号。他们在自己的个人世界中精致地生活，对公共生活无暇关注，不积极参与公共事务。精致的利己主义一定程度上源于大学生群体的教育社会化经历。改革开放以前，教育培养的是以集体为导向的社会主义新人。而改革开放以后，“国家有意识地通过教育体制在特定的领域推行个体化……以此造就在遵从国家权威的前提下自觉

---

① 焦迎娜、苏春景：《精致的利己主义者：一个亟待关注的当代青年群体》，《中国青年研究》2019 年第 3 期。

为其自身生活奋斗的个体”[①]。挪威学者贺美德称这种过程为权威式个体化。一方面，教育强调学生的个人意识和个人责任，另一方面，外在的教育干预会导致青年人的个体化是有限的。这种权威式个体化，培养了学生保护自身利益的主体意识，也让这些个体学会了自觉避免挑战权威，以一种世故圆滑的方式来规避正面的对抗。可以说，贺美德的研究为我们理解精致利己主义的产生，提供了一个社会视角。

（二）自恋式展示

美国腾格博士（Twenge）把出生于 20 世纪 70、80、90 年代的美国一代称为“我一代”（Generation Me），用以捕捉在“自我价值文化”中长大的这几代人比前几代人更自私、更崇尚自我权利、更自信的倾向。当下中国大学生群体作为独生子女一代，也呈现出了类似的“我一代”的特征。他们更加关注自我，陶醉在自我形象的塑造之中。心理学对自恋的相关研究，可以让我们更好理解青年大学生的这种自恋心态。自恋是一个人通过自我、情感和场域的调节过程，保持相对积极自我形象的能力[②]。自恋是一种过度自我欣赏的人格特征，具有特权感、表现主义、自负、优越感等特点[③]，并且能够充分利用周围的人和环境获益。可以说，自恋式展示是当今部分大学生公共生活的典型征候。

---

① [挪]贺美德、鲁纳编著：《“自我”中国——现代中国社会中个体的崛起》，许烨芳等译，上海译文出版社 2011 年版，第 16 页。

② Pincus A. L., et al., “Initial Construction and Validation of the Pathological Narcissism Inventory”, *Psychological Assessment*, 2009, 21(3), pp. 365 - 379.

③ Raskin R., Terry H., “A Principal-Components Analysis of the Narcissistic Personality Inventory and Further Evidence of Its Construct Validity”, *Journal of Personality and Social Psychology*, 1988, 54(5), pp. 890 - 902.

青年大学生通过自恋式展示，来强化个体意识和建构社交形象。现代传播媒介的快速发展“使现代生活带上了一个巨大回音室或一间满是镜子的大厅的特性”[①]。以自拍文化为代表，青年学生关心自我形象的包装和他人目光下的表演。基于一种根深蒂固的、视觉优先的思维方式，一些大学生通过美化和筛选来强化自我魅力和吸引关注。可以说，尽管自拍不能简单地被归结为一种自恋情结，但的确已经成为很多大学生向外部展示自己存在和诉求的一种生活方式。自拍行为能给青年学生的心理赋能，让他们自我感觉更好，更轻松地向他人表达自己，也能获得更多同龄群体的接纳；但当自拍成为一种精神依赖（selfitis）时，会让青年学生对自我的感觉依赖于外部世界对自我形象的消费。他们通过自拍的方式，来弥补自尊心的缺失和填补亲密关系的空白，这其实是源自内心的一种强烈的自恋。正如拉什所描述的，“自恋主义是这种依赖性在人类心理上的反映。尽管自恋主义者不时会幻想自己权力无限，但是他却要依靠别人才能感到自尊。离开了对他崇拜得五体投地的观众他就活不下去”[②]。自恋者在内心深处依赖于他人才能获得自尊，他们的成就感和获得感离不开“观众”的在场。当代大学生群体中的“颜值正义”，也折射了一种内在的自恋，他们通过对面容身材等自然存在的日常维护进行自恋式投入，甚至将自身商品化。正如鲍德里亚提出的，“要内转到自己身体中去并‘从内部’对它进行自恋式投入的建议，这样做根本不是为了深刻地了解它，而是，根据一种完全拜物教崇拜和耸人听闻的逻辑，为了使它

---

① [美]克里斯托弗·拉什：《自恋主义文化——心理危机时代的美国生活》，陈红雯、吕明译，上海译文出版社 2013 年版，第 44 页。

② 同上书，第 7 页。

向外延伸，变成更加光滑、更加完美、更具功能的物品”①。

三、学习生活与闲暇生活的失衡

（一）内卷式学习

在教育领域，内卷表现为学习评价上脱实务虚、学习竞争离本趣末、个体在这样的内卷学习中舍心逐物②。一些大学生呈现出一种“唯量化指标”的自我封锁状态③。2020 年 9 月，三联生活周刊在《绩点为王：中国顶尖高校年轻人的囚徒困境》一文中讲述了大学生中存在的过度学业竞争和压力。用文中主人公的话来说，“马齿徒增”，却没有获得一种“‘拥有’的确定感”。大学学习的“内卷”，指的正是一种用字数比拼、证书炫技、时间消耗来进行学业竞争的困境，其背后是以绩点为中心的理性逻辑。绩点与前途出路紧密挂钩，出国留学、求职就业以及升学考研都要依据绩点这一指标。绩点作为学业评价指标也反映了学生在群体学习中的相对位置。为了不落后于同学，他们只能不断给自己加码，好填满履历，以提高自己在社会中被拣选的可能性。

可以说，本应为内在求知和好奇心驱动的学习生活，却陷入了应对外界竞争的精力消耗中。这种内卷式学习与教育的过度量化评价有一定关联。精巧的计算思维和防御性的学习策略，使大学生

---

① [法]让・鲍德里亚：《消费社会》，刘成富、全志钢译，南京大学出版社 2014 年版，第 123 页。

② 苑津山、幸泰杞：《“入局与破局”：高校学生内卷参与者的行为逻辑与身心自救》，《高教探索》2021 年第 10 期。

③ 卢晓雯：《多维视角下的内卷化：研究现状及概念梳理》，《华中科技大学学报（社会科学版）》2021 年第 6 期。

的学习失去了本真意义。他们的学习被太多知性知识填满，缺乏鲜活的生命经验；被太多功利心所左右，缺乏恬淡的人生志趣。正如雅斯贝尔斯所说，“本来学生的学习目的是求取最佳发展，现在却变成了虚荣心，只是为了求得他人的看重和考试的成绩；本来是渐渐进入富有内涵的整体，现在变成了仅仅是学习一些可能有用的事物而已。本来是理想的陶冶，现在却只是为了通过考试学一些很快就被遗忘的知识”[①]。玛莎·努斯鲍姆(Martha Nussbaum)曾指出，想象他人处境的能力，想象不同可能性的能力以及同情和关怀他人的能力，应该是社会发展和进步的重要基石。大学的学习时光应该帮助学生学会寻找自我，思考自己想要成为什么样的人，想要过什么样的生活。

(二) 随兴式闲暇

从活动维度看，闲暇是人们在工作、家庭和社会的义务之外，根据自己的“自由意志”来放松消遣的过程。这种闲暇活动包括娱乐、自由发挥创造力、自发性地参与公益活动和志愿服务等。一种理想的闲暇活动，应当是基于自由选择并具有内在意义的活动，具有从日常生产性活动中解放出来的治愈性，以及能够创造意义和促进个人发展的建设性。国外休闲研究者普遍对现实的闲暇活动进行区分。例如，美国学者斯特宾斯把闲暇活动区分为深度休闲与随兴休闲。随兴休闲又可称为享乐休闲，是在短时间内参与的可以迅速收获正向体验的活动。娱乐消遣等随兴活动具有休息恢复、安适心灵、寓教于乐、带来愉悦感等正向价值，具有教育娱乐和信息娱乐的功能。但同时也可能带来无聊不安、缺乏认同、占用太

---

① [德]雅斯贝尔斯：《什么是教育》，邹进译，生活·读书·新知三联书店1991年版，第45页。

多时间以及对个人和社区贡献有限等代价。因其普遍无法产生良好的自我感知和自尊，也就无法引导自我发展和进步①。而深度闲暇指的是“闲暇活动参与者有系统地追求业余爱好、兴趣嗜好或志愿服务的活动，这些活动十分有趣和充实，参与者投入如对待事业一般的专注，借此机会获得及展现特殊的技能、知识及体验”②。深度闲暇有两个重要特质：强烈的认同感和持久的利益。“深度”代表着专注与奉献，能给参与者带来自我实现的满足感。

在实际生活中，大学生的闲暇时间更多被“娱乐型”和“消遣型”的活动所填满，而“创造型”和“意义型”的活动则偏少。《中国青年报》发布的《00后画像报告》显示，明星、游戏、交友、自拍、动漫、综艺等是“00后”优先考虑的闲暇内容。用手机刷段子、看搞笑视频是常见的日常消遣方式。《大学生思想政治教育发展报告(2017)》指出，2015—2017年调查数据显示，“娱乐消遣”是大学生的主要上网目的，大学生上网呈现明显的娱乐化倾向。的确，娱乐活动可以满足大学生放松和愉悦的需要，一定程度上缓解了日常学习压力。但是，部分大学生把大多数的闲暇时间和精力都投注在娱乐消遣活动中，会容易被一些庸俗、媚俗和低俗的娱乐文化所迷惑，影响他们的身心健康。

四、数字生活与线下生活的失衡

数字化环境给大学生的衣食住行、人际交往、休闲娱乐、身份

① Robert A. Stebbins, "The Costs and Benefits of Hedonism: Some Consequences of Taking Casual Leisure Seriously", *Leisure Studies*, 2001(20), pp.305-309.

② Robert A. Stebbins, *Amateurs, Professionals, and Serious Leisure*, McGill Queen's University Press, 1992.

认同、情感体验、学习发展以及价值观念带来了深刻的变化。对他们来说，数字生活是一种基本的生存方式，就是生活本身。数字生活和传统生活的交融，使大学生的生活形态呈现出不同以往的特点。一方面，他们享受着科技带来的生活便利和海量信息，也拥有更加开放多元的自我发展空间。另一方面，数字化环境为他们构筑一个美好新世界的同时，却也隐藏着新的问题和异化。

（一）泛娱乐化的"糖式"生存

娱乐一词的词义，根据《说文解字》的解释："娱，乐也。从女，吴声。"[①]可以看出，娱乐带有"欢娱行乐""消闲遣兴"的意思。娱乐符合人的基本需要，是人们在辛苦劳作之余调节情绪、恢复身心的重要生活内容。随着科技的不断发展，娱乐的内容和形式变得更加丰富和多样。比如，传统的娱乐方式大多简单朴素，棋类活动、体育竞技和戏剧表演等都根植于"线下生活"。数字化时代，娱乐形式突破了现实时空的限制。数字娱乐产品极大满足了大学生交互性和个性化的需求。尤其是手机智能终端的快速普及，使娱乐方式变得轻量化、低门槛和碎片化。灵活轻巧的数字娱乐媒体逐渐取代了传统娱乐方式。一些大学生在日常生活中沉迷于网络直播、短视频、网络游戏、线上剧本杀、线上桌游等娱乐活动。各种数字消费以娱乐化的方式塑造着他们的认知思维、生活习惯和表达方式。

诚然，娱乐是人在闲暇时的主要活动，可以促进人的自由全面发展。"这种时间不被直接生产劳动所吸收，而是用于娱乐和休息，从而为自由活动和发展开辟广阔天地。"[②]然而，当娱乐界限逐

---

① 许慎：《说文解字》，江苏凤凰美术出版社 2017 年版，第 99 页。

② 《马克思恩格斯全集》第 26 卷第 3 册，人民出版社 1974 年版，第 281 页。

渐扩大,并向严肃领域不断延伸,全面渗透大学生生活的方方面面时,就会出现"泛娱乐化"现象。泛娱乐化,指的是娱乐超出自身建构边界,逐渐渗透到其他领域。在日常生活中,各种调侃恶搞、戏谑炒作等行为迎合了大学生的娱乐趣味。狂欢式购物和沉浸式娱乐,则给大学生带来了高频刺激和即时满足。当长期沉浸于这种短时愉悦的生活实践时,是与非、善与恶、美与丑的区分会很容易被遮蔽。

(二)碎片化的持续在线

在数字生活中,青年大学生正在舍弃"过去那种线性思考过程……平心静气,全神贯注,聚精会神,这样的线性思维正在被一种新的思维模式取代,这种新模式希望也需要以简短、杂乱而且经常是爆炸性的方式收发信息,其遵循的原则是越快越好"[①]。这种新模式,以超链接为例,鼓励我们在一系列信息之间跳来跳去,而不是持续专注于某一内容。人的精力变得分散,注意力停留在只言片语上,从而很难整体并深入地思考。这种碎片化的结果是"只见树木,不见森林"。互联网上的内容以高浓度的碎片化大杂烩的形式而出现,好似"碎布拼成的床单"和杂音的刺激,不断分散我们的注意力。在这种情况下,简短、片段化的而又令人愉快的内容更受青睐。当青年大学生习惯于匆匆地浏览和扫描、多任务工作来回切换、只看关键词时,一次性和非线性的观览成为常态。长此下去,将会加剧认知疲劳,从而削弱学习能力和理解能力。青年大学生深入阅读和专注阅读的沉思时间随之减少,深层思考和高级情感也会被侵蚀。"'对某种类型的思想,尤其对有关他人的社会境

① [美]尼古拉斯·卡尔:《浅薄:你是互联网的奴隶还是主宰者》,刘纯毅译,中信出版社 2015 年版,第 9 页。

况和心理境况的道德判断而言，需要我们有足够的时间，进行足够的反思。如果事情发生得太快，你可能无法全面体会他人的心理状态'……互联网正在不断削弱我们沉思冥想的能力，因而它正在不断改变我们的情感深度以及我们的思想深度。"①

除了碎片化，大学生的数字生活呈现出持续在线的状态。理想地说，大学生需要通过移动通信工具与他人持续保持联结，又需要一定的离线时间来保持自我的独立和健康发展。因为离线时间可以培育一种独处、独立思考和自我调节能力。而事实上，大学生群体中，存在过度使用网络行为的占比达 28.4%，且该比例在持续上升②。一直在线（always on）与可以被联系上（always on you）的状态，让大学生的自我"被拴系"（the tethered self）。以前虚拟与现实的二元话语区分表明，我们假设存在着一个分离的世界，可以随时涉入与抽离。但是今天的一些惯用语显示了人们的新状态，当我们说"我会在线"，那意味着，"你可以联系到我，我的电话开着，我将通过手机而实现（社会）存在"③。

第三节　结构性失衡背后的价值隐忧

在大学生生活结构性失衡的背后，存在着价值取向上的一些隐忧。这些隐忧包括物质的丰裕与精神的虚无、主体价值的张扬

① ［美］尼古拉斯·卡尔：《浅薄：你是互联网的奴隶还是主宰者》，刘纯毅译，中信出版社 2015 年版，第 274 页。

② 王洁等：《感觉寻求与网络成瘾关系的元分析》，《心理科学进展》2013 年第 10 期。

③ James E. Katz, *Handbook of Mobile Communication Studies*, MIT Press, 2008, pp. 121–122.

与公共关怀的失落、学习目标的偏离与闲暇本质的遮蔽、现实秩序的解构与虚拟自由的幻象四个方面。

一、物质的丰裕与精神的虚无

随着工业化和技术化带来了物质财富的快速增长，人的物质生活得到了很大改善。人的感性欲求也因物质的丰裕得到满足。阿伦特曾指出，"解放"包含两方面的含义，一是"从专制下获得解放"，二是"从必然的束缚下获得解放"①。也就是说，在物质上的"不受制于生活的必需品"，能够把人从"生命的必要"中摆脱出来、从"物"的强制中解脱出来，为人自由个性的实现提供基础。按照这种解放叙事，我们可以说，现代性带来了质料层上的解放，通过财富的增长和劳动的解放帮助人超越物质生活的束缚，从而为实现人精神上的自由提供根据和条件。这是现代性为人们美好生活的实现提供的现实可能，在此基础上，人们不断满足自身需要和实现普遍交往。然而，现代性的解放逻辑面临着一种深层悖论。这种悖论体现在人的生活领域就是"幸福悖论"，即物质丰裕与精神虚无之间的张力。

（一）物质消费的符号化

部分大学生过分重视视觉包装的"伪精致"生活，把物质和外表当成了衡量生活好坏的标尺，通过物质来获得内心的满足感，甚至把商品的符号价值当成自身价值的确证标准。这种"伪精致"的生活实则是物质消费所制造的一种"幸福幻境"，陷入其中的大学

① ［美］汉娜·阿伦特：《人的条件》，竺乾威等译，上海人民出版社1999年版，第25页。

生会产生一种价值的偏离,即“无目的的物质至上主义”。按照芒福德的解释,“物质产品的重要性夸大到成了一种象征——成了智力、能力和远见的象征,甚至夸大到把不拥有物质产品视为愚蠢和失败的象征。这种物质至上主义已经没有了目的,它本身就是终极目的”①。鲍德里亚用“再循环”来形容这种每个人都要跟上消费潮流的价值观:“每年、每月、每个季度对自己的服装、物品、汽车等进行再循环,假如不这么做,就不是消费社会的真正成员。”②他们通过购买新潮物品来美化和包装自己,通过拥有品质生活来获得自我成就感和实现自身价值。对大学生而言,伪精致是精神生活“物化”的一种表现。物化是精神生活的自由本质为物所统治,这是现代人精神生活的普遍境遇。这种物化使个体的主体性无法实现,也没办法发展成为“真正有个性的个人”。伪精致的产生与消费社会分不开,因为随着物质的丰盛,消费者从对物本身的需求,来到了对物品背后符号的需求阶段。人们不再仅仅为物品的实用性和使用价值而消费,而是通过消费来进行差异的建构。这种差异是一种商品符号,带有象征性和理想性。

青年大学生通过物质和符号来建构自我生活的审美化和风格化,通过精致符号来得到青年圈层文化的接纳和认同。与其说精致生活是一种生活方式,毋宁说这是一种自我包装的手段。这种符号消费行为又可称之为“自我塑造性消费”,即消费不仅仅为了满足物质需求,更是为了塑造自我身份和生活风格。这种行为背后存在着一种认知:拥有高品质的物品,就意味着过上美好的生

---

① [美]刘易斯·芒福德:《技术与文明》,陈允明等译,中国建筑工业出版社 2009 年版,第 274 页。

② [法]让·鲍德里亚:《消费社会》,刘成富、全志钢译,南京大学出版社 2014 年版,第 101 页。

活。一些大学生能力有限，却又用超前消费和过度消费来追求所谓的品质生活，背后潜藏的是对自我身份确认的一种焦虑。格拉夫曾用“物欲症”(affluenza)来形容这种现象，“由于人们不断渴望占有更多物质，从而导致心理负担过大、个人债务沉重，并引发强烈的焦虑感。它还会对社会资源造成极大浪费”①。物欲症的受害者们总是陷于“买买买”的购物循环之中，为了维持最新、最潮流，我们必须跑得更快。然而从心理学角度看，这些病态的购买欲望背后隐藏着一个不安的自我形象。拥有精致生活让他们感受到拥有了力量，别人的关注让他们产生了傲慢感和地位感。正如拉什指出，“它总是在创造需要，却又不让他们得到满足；它在导致新焦虑的同时并没有减轻旧的焦虑。通过用美好生活的种种图景来包围消费者，并把这些图景与成名成家的美梦联系在一起，大众文化鼓励普通人养成不普通的口味，鼓励他们将自己看成有别于芸芸众生的特权阶层，鼓励他们在想象中过一种精致舒适而又富有细腻感觉的生活”②。

（二）精神追求的虚无化

精神追求是人在生活实践中有意识地选择或创造一定方式途径，以满足和实现自身精神需要的过程。精神价值追求是精神生活的方向和坐标。当前部分大学生的空心现象，折射出他们在精神追求上的虚无化。所谓虚无，是一种无意义感和无目的性，在更一般的意义上，甚至否认存在任何评价道德原则和行为的客观根

---

① [美]约翰·格拉夫、大卫·瓦恩、托马斯·内勒：《流行性物欲症》，闾佳译，中国人民大学出版社2006年版，第3页。

② [美]克里斯托弗·拉什：《自恋主义文化——心理危机时代的美国生活》，陈红雯、吕明译，上海译文出版社2013年版，第165页。

据。约翰·米切尔（John J. Mitchell）区分了青年虚无主义的三种表现。一种是过渡性的虚无主义（transitory nihilism），指的是由正常成长尤其是智力发展和道德成长所带来的暂时性的青少年状态。由于心智的成熟，许多青年人开始重新评估自己的世界观和质疑已有的信念体系。由于他们慢慢能够看穿社会的虚饰，可以发现曾经的天真想象之外的真实。这种心智上的成熟，促使他们对以前的价值观和道德观念进行重估。然而，由于他们尚未完全具备成熟理性的思考和判断能力，也不擅长应对这种成长的幻灭以及复杂信息的冲击，因此，一些青年人会产生虚无主义的思想，认为人生没有意义、没有目的、没有价值。过渡性的虚无主义，便成为一种逃避伴随智力和道德结构变化而来的痛苦的方式。这种虚无主义在大学生中的典型表现是，他们开始发现自己的渺小并觉得自己只是一个普通人，并认为一切皆是虚无。这种虚无如同一剂哲学的麻醉剂缓解了成长中的痛苦，并会随着年龄的增长而消退。第二种是反思性的虚无主义（reflective nihilism），这种虚无本质上是形而上学的，在大学生和知识青年中最为常见。他们试图找到虚无主义在哲学上的合法性。第三种是心源性虚无主义（psychogenic nihilism），指因为长期缺乏信仰而产生的精神不稳定的状态，会导致诸如抑郁等严重心理障碍，甚至诱发自杀等毁灭性行为。与其说心源性虚无是一种精神疾病，不如说是一种人格上采用的自我防御策略。它直接影响到青年正常心理需求的满足，包括归属、尊重、亲密感和社会参与等需求。它塑造了一种生活空虚、不值得自我投资的形象，从而导致精神状态的不稳定。当青年面对理想自我的幻灭时，就不得不承认自己的渺小与平凡。而心源性虚无主义者认为，如果自己是无意义和微不足道的，那么整个世界也是如此。

进一步来说,"空心化"是一种心源性虚无主义。"如果青年人要度过正常青春期的创伤,就要相信生活是值得过的,目标是值得追求的。当他们不持有这样的信念时,就会屈服于焦虑,失去自我方向感,变得容易遭受各种困扰,从而产生心源性虚无主义。"①心源性虚无主义的极端表现是强烈的焦虑、失去信念以及为未来奋斗的抱负,他们常常只执着于眼前并感到失望和无法投入生活,甚至觉得自己毫无价值。心源性虚无主义会使充满活力的年轻人变得精神萎靡。对他们来说,过去暗淡无光,未来渺茫不见。可以想见的是,如果青年大学生对未来缺乏信心,缺乏前进的目标和动力,那么他们只能逃避未来和沉溺于当下的刺激。长时间与自我缺乏真实的联结,以及生活的无目的感,会让青年人从自我存在的确认者变为自己生活的旁观者。此外,囿于自我中心可能让一些年轻人无法获得对整个社会的理解力和判断力,从而趋于盲从和迷信。当现实无法满足自己的期待和要求时,他们也容易陷入精神的虚无。

这种精神追求的虚无化有其现代性根源。根据马克思提出的人类社会发展三形态,当前社会正处在"以物的依赖性为基础的人的独立性"的阶段,这是现代人存在与发展的基本境遇。物化逻辑与个体化逻辑的交织叠加,在一定程度上导致了精神生活内在超越性的失落,在精神追求上表现为对崇高追求的消解。"尘世工作的种种问题向他涌来,使他目不暇接,一切有关灵魂拯救的思考都被远远地推到不引人注意的地方。他简直无法理解一种竟然能把

---

① Mitchell J. J., "Nihilism: Belief Crisis of Youth", *Counseling & Values*, 1979, 23 (2), pp. 82 - 89.

思虑都集中在精神生活上的心理状态。"[①]对物的追求、占有和享受成为生活的目标。精神追求逐渐转向甚至趋附现实的有限之物,从而陷入物化的境地。这种物化表征了物质生活与精神生活之间的一种不平衡。

二、主体价值的张扬与公共关怀的失落

主体价值本指能超越自然规定性并获得对思想的内在反思。"内在性原则和自我持存原则是主体性发展的前提条件。"[②]内在性原则让人得以通过自我观照外在事物,而自我持存原则是一种普遍意义上而非个体经验意义上的内在需求,需要以克制自我和自然本能为理性依据。然而,在现实应用中,对主体价值的肯定却沦为自我中心和单独个体实现自身独特性的手段。自我失去了理性反思能力,与之相伴生的是公共关怀的失落。

(一) 欲望自我的膨大

费孝通先生曾提出自我主义的概念,即"自我不仅处于其关系网络的中心,而且他可以根据自己的需要和社会影响来建构和利用其关系网络,尤其是各种非自然的关系"[③]。然而,中国传统文化中代表自我的"己"不仅指"自己",还包含家庭和宗族,因此,自我从属于集体。同时,在传统的价值观念里,"己"还意味着"克

---

① [德]鲁道夫·奥伊肯:《生活的意义与价值》,万以译,上海译文出版社 1997 年版,第 7 页。

② 李庆霞、王众凯:《主体性视角下启蒙的双重辩证法研究》,《北方论丛》2021 年第 5 期。

③ 费孝通:《乡土中国·生育制度》,北京大学出版社 1998 年版,第 28—33 页。

己”,即受伦理道德的约束。随着当代大学生自我意识的发展,他们在现实生活中关注自我、追求自我的利益和发展,这反映了他们自我意识的焕发和“为自己而活”的生活理想。当代大学生积极主动规划自己的生活,努力实现属于自己的生活。然而,与“为已而活”相伴生的可能是“欲望自我”的膨大。

以“精致的利己”为例,该现象背后隐藏着青年大学生生活气象上的狭窄化。他们的渴望和梦想不过是学业阶梯的提升以及相伴而来的实利;他们的高素质和高能力指向的是个人的一己发展,而没有把个人发展置于社会需要的大格局之中。他们个体的人格世界没有充分敞开,个体人格无法获得充分的发展,这样的大学生到社会上只能成为精致的劳动者,个体生命中的自由本质无法得到充分实现。尼采对德国大学教育的批判至今仍发人深省:“一张说着话的嘴和许多只耳朵,加上一半数量的写着字的手——这就是大学机构的外观,这就是事实上安装的大学教育机器。此外,这张嘴的主人与那许多只耳朵的拥有者们是彼此分离、互不依赖的,这种双重的独立性被人们兴奋地评价为‘大学的自由’。”[①]我国学者金生鈜曾经区分过两种人,一种是“组织性的人”,一种是“市场的人”。“组织性的人”在社会组织中寻求找到自己的位置,这样的人只是作为集体中的一分子;而“市场的人”则是“成熟的被消费者和消费者”[②]。这两种身份都会导致人在公共精神上的衰微。反观当代大学生的生活,他们更多选择自我导向的奋力打拼和精致包装,却无暇关心他人的利益和社会的福祉。这种欲望自我的膨大会导致个体完整人格的萎缩和平庸。

---

① [德]弗里德里希·尼采:《论我们教育机构的未来》,周国平译,译林出版社 2012 年版,第 90 页。

② 金生鈜:《规训与教化》,教育科学出版社 2004 年版,第 25 页。

(二) 公共关怀的失落

阿伦特曾指出，公共生活走向衰落的重要征候有二，一是越来越多的人不愿意参与公共生活，而是把个人的自我完善当成“好生活”的全部内涵。他们热衷于旅游休闲、美容整形、塑身健体、娱乐享受等。他们对公共生活要么不闻不问，要么表现出娱乐围观的态度。二是人们不相信公共生活能够给人带来一种在别处享受不到的幸福感，即公共幸福。公共生活成为在赢取公众欣赏的虚荣心驱使之下的一种沽名钓誉行为，丧失了公共性的内涵，变得徒有其表。当下中国大学生的公共生活同样表现出这两种征候。

首先，青年大学生对公共政治参与的热情远远不及对娱乐参与的兴趣。他们从社会时事中所获得的认知，远远少于从娱乐中所学到的东西，使得他们无法观察自己的生活和政治之间存在的紧密联系[①]。学者陶东风曾用“两个世界”意识，即公共政治世界和消费娱乐世界来解释这种怪象。他指出，对青年来说，公共政治世界属于“他人”的世界，消费娱乐世界是“自己”的世界；对他人的世界，他们常常采取顺应和适应的态度，而在自己的世界里，他们可以表现得自由和疯狂，因为“我的地盘我做主”。而这种娱乐世界里的“民主”参与、自我表现以及个性展示，尽管具有可见性和公开性，但并不是严格意义上的公共参与行为。大学生的娱乐参与热情高涨，政治参与热情却相对冷却，两方面的相互强化导致理性商谈意义上的公共文化空间的萎缩和蜕化[②]。

其次，大学生参与一些公共生活以解决具体问题为旨趣，工具

---

① 胡泳：《众声喧哗——网络时代的个人表达与公共讨论》，广西师范大学出版社 2008 年版。

② 陶东风：《去精英化时代的大众娱乐文化》，《学术月刊》2009 年第 5 期。

主义特征明显。学校作为一个公共生活空间,公共生活以个人自治为前提,具有公共性,应该彰显公共生活伦理。而公共伦理内涵包括正义、利他和共生。然而,现实中,教育的公共生活伦理被功利和实用的价值取向所蒙蔽,集中体现在:大学生的公共性诉求大都与切身利益的维护有关。他们的个体利益以宿舍为单位、以班级为单位,以特定群体利益的面目出现。这可能是对公共性的牺牲和对利己主义的遮蔽。根据费孝通先生提出的自我主义,人们会根据与"己"在血缘、资本上的亲疏远近而表现出伸缩自如的私德,这其实是模糊了公共利益与私人利益的界限。在差序格局的传统逻辑下,公共诉求经常会演变为一种集体利己主义。部分大学生对公共生活的关注更多关涉自身利益,在自我主义的逻辑下参与公共交往,实质是"私人领域的公共化"。此时,他们是以"私人"的身份而非"公共人"的身份融入公共生活,自然也无法发展出公共理性的气质。

三、学习目标的偏离与闲暇本质的遮蔽

(一)学习的功利化

当前大学生的学习功利化已经成为学界关注的问题。首先,当前大学生学习的实用性日益凸显,带有较强的现实性。根据一项调查[①],"00 后"大学生的学习目标更多指向自我的实际利益,比如通过考试、顺利毕业、获得奖学金。他们的学习内容出现重视专业学习,轻视理论修养的倾向。他们对人文学科课程的学习动力

① 王富强、宋珊珊:《"00 后"大学生的学习观及思想政治教育对策研究——以天津市部分大学为例》,《华北理工大学学报(社会科学版)》2019 年第 4 期。

不足,学习生活围绕着学分绩点、课外活动、出国考级、实习就业等展开。其次,一些大学生渴望短期内能够把所学的知识进行变现。尽快找到合适自己的发展路径,用最快的时间实现最大的目标,成为青年大学生普遍性的一种期望。随着中国社会的飞速发展和生活的日新月异,社会的不确定性不断上升,作为急速社会变迁进程中成长起来的大学生,他们更能体会周围环境的快速变化。许多既定的发展路径失去了参考意义,青年大学生对未来的生活规划容易产生焦虑和迷茫。与此同时,技术与知识的优势日益凸显,以及许多年轻新贵的出现,使得他们将许多传统有关积累与稳重的理论抛诸脑后。青年大学生对成功和能力的定义,变成了"年轻有为"与"三十而富"。成名要趁早、致富要趁早,成为学习功利化的认知根源。社会上对成功的渴望和落后的恐惧,被媒介包装成青年奋斗努力的精神动力,越来越渗透到大学生的生活中。在不断制造和放大的时间焦虑的作用下,知识的积累、吸收和转化过程被加快,因为只有这样,才能更快呈现知识的变现结果。由此,青年大学生希望通过快速获取知识来实现个人发展的最大获益,急功近利的成功学泛滥和碎片化的浅表学习,在大学生群体中大行其道,不断挤占深度思考的空间。

应该说,学习上的功利导向具有一定的健康意义,能引导学生积极努力去提升和武装自己。在生活实践过程中,人总是基于一定的主体需要和利益去认识和改造世界。可以说,这种实践过程也是人进行价值追求的过程,贯穿这一过程的是人们能够满足生存和发展需要的功利价值。功利价值体现了各种对象事物对主体生活需要的满足关系,表现着具体的人在生活实践中对各种事物和对象的依赖和利用关系。功利价值普遍存在于人们生活的各个活动领域,同样,现代意义上的教育学习具有工具功能与经济价值。学习上合理切实的功利目标,可以满足大学生的合理欲望与发展需要。

然而,当工具性动机成为学习生活的主导时,学习本身的内在乐趣就会逐渐丧失。他们无法全身心投入学习中,自主性、独立思考能力以及创造力的发展慢慢让位于外在功利目标的获取。成功代替成长,成名代替成才,成为学习的目的。知识的市场导向成为学习生活的主流,知识与学习—生产与消费—人的幸福的简单线性逻辑,让大学学习把知识的变现当成主要追求。长此以往,会让大学生缺乏马尔库塞所说的否定、批判和超越能力,一味认同于现实世界的功利标准,却对生活缺乏更美好的想象和更高的追求。努斯鲍姆在《告别功利——人文教育忧思录》一书中指出:“我们正在追求能保护我们、使我们愉快、让我们感到舒适的占有物,泰戈尔将它们称作我们的物质‘外罩’(covering)。但是,我们似乎忘记了灵魂;我们似乎忘记了应当解放灵魂,以丰富、细腻、复杂的方式,将个人与世界联系起来……我们似乎忘记了应将自己看作有灵魂的人,与他人沟通,应将他人看作深刻、复杂的灵魂,与我们自己相同。”[①]当努斯鲍姆用“灵魂”一词指代人的思考与想象的能力时,她忧心的是,为了服务于经济增长,教育也带上了营利的动机。教育不仅要能培养从事各种职业的人,完善青年人的知识结构和职业技能,更重要的是要“能培养出使自己的生活有意义的人”[②]。当学习的工具功能被扩大化和极端化,功利性价值无限扩张时,会使工具理性剥夺价值理性的可能空间,学习将沦为追逐利益的工具,失去其育人的本真意蕴。

① [美]玛莎·努斯鲍姆:《告别功利——人文教育忧思录》,肖聿译,新华出版社 2010 年版,第 6 页。

② 同上书,第 10 页。

（二）闲暇的非本真化

海德格尔认为，人存在的状态即“此在”可能是“本真的”或“非本真的”，本真生存指的是人拥有自身的自由和改变世界的责任，非本真生存是一种异化的生存，指向人的一种“日常性的无意义”和已然固化的状态。从存在论的角度看，闲暇的本真性涉及活力、真实、赋能、成就感和自我实现等方面。可以说，闲暇的本真性在于人的生命潜能的释放，帮助人发展出本真的自我，是一种“成为人”的过程。个体在闲暇中想要保持“本真”的“此在”，应当运用内在的动力来表达自己。本真的自我集中体现为自主性和创造性，而这种创造性的实现要克服欲念和自我中心。然而，面对骤然增多的闲暇时间，一些大学生的闲暇生活表现出一种非本真化状态。原本应使人放松身心、获得审美体验以及促进自我发展的闲暇，演变成背离原初意义的异己力量。

闲暇的非本真化，首先体现在大学生对闲暇时间的虚度。闲暇指的是在个人完成社会义务之后剩下的可以自由支配的时间，马克思称之为自由时间。自由时间，是在免除必须实现的外在目的的压力后，可以从事自由活动的时间。“整个人类的发展，就其超出人的自然存在所直接需要的发展来说，无非是对这种自由时间的运用，并且整个人类发展的前提就是把这种自由时间作为必要的基础。”[①]然而，面对轻松空闲的状态和骤然增加的闲暇时间，大学生普遍缺乏时间意识，也未能充分认识到自由时间的价值和意义。时间意识的缺乏，必然会引发闲暇时间的虚度，部分大学生沉睡于课堂、沉迷于游戏、沉醉于玩乐。大学生闲暇时间的虚度还

① 《马克思恩格斯全集》第32卷，人民出版社1998年版，第215页。

体现为对虚拟世界的沉溺。“00后”大学生成长于深度数字化的环境，是第一代移动互联网原住民。智能手机是他们的标配，网络漫游和手机依赖是他们闲暇沉溺最日常化的表现。尽管适时的放空对大学生的身心有益，但在本该奋斗的年纪虚度光阴，显然造成时间资源的浪费。长此以往，因虚度而荒废年华的隐患势必会阻碍大学生的全面发展。

闲暇的非本真化，还体现在大学生在闲暇中，对占有外在物质性东西的过度关注，从而产生一种人为物役的生存状态。当代大学生成长于物质相对丰裕的时代，拥有一定的存款并且每个月有可支配的零花钱。在拥有了可支配的自由时间和消费资金后，他们的闲暇生活就被各种消费活动所填满，如旅行出游、网络购物、游戏打赏、爱豆应援等娱乐消费，以及偏向实用性强的考证和考级等教育消费。值得一提的是，“00后”兼具消费者与生产者的身份。“00后”通过直播、短视频以及漫画等内容的生产来获取打赏，他们也会利用课余时间参与兼职来赚取经济收入。可以看出，大学生的闲暇状态体现出较强的功利性和工具性，一方面是向消费化的大众娱乐趋同，另一方面是注重自我享受但又缺乏自主选择和创造，由此陷入重占有“物”、远离成为“人”的生存状态。

四、现实秩序的解构与虚拟自由的幻象

随着数字化、网络化的发展，数字化生存成为一种新的生活方式和生存状态。在数字化社会背景下，人的存在方式呈现为二重性：“真实自我”与“数字自我”，满足了人在生存空间中流动与稳定的祈愿。人的价值秩序也由此处在解构与重塑的二重性之中。

（一）现实秩序的解构

网络空间的“去中心化”和“反权威性”等特质，不断消解理性的价值原则。“去中心化”不仅是网络媒体的传播特性，也代表着一种新型的个体关系和群体关系模式。传统的线性关系被各种离散化的非线性关系所替代，价值传播模式由原本的“纵向”向“扁平化”转变。同时，网络模糊了传者和受者的界限，使得受传一体化。人人都有麦克风，人人都有话语权。话语权进一步去中心化。网络空间里各种议题纷呈，舆论观点变得多元和分散。在这种多元的文化环境中，不同的价值观点与生活方式充斥其中并相互碰撞，提高了人们在数字生活中进行价值选择的迷惑性。青年大学生在社会认知和价值判断能力上尚未完全成熟，更容易在这种多元价值取向的冲突和选择中遭遇价值迷失。

数字生活中的泛娱乐化和碎片化本质上是一种“解构”。就泛娱乐化而言，大学生们容易被感官刺激所带来的精神快慰所吸引，而当兴奋和愉悦等情感取代理性思考成为价值选择的推动能量，情感与冲动取代事实与探究成为形塑价值观的主导时，价值观点的表达就会变得情绪化，价值立场的坚持也会容易走向偏激，价值共识形成的理性基础随之受到动摇。多元的价值观念可能会以一种非理性和情绪化的方式冲击现有的价值秩序，弱化对核心价值的认同。如果不加以合理引导，大学生在现实生活中会陷入空虚飘浮的境地，导致“一切实体性本质的消遁隐匿”，最终带来“最高价值的自行废黜”[①]。就碎片化来说，其表现形式主要有主体需求

---

① 吴晓明：《后真相与民粹主义：“坏的主观性”之必然结果》，《探索与争鸣》2017 年第 4 期。

的多样化、信息内容展现的芜杂化以及信息传播的裂变化。其突出特点是大量分化和缺乏内在逻辑。在这种碎片化语境下，主流价值话语内容的完整性和系统性被破坏。青年大学生在浮光掠影式的生活方式下缺乏系统学习和深度思考，他们的时间更多被即时浏览和浅层阅读所占据。这些零碎意象的拼凑，改变了价值整合所需要的线性认知图式，会造成对价值认知的片面化和浅层化，不可避免地弱化价值判断能力。

（二）虚拟自由的幻象

首先，网络空间的开放性、匿名性和流动性，提供了身份遮蔽与流动的虚拟自由。表面上看，“网络社会的出现，为人类提供了一种特殊的场所，使人类得以在虚拟世界以一种虚拟的方式首先实现一种平等的自由交往，并突破时空的局限性进入普遍交往的境地”[①]。而事实上，新媒体生态下的人际交往更多是一种“在线”而不在场的“淡人格化”交往。对青年大学生而言，在线下生活场域，面对面的互动和交互双方的“共同在场”，有利于社会规范的内化，从而有利于强化他们的自我角色定位和道德意识。而在网络生活空间里，“社会互动的‘缺场’和网络空间的虚拟特点，使得其以一种脱离真实自我、脱离现实社会、似我非我的‘数字人格’游移于网络世界，这使得其人格也被虚拟化”[②]。与这种虚拟化相伴的可能是传统道德规约的弱化。“正是由于隐匿性、想象性以及多样性的存在，‘网络人’在网络空间也就自然而然呈现出随意

---

① 高兆明：《网络社会中的自我认同问题》，《天津社会科学》2003 年第 2 期。

② 饶芳：《困境中的重构：新媒体时代青年的理想人格构建》，《中国青年研究》2016 年第 5 期。

性。"[①]青年大学生还处在自我认同建构与形塑阶段，在线自我的多重角色扮演与缺乏共同在场的互动体验相互作用，会使青年的自我变得碎片化，难以整合为完整的道德人格。不论是数字生活空间里的虚伪、矫饰乃至过度包装等现象，还是欺骗、恶意以及网络欺凌等道德问题，都反过来限制着人的表达和行动自由。

其次，多元化、自由性的价值诉求，带来了多元价值取向的分歧和并存，同样带来了大学生价值依归的困境。作为青年群体的大学生更加注重个体价值体验，他们渴望重置一套自我主张的价值秩序。正如汉斯-格奥尔格・伽达默尔（Hans-Georg Gadamer）所指出的，"把对技术进步的信仰同对有保证的自由、至善至美的文明的满怀信心的期待统一起来"[②]的时代已经终结。随着数字生活渗透到人们生活的各个方面，人们日益依赖技术理性而生活。但是，不可否认的是，网络空间里充斥着各种"主观意见的集合"，构筑了一种价值自由的假象。用黑格尔的话说，这是"以单个人的任性、意见和随心表达的同意为其基础的"[③]。如果任由网络生活空间里的主观自由无限发展，形式的主观性将会替代和冒充真正的客观性，使得"坏的主观自由"成为笼罩和支配人们生活的现实力量。大学生群体在价值判断能力上的荒疏，会使他们处在一种随大流的生活之中。他们的自我被数字设备所"拴系"，缺乏对自我行为的反思，也少有时间来形成超越现实生活的理性思考，从某种程度上也失去了人的自由意识和美好生活所需的自主性。正如伽达默尔所言，"谁能够做到同自己保持距离，能看到自己生活圈

① 李建华等：《当代中国伦理学》，中国社会科学出版社 2019 年版，第 372 页。

② ［德］汉斯-格奥尔格・伽达默尔：《哲学解释学》，夏镇平、宋建平译，上海译文出版社 1994 年版，第 108 页。

③ ［德］黑格尔：《法哲学原理》，范扬、张企泰译，商务印书馆 1961 年版，第 255 页。

子的局限性从而向他人开放，谁就会不断地通过现实纠正自己的生活"[1]。只有在现实生活实践和理性反思的基础上，摆脱"沉醉于技术的迷梦"（伽达默尔语），才能实现真实合理的自由，从而消除数字生活世界中人的自我异化。

① [德]伽达默尔：《赞美理论——伽达默尔选集》，夏镇平译，上海三联书店1988年版，第82页。

第四章

当代大学生生活失衡与价值失落的根源

青年大学生的精神气象鲜明体现了当下的时代精神和社会的未来图景。大学生的生活状况是青年与时代关系的风向标，也是对历史境遇的折射。民国教育学家张文昌认为，青年问题的发生，除个体内在原因之外，还有外缘原因[①]。法国社会学家布迪厄指出，个人性即社会性，最具个人性的也就是最非个人性的。许多最触及个人私密的戏剧场面，都能在各种客观的矛盾、约束和进退维谷的处境中找到其根源[②]。不论是哪一种生活价值的失落，都不仅仅是大学生群体的征候，而是从一个侧面折射了中国特色现代性的历史境遇。关于这些现象及其影响的价值评判，简单的肯定或否定的态度都不可取，只有合理辨析其成因，厘清其形成和演化的脉络，合理地认识和把握其出现的时代背景和现实土壤，才能寻找有效的应对之策。

---

① 张文昌：《青年问题研究——杭市五百七十七高中学生调查表统计结果》，《教育杂志》1936 年第 1 期。

② ［法］皮埃尔·布迪厄、［美］华康德：《实践与反思：反思社会学导引》，李猛、李康译，中央编译出版社 2004 年版，第 63—65 页。

第一节 复杂的现代性与个体化进程

要理解大学生的生活状态，首先要把它放在社会转型期的现代时空背景里。因为新社会秩序带来的生活变化，会在年轻人的生活状态中凸显出来。复杂现代性所带来的社会现实是社会转型、经济转轨与多元文化冲突，这一现实影响了青年群体信仰生成的特殊的“历史时空”。青年群体的价值选择很大程度上受制于社会环境的变迁和现实生活的压力。

一、社会的变迁与个体价值观念的转变

当下中国正处在“百年未有之大变局”之中，复杂现代性的进程使得社会结构呈现出了从单一封闭到多元开放的转变。我国用40余年的时间就完成了西方国家近300年的历史进程，在实现许多跨越式发展和进步的同时，也汇集了许多现代化进程的矛盾。台湾学者金耀基指出，从传统到现代的转型过程是一个动态的“发展的连续体”，“由于中国社会受西方文化之冲击是不平衡的，非系统性的。因此，整个社会充满了差距和矛盾，这种‘文化脱序’所呈现出来的是一个‘混合物’”[①]。他援引了西方学者雷格斯(F. W. Riggs)的话来解释这种转型期的混合状态：“新的与旧的作风的融合，现代与传统观念的重叠”[②]，并把处于转型期的人称为“过渡人”。由于“过渡人”生活在传统与现代的双重价值系统中，因此常

① 金耀基：《从传统到现代》，中国人民大学出版社1999年版，第73页。
② 同上。

会面临一种价值困窘与情感冲突，甚至出现信仰缺失的状态而成为“无所遵循”的人。

复杂现代性作为当前中国现代化发展过程的基本特征，渗透在社会生活的各个领域。复杂现代性，指的是中国正处在现代性转型阶段，作为现代化后发国家，在现代化开展的过程中就已经面临着西方思想家对现代性的批判。比如西方思想家普遍认为，现代性的问题根本上是生活意义和信仰问题。尼采发出了“上帝已死”的呐喊，雅斯贝尔斯揭示了西方社会在现代化过程中的精神文化危机，韦伯则指出现代化就是“祛魅”的过程。中国在现代性尚未充分发展起来时就已经经历了现代性的一系列问题。比如青年群体的“空心病”所折射出来的个人的无意义感与虚无主义，以及精致的利己主义者所反映的青年群体中的“狭隘化的自我”意识。

复杂现代性首先表现为当前中国面临着多元文化及其价值准则的融合和碰撞。具体来说，我国传统文化包含以儒、释、道思想为核心的思想内容和价值准则，潜移默化地影响着当代青年的价值观念，在一定意义上可以成为青年人应对生命意义问题的精神资源。从内部看，这三种子文化是相互交织和碰撞的，如儒家以仁义等伦理观念作为价值追求，以任重道远、自强弘毅的圣人君子为理想人格，而道家主张通过“坐忘”，即遗忘仁义礼乐等世俗干扰来获得思想的纯净与自由，并以清静无为、逍遥自由的真人作为理想人格，佛家则以遁入空门的“禅者”作为修行目标。这些价值追求之间存在冲突和矛盾。从外部看，随着我国不断融入经济全球化，中国传统文化又受到了来自西方许多文化思潮的冲击，西方借助经济和科技优势将自由主义、功利主义以及个人主义等价值观不断渗透到青年群体的价值体系中。正如金耀基所说，中国传统的“信仰系统”在西方文化的冲击下产生了动摇和松弛，但仍然具有一定的吸引力；而西方的信仰系统虽然有可取之处，但亦无法在中国人的心里生根。对处在转型期的中国“过渡人”而言，这种价值困窘尤为复杂。他们既要面对民族精神与西方价值之间的碰撞，又要面临传统文化与现代文明的冲突。在这种新、旧、中、西的“交集压力”下，“过渡人”常陷入一种认同的困境。对处于复杂现代性进程中的青年大学生而言，这种价值认同的困顿尤甚。在这种价值冲突之下，他们可能转而寻求自我的完善，以功利和实用的标准来获得外在的确认。

复杂现代性下的生活具有开放流动的特点。这里的流动是鲍曼所指的“生活的流动”，即人的生活由原来的“固态”的形态逐渐“液化”。这种生活的流动集中体现在现代青年人的生活方式上，也是现代年轻人追求的一种新的生活智慧。不同于传统生活方式的一成不变和按部就班，他们更多选择一种新的、未知的、不确定的生活。他们敢于冒险和尝试，也勇于摒弃传统的一成不变的生活方式。这种流动的生活具有个体性、复杂性、消费性以及功利性。这种生活也被称为一种“游牧”生活。它会让个体凸显出强大的力量，预示着个体拥有更广阔的生活自主选择空间。这种流动性和不确定性也会影响他们的价值判断和标准。个体更加关注自我价值的实现和个人的发展，人与人之间的关联没有固定的规则，一切都在流动和变化之中。这种变化的不居使得生活其中的个体需要不断寻求安全感，其中一个表现就是编织自我的“隔离带”，更加重视个人隐私和独立空间。这就使得他们的生活场域更加分化。

复杂现代性的另一个面向是中国特色个体化进程的展开。斐迪南·滕尼斯(Ferdinand Tonnies)认为，个体化是进步的社会生活的一个倾向，“单一的人愈来愈意识到他的个人人格、他的价值和他的各种个人的目的，即他的各种事务或者利益”[①]，因而要挣脱共同体生活的约束，来获得更多的独立自主和自由。鲍曼曾指出，“把社会中的成员转变为个体是现代社会的特征”“个体分化也如以前一样是一种命运，而不是一种选择”[②]。在个体化新伦理之下，生活品质成为个体的追求。在乌尔里希·贝克(Ulrich Beck)看来，个体化概念包含着三重思想内涵。一是“脱嵌”，指随着制约个人行动的社会结构框架不断松动，个体将从结构性的力量(如阶层、性别和家庭等)的束缚中相对解放出来。二是传统的思想观念和生活方式也会遭受质疑和批判，从而带来传统安全感的丧失。因此，其意思和韦伯的“祛魅”相近。三是“再嵌入”，即通过嵌入社会来创造自己的生活[③]。概括起来，个体化指的是个体在社会结构中具有更多的自由与选择空间；强调通过自身的努力来优先满足个人的需要和利益，而不是把集体利益置于首位；基于自己的信仰、态度和成长的目标来决定生活定位。个体化描述了个体从传统的纽带和社会依赖、监控与强制中解放出来，反映了现代化和后现代发展进程中个体与社会关系的结构性变迁，具有历史发展的必然性。马克思从社会分工的角度分析了这种个体化的社会历史基础，他指出：“这种个人的孤立化，他在生产内部在单个点上独立化，是受分工制约的，而分工又建立在一系列经济条件的基础上，这些经济条件全面地制约着个人同他人的联系和他自己的生存方

---

① [德]斐迪南·滕尼斯：《新时代的精神》，林荣远译，北京大学出版社 2006 年版，第 19 页。

② [英]齐格蒙特·鲍曼：《个体化社会》，范祥涛译，上海三联书店 2002 年版，第 43、45 页。

③ Ulrich Beck, *Risk Society: Towards a New Modernity*, Sage Publications, 1992, p. 128.

式。”[①]这里的经济条件指的正是商品经济所带来的市场交换和社会分工。

改革开放以来，随着市场经济的发展和现代化进程的加快，中国社会也经历着个体化的转型。正如学者闫云翔所说，“去传统化、脱嵌、通过书写自己的人生来创造属于自己的生活，以及无法抗拒的更加独立和个人主义的压力，所有这些西欧个体化特征也同样发生在中国的个体身上”[②]。学者文军的观点有相通之处，他认为，当代中国正经历着“从总体性社会向个体化社会”的结构变迁，个体化社会的来临成为当下社会不得不面对的事实和发展趋势[③]。这种个体化进程给当代中国的社会生活，尤其是给青年大学生的生活带来了广泛而深刻的影响。

首先，这种影响集中体现在个体身份认同的方式发生了转变。个体的身份不再依附于某个集体来界定，而是更多依赖于所处的场域。这种身份的认同方式意味着个体不仅从获得的自然遗传和已有的社会属性等确定性中解放出来，而且打破了政治偏好、社会地位、宗教信仰、固定角色和个性所带来的生活方式的连续性。“个体的曾经稳固的结构朝着开放的、体验丰富的碎片化，并且尤其是不断变化的自我关系发展的液态化，反映了无休止的‘全球性流动’的动态性。”[④]每个人要为自己的角色和行为寻找依据并作出决定，个人的目标及其实现过程都由自己来推动。一方面，这种高度的分化导致个体自主性、选择及产生选择的自由和可能性的

① 《马克思恩格斯全集》第46卷下，人民出版社1980年版，第467页。
② [美]闫云翔：《中国社会的个体化》，陆洋等译，上海译文出版社2012年版。
③ 文军：《个体化社会的来临与包容性社会政策的建构》，《社会科学》2012年第1期。
④ [德]哈尔特穆特·罗萨：《加速：现代社会中时间结构的改变》，董璐译，北京大学出版社2015年版，第265页。

增加。另一方面，自主也成了一种责任，一种不可逃避照顾好自己的责任[①]。个体要在“自己的自我规范和社会责任中重新建立平衡”[②]。这样，个体化可被描述为“发生在现代的实质性的行为选择和生活多样性的开放的过程，在这个过程中不断增加的塑造自己生活的责任逐步地向个人转移”[③]。生活方式由“给定的”变为“选定的”，这也意味着个体需要为自我身份的确定规划承担责任，也会被迫变得更加有远见。

其次，这种个体化也给青年大学生的生活价值观念带来了深刻的影响。“为自己而活”成为青年大学生的生存策略和道德主张。一方面是主体性的觉醒，青年大学生强调自主和独立，追求个性发展和自我实现；另一方面却是个人发展与社会要求的脱嵌。现实情况常常是，大学生缺乏将个人发展融入社会发展的思想觉悟，他们的集体意识日渐式微，越来越不愿意被传统和社会规范所束缚。集体主义文化强调人的互相依存和社会嵌入（social embeddedness），国内外很多研究提供的证据都表明，世界范围内文化和人的心理行为变化的基本趋势是个体主义不断上升，集体主义不断式微。中国社会价值观的变化亦是如此，“与个体主义相关的诸多价值（自主、独特等）日益盛行，而传统社会流行的与集体主义相关的许多价值（服从、内敛等）在衰落；独立建构的自我日益增强，而相依建构的自我不断减弱”[④]。甚至出现了对集体主义的

① Norbert Ebert, “Decent Society: Utopian Horizon or ‘the Way Is the Goal’”, *Thesis Eleven*, 2010, 101(1), p. 77.

② 文军：《个体化社会的来临与包容性社会政策的建构》，《社会科学》2012 年第 1 期。

③ [德]哈尔特穆特·罗萨：《加速：现代社会中时间结构的改变》，董璐译，北京大学出版社 2015 年版，第 267 页。

④ 蔡华俭等：《半个多世纪来中国人的心理与行为变化——心理学视野下的研究》，《心理科学进展》2020 年第 10 期。

一种虚无倾向。集体主义的虚无倾向认为“共同体是个虚构体”，没有看到集体和个人的矛盾统一关系，认为集体主义限制了人们对个人利益的满足，否认集体主义的价值引领地位①。当代大学生成长并面对着市场经济语境下的各种新式利益关系，熟悉并深切感受到市场逻辑所隐含的各种个人至上的价值观念。可以说，市场规则强调凸显主体性的同时，也更关注个人的利益。大学生的生活价值观念深受社会多元利益模式的影响，容易受到多元价值观念的影响，展现出更加个性化的价值取向。他们容易认为集体主义在价值标准上相对“单一化”，轻易质疑集体主义的价值引领作用。这种集体主义的虚无倾向，会滋生极端个人主义、功利主义以及犬儒主义等价值性危机。

二、大众文化与日常生活的联结

当前，我国社会文化背景日趋多元化，大学生的价值取向在接受主流文化显性的塑造之外，也受到大众文化潜移默化的影响。大众文化的本质是“在现代工业社会下，资本以大众消费市场为导向，把商品转化为生活文化、同时把文化转化为商品的一种生产形式”②，即商品“被文化”和文化商品化。作为一种商品，大众文化的消费以审美感性、轻松愉悦、消遣娱乐为主要特点，其本质特征集中体现为消闲和享乐。早在20世纪30年代，本雅明就观察到文化中的消遣娱乐因素：“消遣正在艺术所有领域里变得日益引人

① 马永庆：《集体主义的虚无思想倾向评析》，《中国高校社会科学》2017年第2期。
② 詹福瑞：《大众阅读与经典的边缘化》，《复旦学报（社会科学版）》2014年第6期。

注意,并在统觉中变成了一场深刻变化的征候。”[①]马克斯·霍克海默(Max Horkheimer)和特奥多·阿多尔诺(Theodor W. Adorno)指出了大众文化与日常生活的联结,“文化工业的产品到处都被使用”“没有一个人能不看有声电影,没有一个人能不收听无线电广播,社会上所有的人都接受文化工业产品的影响”[②]。信息时代的当下,尽管大众文化的表现形式发生了很大的变化,但是网络技术和移动媒体的发展,让大众文化和日常生活的联结更为紧密和深入。

大众文化是商业生产的产品,受到市场经济规律的制约。广泛流通和制造利润是大众文化商品的根本属性,可以说,大众文化的背后隐藏着生存竞争和物质诱惑的驱动。大众文化的影响必然会显现在大学生的生活上。“媒体和广告在文化上鼓励年轻人走向某种放任状态,倡导在想象的世界‘信马由缰’,充分享受当下。可以借助这些因素来启动学习,但它们绝不是教育的‘必需品’”[③],要把重点放在任何学习所必需的努力和专注上。诱人的外部环境和无趣的学校生活之间存在一种日渐拉大的落差。“努力并不排斥乐趣,它们可以并行不悖。”大学生文化参与、展现个性与精神平衡的需要,在大众文化的普及性和娱乐性功能中得到满足,同时,大学生的价值取向在消费和享受大众文化中也受到相应的影响。大众文化蕴含的多元价值取向,更新和丰富了大学生的价值观念。

---

① [德]汉娜·阿伦特编:《启迪:本雅明文选(修订译本)》,张旭东、王斑译,生活·读书·新知三联书店2012年版,第262页。

② [德]马克斯·霍克海默、特奥多·阿多尔诺:《启蒙辩证法(哲学片断)》,洪佩郁、蔺月峰译,重庆出版社1990年版,第118页。

③ [法]安德烈·焦尔当:《学习的本质》,杭零译,华东师范大学出版社2015年,第154页。

大众文化具有的娱乐性功能，有利于大学生现实生活压力的排解，一定程度上满足了他们对现代生活理念的精神追求。与此同时，大众文化对感性体验的张扬，在某种程度上会让大学生在价值取向上走向快乐主义和享乐主义。正如弗罗姆所说，“随心所欲，满足一个人所能具有的全部愿望或者说主观需求（极端享乐主义）”①，是生活的心理前提之一。追求快乐的闲暇，自然倾向于无节制的消费、游戏和玩耍。早在百年前，奥尔德斯·赫胥黎在《美丽新世界》中就提醒我们要警惕“对娱乐的无尽欲望”，他担心在未来的社会里，公众会因为沉醉于现代科技带来的种种娱乐消遣，“再也没有人愿意读书”，人们“在汪洋如海的信息中日益变得被动和自私”；“真理被淹没在无聊烦琐的世事中”“我们的文化会成为充满感官刺激、欲望和无规则游戏的庸俗文化”②。当下大众文化秩序把这一预言演绎成了现实，游戏和娱乐就如同赫胥黎所说的“解忧丸”（soma），缓解了大学生现实生活中的压力和烦恼，却可能使他们沉溺于感性的受用，放逐理性审美和批判思考的意义。阿伦特曾经指出，娱乐产业提供的产品满足的只是人的生物需要，甚至让人更深地受限于这种愉悦身心的自然需要，所以娱乐消费中的自由并不是真正的自由。她指出，娱乐产品只是“用来消磨时光，而被消磨的空洞时光（vacant time）不是闲暇时光（leisure time）——严格意义上说，闲暇时光是摆脱了生命过程必然性要求和活动的时光，而是空余时间（left-over time），它本质上仍然是生物性的，是劳动和睡眠之后余下的时光。娱乐所要填补的空洞时

① [美]埃里希·弗罗姆：《占有还是生存——一个新社会的精神基础》，关山译，生活·读书·新知三联书店 1988 年版，第 5 页。

② [美]尼尔·波兹曼：《娱乐至死·童年的消逝》，章艳、吴燕莛译，广西师范大学出版社 2009 年版，第 3—4 页。

光不过是受生物需要支配的劳动循环中的裂缝”①。

第二节 数字生活方式的兴起

随着数字化、网络化和智能化的发展，在传统的物理生活世界之外，数字生活世界日趋成形。而物理生活世界和数字生活世界的连接，使得线上生活和线下生活变得紧密交融，可以说，数字化生活时代已经到来。尤其对作为数字原住民的当代大学生而言，数字化和信息化已经深刻影响到生活的方方面面。其催生的全新的生活方式，尤其是时空秩序的改变和当下的冲击都在潜移默化塑造着大学生的价值观念。

一、数字时间下“漫游”的生活策略

每一种时间形态为相应观念的变迁提供了可能，比如，吉登斯认为“时空分离”所形成的“虚化时空”“凿通了社会活动与其‘嵌入’到在场情境的特殊性之间的关节点”②，从而跳出自身特定的狭隘生存时空，确立现代性的价值观念和行为方式，享受同质化的“快乐和自由”。这种时空新秩序既是现代性观念生成的动力机制，也是现代性价值危机的根源。

从历史上看，从传统的自然时间到线性时间，随着网络信息技

---

① Hannah Arendt, *The Crisis of Culture, between Past and Culture*, Penguin Books, 1977, p.205.

② [美]尼古拉斯·卡尔：《浅薄：你是互联网的奴隶还是主宰者》，刘纯毅译，中信出版社2015年版，第172页。

术的发展，又出现了数字时间。新的时间形式对生活的影响深刻而悄无声息。“现代性”所包含的时间观念是变革过去，现在是具有开创性的，对未来存有乐观的想象。现代社会提倡的一种进步思维也是基于寄希望于未来的时间观念。随着“后”现代社会的到来，对未来的乐观被不断消解，日本学者福山甚至提出了“历史终结的问题”，不断加速的社会让人感受到了生存的不确定、压迫感和危机感。“每日生活中的焦虑感把时间压缩到现在，而现在又是很不稳定的”，人们在生活中感到“我生活在现在，我不知道有未来，也没有过去”。在这种现代与后现代的时间观念交汇中，时间体验的延续感不断被弱化，当这种时间观念以及变化内在于社会生活中并内化为人们的时间意识时，必然体现为个体思考与感受生活的方式，也带来了大学生“漫游”的生活策略。

首先，“活在当下”成为部分青年大学生的价值信条。在这种价值信条里，自由被理想化为根据人的自由意志活在当下。如果要活在当下，就要听从自己当下内心的声音。这是一种宣称生活在此时此地的自由，生活在当下的自由。这种生活策略是“每次度过一天的决定以及把日常生活描述为一系列次要的紧急事件，变成了所有理性生活策略的指导性规则……警惕长期的承诺；拒绝坚持某种‘固定的’生活方式；不局限于一个地点，尽管目前的逗留是快乐的；不再献身于唯一的职业；不再宣誓对任何事、任何人保持一致与忠诚；不再控制未来，但也拒绝拿未来作抵押；禁止过去对目前承担压力。简言之，它意味着切断历史与现在的联系，把时间之流变成持续的现在”[1]。这种信条带来的最大危机是以当下

[1] [英]齐格蒙·鲍曼：《后现代性及其缺憾》，郇建立、李静韬译，学林出版社 2002 年版，第 104 页。

和今天的利益作为价值衡量的标准。鲍曼曾发出叩问："如果今天的价值在明天注定要贬值，那么，人们又如何能关注毕生的成就呢？如果费力学来的技巧在它们变成资产的第二天又变成了债务，那么，人们又怎么能培养自己的生活使命感呢？"①当所有的权利仅仅是一种可能时，当所有的关系仅仅是一种"纯关系"时，当所有的爱仅仅是"易逝的爱"（一旦获得满足后，它就会消失）时，人们又如何在世界中找到认同的意义？

其次，数字时间下一些大学生的生活策略不是"稳定而有内聚力的"，而是非线性的。与线性的、连续的现代不同，数字时间是扁平的和插曲式的。"每一段都从其过去和将来割离开来，每一段都是自我封闭和自给自足的。时间不再如河流，而只是池塘。"②在这种时间新秩序下，部分大学生的生活策略不再是一味地追求积累和进步，他们不需要长程计划、过多的感情投入以及被人事物所牵制，拒绝被束缚和被固定。最重要的是，他们追求即时满足而不是延迟满足。他们生活策略的核心不是建立身份，而是逃避限制。数字时间还带来了碎片化的生活，即"追求最大影响"和"迅速的废弃"。"追求最大影响是因为这个信息注意力饱和的世界变得最缺乏信息来源和一种'令人颤栗'的消息（一个真正海德格尔式的术语），而且是一条比前一条更加令人颤栗的消息（直到下一次震惊出现）；迅速的废弃，是因为当注意力场所被充塞时，它必须被清空，为新爆发的信息腾出空间。"③职业、信念、人际关系网络的稳

① ［英］齐格蒙・鲍曼：《后现代性及其缺憾》，郇建立、李静韬译，学林出版社 2002 年版，第 103 页。

② ［英］齐格蒙・鲍曼：《生活在碎片之中——论后现代道德》，郁建兴等译，学林出版社 2002 年版，第 98 页。

③ 同上。

定性和牢固性在不断式微。人和事物在现代社会失去了一致性、明确性和持续性,持久对象的世界被一次性产品所替代。传统认同建构所依赖的勤奋工作失去根基,人们的现实生活脱离过去的约束,并具有了开放的选择空间。

二、数字联结下疏离的身心状态

流动是数字生活的优点,也是数字生活困扰的来源。一方面,无所不连的数字生活以一种“联结的承诺”[①]缩短了时空距离,摆脱了场所束缚,加强了人们之间关系的密度;另一方面,无所不在的“可及性”模糊了“前台”与“后台”之间的界限,也撕裂了不同表演环境之间的区隔。人们不再受到物理上的束缚,可以无时无刻不与他人保持接触。对此,麻省理工学院教授雪莉·特克尔(Sherry Turkle)指出,我们从未在如此多的时间里与如此多的人保持着联系,但我们也从未如此感到孤寂,我们好像是一个陌生人生活在一个陌生的世界里,数字化联结和社交机器人可能提供了伙伴关系的幻觉,其中没有人们对伙伴关系的真正需要。我们的网络化生活使个体即使在相互连接时也经历着彼此逃避[②]。

传统线下生活与数字生活之间的区分,其实是稳固的现代性与流动的现代性之间的不同。鲍曼曾基于流体与固体的区分描述当下的社会状况与生活。首先,流体在外形上不易保持,而固体则存在于明显的空间维度。流体与固体之间的真正意义差异在于,

---

① Paul Levinson, *Cellphone: The Story of The World's Most Mobile Medium and How It Has Transformed Everything*, Palgrave Macmillan, 2004, p. xiii.

② Sherry Turkle, *Alone Together: Why We Expect More from Technology and Less from Each Other*, Basic Books, 2012, p. 1.

流动的时间与临时占用的空间之别。“在描述固体时，我们可以从总体上忽略时间；而在描述流体时，不考虑时间将是一个严重的错误。”[①]其次，流体的流动能力能帮助它绕过或溶解障碍，还能渗透静止的物体。在遭遇固体时，它完好无缺，而固体却会面临潮湿或被浸透的变化。在这种流动的现代性下，榜样正在替代权威；人们的关系纽带变得脆弱而短暂。此外，主导的生活方式由定居变成游牧。流动的生活下竞争与支配关系不是在“较大者”与“较小者”之间，而是在“较快者”和“较慢者”之间。

数字生活的各种变化带来了身心的疏离，我们失去了和真实自我的连接。“以数字化狂轰滥炸为特点的虚假现在与我们所处的真实当下之间的紧张关系，构成了第二种‘当下的冲击’，我们称之为数字化精神病（digiphrenia）。”[②]这种疏离表现为注意力的分散和时间的断层。从根本上看，这种疏离是源于数字化时间的出现。数字化时间的特点在于快速地流动，反映的是当下和立刻。传统轴心时代和机械式宇宙观时期以历法和日程表来感知时间，而数字化时代人们则更多依据编码的权威性。“我们的自由意志和自主性其实就是某种类型的模拟，我们以为我们所参与的现实其实只是纯信息的预设舞曲。”[③]数字化时代的时间不再是线性的，而是离散的、随时可能被打断的。数字生活中的选择，“它不是从一个时刻过渡到下一个时刻，而是从一个选择跳到另一个选择……直到做出下一个选择，新的现实就会出现在眼前”[④]。但是

① Zygmunt Bauman, *Liquid Modernity*, Polity Press, 2000, p.2.

② ［美］道格拉斯·洛西科夫：《当下的冲击》，孙浩、赵晖译，中信出版社 2013 年版，第 73 页。

③ 同上书，第 82 页。

④ 同上书，第 108 页。

这种数字化选择具有不连贯性，会破坏我们生活中的当下参与感。当数字自我与肉身自我存在于不同的时间轨道时，就会产生一种身心的疏离。因为我们的肉身自我仍然要遵循一些自然时间的限制。身体的新陈代谢遵从着一种内部节奏，也会对日出日落、季节变化等自然节律做出反应。我们的身体无法被程序化。尽管科技让我们在时间安排上有了更多的选择，但是人的身体无法像科技一样快速适应变化。当我们破坏那种与大自然保持和谐共存的节律时，我们就会陷入抑郁、焦虑等身心的疏离状态。

当数字化成为基本生存方式时，部分大学生的身心也变得异化疏离。异化这一提法源于马克思。在马克思那里，异化指的是人的对象性活动与生命本身的疏离。罗萨从社会加速的角度提出了新的"异化"现象，他认为增长逻辑的强化带来了科技、社会以及生活节奏的不断加速，从而导致人们与时空、自我和社会的疏离与异化。"在数字化的'全球化'时代当中，社会亲近性与物理邻近性之间越来越脱节了。那些与我们有着亲密的社会关系的人，不必然在物理距离方面也离我们很近，反之亦然。同样的，社会相关性也与空间邻近性脱节开来。"[①]鲍德里亚也曾说，"我们被技术操纵简单化了。进入数字操纵阶段之后，这一简单化进程变得疯狂起来"[②]。置身在琳琅满目的数字场景中，一些大学生被一种持续增强的"匆忙感"和日益显著的虚无感所支配，他们缺乏自我规划的自主性和对数字联结的反思性，从而陷入无止境的忙碌与内耗中。

大学生数字生活的一个典型表现是多任务处理，这种分散资

① [德]哈特穆特·罗萨：《新异化的诞生——社会加速批判理论大纲》，郑作彧译，上海人民出版社2018年版，第118页。

② [法]让·鲍德里亚：《为何一切尚未消失？》，张晓明、[法]薛法蓝译，南京大学出版社2017年版，第88页。

源的做法可能会让一部分大学生患上数字化心理病症。斯坦福大学认知学家克里福德·纳斯的研究指出，即使最聪明的、自认为能完全胜任多任务处理的大学生，在多任务处理时的表现，也远远差于专心致志做一件事时的表现。越来越多的任务窗口、越来越多的待处理选项都在消耗着我们有限而稀缺的注意力资源。“阅读、沉思等需要深入的认知让位给了互联网上那些更加表面化的、急速的、强迫性的活动。”①数字生活的另外一个典型表现是时间的压缩，上紧发条的结果就是压力、狂躁和损耗的加剧，表现为一种当下主义的生活方式。这种生活方式试图把一个较长的线性过程压缩在单个流动的时刻中，好比存储在内存里，各种程序在这种主动式存储器中不断运行，没什么东西值得永久保存。人们面对的是一种短暂的永恒，与历史感越来越远。部分大学生缺乏独处的时间和空间，他们来不及思考，没有时间来寻找自己。同时，他们不断追逐最新潮流，通过不断消费购买来试图挤进这个世界。似乎只要登上当下创新或时尚的巅峰，就能帮助自己获得当下的真实，进入想象的幸福场景。

第三节　教育精神的转变与竞争逻辑的蔓延

从追求“大道之知”到关注生存之道，教育精神的古今之变背后，隐匿着教育生活中价值追求的古今之争。而竞争文化在学校生活中的蔓延，更是直接影响着当代大学生的精神境况和价值

---

① [美]道格拉斯·洛西科夫：《当下的冲击》，孙浩、赵晖译，中信出版社 2013 年版，第 122 页。

选择。

一、教育精神的古今之变

从历史起源上看，古典教育的精神是为了追求“大道之知”。所谓大道即天下，“大道之行也，天下为公”(《礼记·礼运篇》)。对中国古代先贤来说，秉习圣贤学问是为了修身立人、安身立命乃至世道大同。《中庸》曰：“天命之谓性，率性之谓道，修道之谓教。”在儒家看来，人秉承天命所赋予的天性，遵循这一天性并培养修道才是教化。孔子回答“为学何为”时也说“君子不器”(《论语·为政》)。在孔子看来，君子学问之道不在于工匠谋生之学，而在于修身成人之道。《大学》曰：“大学之道，在明明德，在亲民，在止于至善。”古典教育的追求正是追求至善和通达大道。正如宋代学者胡瑗在《周易口义·卷四》中所说，“君子之人，则当求圣贤之道，学圣贤之事业。广其视听，大其知识以充己之道。上思致君，下思利民，而成天下之事业，则君子之道毕矣”。因此，大道之知指一种形而上的哲学思考，而非狭隘实用的知识。求大道之知的教育是不为功利和谋生，而为了通达人生理想和生命意义之境。而就西方先哲来说，教育的精神核心是基于一种城邦的公共精神。那时候的知识排除了私人目的，以城邦生活为目的，因此关注的是公共议题而非个人事务。为此，希腊城邦为公民所提供的教育，不是以谋生为目的，而是为了追求卓越和实现抱负。“博雅教育”“自由教育”以及“自由七艺”都是宝贵的古典教育遗产。以博雅教育为例，其追求的是灵魂的高贵，即教会人过一种“神性”的生活。

随着近代以来知识不断学科化和专业化，知识观也由“哲学”向“科学”转型。学校作为传授知识的场所，也由培养学生对广博世界的兴趣转向对技术世界的探究。教育也因此转向关注生存之道。正如曼弗雷德·富尔曼(Manfred Fuhrmann)所说,“当今学校的主要任务是为生活实践和未来就业做准备。一切教学内容今天均被置于‘是否有用’的标尺之下。这里的‘有用’一般被理解为是否能为个人带来物质利益”[①]。当教育缺乏足够广博的眼界时,就容易不恰当地宣扬狭隘的自我中心主义,而不是培养世界认同感和同情心。查尔斯·泰勒(Charles Taylor)在讨论关于现代性的隐忧时指出,“目标的丧失是与一种狭隘化相联系的。人们因为只顾他们的个人生活而失去了更为广阔的视野。托克维尔说,民主的平等把个人拽向自身,‘导致个人将自己完全封闭在内心的孤独之中的危险’。换句话讲,个人主义的黑暗面是以自我为中心,这使我们的生活既平庸又狭窄,使我们的生活更缺乏意义,更缺少对他人及社会的关心”[②]。与生活被平庸化和狭隘化相连的是一种可悲而变态的自我专注。

二、竞争文化在教育生活的蔓延

从人的实践本能看,竞争与合作都是人与人交往的基本方式。竞争是现代人生存与发展的基本途径。如前所述,现代教育主要的功能是为了让人掌握实用的生存技能。由于生存发展需要占有资源,而资源总是相对有限的,因此需要竞争作为推动人类进步动力的来源。从我们一开始上学,就得面对人与人之间的正常比较

① [德]曼弗雷德·富尔曼:《公民时代的欧洲教育典范》,任革译,人民出版社 2013 年版,第 118 页。

② [加]查尔斯·泰勒:《现代性之隐忧》,程炼译,中央编译出版社 2001 年版,第 4—5 页。

的过程。阿伦特曾指出，现代大规模教育的代价之一是把儿童过早地抛入同龄群体中，因而使其过早地面对同龄人之间的竞争关系。知识经济的到来让教育生活中竞争文化蔓延开来。在知识经济中，财富和繁荣依赖于人们的许多能力，其中很重要的一个能力是以创造发明和聪明才智来胜过竞争对手的能力。尤其是教育的选拔制度以及优秀教育资源的相对稀缺，更是加剧了这种竞争文化。“学校和教师肩负的不是全力培养学生同情心和团体性的使命，而是被挤压进考试分数、成绩目标和考核排名等狭隘视域的死胡同。”[①]不论是同学之间、老师之间、班级之间还是学校之间都面临着排名与相互比较。“竞争从经济中心发射光波，所有活动，包括爱、社会关系和游戏都不能幸免于竞争的侵入。因此，竞争是我们文化中每个人的问题，已经是‘神经性冲突’永不停歇的中心。”[②]

竞争逻辑在教育生活中的蔓延带来了相应的后果。首先，竞争意味着一种有条件的承认。而这种有条件的承认是学生精神焦虑的主要根源。教育的理想总是希望每一位学生都能得到平等的尊重和无条件的承认。然而，现实情况是，作为人所拥有的价值经常取决于我们获得的成功与成绩的程度。我们是谁，以及我们希望从别人那里赢得多少尊重，经常与我们表现出的优秀程度成正比。在学校里，成绩更好的同学更容易得到赞赏和认可，而成绩差的学生所收获的成功和认可是有限的。正是教育生活中的竞争逻

① [美]安迪·哈格里夫斯、熊建辉:《知识社会中的教学与不安定时代的教育》,《全球教育展望》2006 年第 6 期。

② Matthew Fox, *A Spirituality Named Compassion: Uniting Mystical Awareness with Social Justice*, Inner Traditions Bear Company, 1999, p.70.

辑塑造了我们的成就意识形态(achievement ideology)[①]。成就意识形态把学生区分为三六九等,一方面是对成功和认可的追求,另一方面是缘于资源的相对稀缺,这意味着我们必须与伙伴和朋友竞争,以分享社会的优势资源。整个学校教育也在灌输并强化"成功是有限的"这种观念。为了有限的成功,我们不得不打败其他人。这种有条件的认可意味着对自尊的一种威胁,而由此产生的不安全感,会使学生笼罩在焦虑和恐惧之中。在产生恐惧的竞争激烈的教育背景下,人人被恐惧的情绪包围,心态变得不再平和。心理学家罗洛·梅(Rollo May)在《焦虑的意义》一书中也指出,早在文艺复兴时期,强势的个人把社群视为自己的名利竞技场,"成功注定是竞争性的。整个文化系统都在奖励自我觉察,方法是要比他人优越或胜过他人"[②]。在这种竞争心态之下,"心理压力和缺乏正面的社群价值"[③]会造成过度的个人主义。当这种竞争性个人主义成为现代社会的一种文化模式时,历经学校生活的学生的精神境况也会受到影响。

其次,竞争逻辑下人与人之间的对抗性关系还带来了道德的冷漠。当学校通过各种各样的测验和排名来推动学生之间的较量时,学术能力成为一个人价值的主要衡量标准。学业成绩表现不佳的同学体验到更深的自卑感和自我怀疑,他们无法客观公正地评价自己,甚至成了众人疏远和愤怒的焦点。因此,在某种程度上,竞争逻辑下的学校教育否定了一个人的完整性和价值。作为

---

① Shapiro H. S., *Losing Heart: The Moral and Spiritual Miseducation of America's Children*, Lawrence Erlbaum Associates Publishers, 2005, pp. 54 - 55.

② [美]罗洛·梅:《焦虑的意义》,朱侃如译,广西师范大学出版社2010年版,第153页。

③ 同上书,第155页。

一种对外部评价的适应性策略，我们需要为了获得个人价值感而奋力拼搏，而人与人之间的竞争关系是不可避免的，因为总是要通过击败朋友和同学来证明自己的价值。教育被概念化为一种孤独和自主的经验，缺少相互联结和共同合作的过程。竞争逻辑下的教育生活鼓励每个人在竞争中走自己的路，这就强化了个人主义和自给自足的价值观念，从而削弱了仁爱、同情和关怀等道德感。竞争通过隔离自我，将自我窄化为只是与其他自我争斗这一维度上，以至于否定共享和仁慈的意义。现在的PK、卢瑟(loser)等流行语从一个侧面反映了学校里的输赢文化，折射出竞争环境下的人际隔离。

最后，学校教育倡导一种竞争式的个人成功，强调对更多资源和机会的占有，会使学生养成"占有"式的生活方式。这种竞争伦理在学校生活中的泛化，使教育失去了公共和合作的逻辑。在这种竞争伦理支配下，学生常常处于一种狭隘的个体化状态下，缺乏友善和关怀的公民美德。"教育不会把人看作参与公共生活的公民主体，而是看作进行市场利益竞争的个体人。这一现代模式使得教育越来越工具化和实用化，越来越个体化，个人贡献于共同生活、公共善的公共德性和理性不是制度养育和教育的目标，教育不会把共同的公共生活看作实现德性砥砺的途径和心灵教化的方式，而是把个人市场化价值的竞争能力的培育看作教育的根本目标。这就造成教育的公共性的失落，造成公共人的衰落。"①教育公共指向的失落和人的个体化，导致各种游离公共生活的心态，如即时享乐、玩世不恭以及冷漠隔绝的心态，现实生活中，一些大学生屈从于自我实现的某些虚浮之辞，忙于规划职业和处理关系。

---

① 金生鈜:《公民的伦理身份及其养成》,《北京大学教育评论》2014年第2期。

但是，这种生活缺乏崇高的精神品格，活命哲学取代英雄主义。

第四节　自我认同的实践困境与生活变迁的精神表征

就青年大学生这一价值主体而言，他们自我认同的实践与内在自我的精神表征，也是其价值困惑和迷茫的根源。

一、自我认同的实践困境

自我认同是青年发展的核心。自我认同程度直接关系一个人生活欲求的焦点和价值体系的基础。自我认同的危机是青年自我发展需要面对的问题，其直接影响青年大学生的价值选择。另外，当下青年大学生的青年角色意识与理想青年形象之间的错位，也是其价值冲突的根源。

（一）自我认同的危机

生活方向的确立取决于每个人对自我的认识。自我认同是对自我身份、自我价值以及自我与他人、社会之间关系的一种肯定。在发展自我认同的过程中，常常伴随着一些冲突和矛盾。爱利克·埃里克森(Erik H. Erikson)指出，自我认同的两种极端情况，一是多余的自我认同，即个体过度卷入某种文化角色而排他地坚持自己是对的。这种过于自我的状态容易导致自我中心。二是欠缺的自我认同，指的是个人拒绝融入社会主流价值规范中和承担自己应有的角色，这是一种对自身认同需要的否认。玛西娅·约翰逊(Marcia K. Johnson)在埃里克森自我认同理论的基础上,用预先完成(foreclosure)与认同弥散(identity diffusion)来对上述两种形式进行了拓展。她认为,处于"预先完成"状态的青年容易附和别人而缺乏自主意识,极力寻求他人的认可并缺少思考。而处于"认同弥散"状态中的青年则很难找到自我,常常处于一种无所依附的状态。我国学者张日昇和陈香则认为,青年自我认同的问题突出地表现为两个方面:一是自我意识的冲突,即主观我与客观我、理想我与现实我的矛盾;二是对自我与社会之间关系的认识偏差,指的是在社会中无法确认自身价值和生活意义,无法获得归属感和连带感[①]。

自我认同危机将会通过青年大学生的价值取向和生活选择表现出来。当找不到自己的出发点和立足点时,他们的自我发展和自我实现将会失去根据和方向。失去方向的生活也难以找到奋斗的动力和信念的支撑,并表现为一种无意义感和无价值感。安东尼·吉登斯曾说:"该做什么?如何行动?成为谁?对于生活在晚期现代性的场景中的每个人,都是核心的问题。"[②]"在晚期现代性的背景下,个人的无意义感,即那种觉得生活没有提供任何有价值的东西的感受,成为根本性的心理问题。"[③]个体面临着生活的无限生成状态与生命的有限存在之间的悖论,这种悖论的强化,也带来了个体自我认同的危机。泰勒在《自我的源泉:现代认同的创制》中,把这种认同危机解释为,"人们经常用不知他们是谁来表

① 张日昇、陈香:《青少年的发展课题与自我同一性——自我同一性的形成及其影响因素》,《河北大学学报(哲学社会科学版)》2001年第1期。

② [英]安东尼·吉登斯:《现代性与自我认同——现代晚期的自我与社会》,赵旭东、方文译,生活·读书·新知三联书店1998年版,第80页。

③ 同上书,第9页。

达，但这个问题也可以视为他们的立场的彻底的动摇。他们缺少一种框架或视界，在其中，事物能够获得一种稳定的意义，某些生活的可能性可以视为好的或有意义的，另一些是坏的或不重要的。所有这些可能性的意义是不确定的、易变的，或者未定的。这是一种痛苦的或恐惧的经验”①。

自我的茫然和迷失、自我的怀疑和否定等自我认同危机，使得大学生离本真的自我状态越来越远。本真的自我状态是“人之为人”价值的体现，是人与自身、与整个世界及其代表的意义和谐一致的体现。然而，现代社会用“媒介技术操作的赝象”把一切意义“规定为可消费的”（鲍德里亚语），当商品和消费的逻辑介入生活的各个领域中时，大学生通过物化和肤浅的快乐满足身份的幻想，与自己的真实需要离得越来越远，得到的只是与真实的自己相分离的幻觉和虚假的满足。也就是说，商品拜物行为使现实的自我状态与本真的自我变得疏离，拥有能够让生活更美好的商品成为人生目标。衡量自我发展的标准不是自我提升与自我发展，而是用金钱购买的“好玩”和“品味”。以校园时尚消费为例，消费在满足学生的正常需要之外，还通过符号编码提供身份区分，成为大学生身份建构和认同的重要手段。价格昂贵、风格独特、流行时尚、名牌效应成为消费目标；超前消费和透支消费成为现代的消费理念，购买和拥有取代创造和发展，成为大学生自我建构的方式。然而，这种消费呈现的自我身份并非本真的自我，带来的愉悦体验并非持久的快乐。真正持久的快乐是一种蓬勃的活力状态，发生在我们与世界、我们同自己保持建设性关系的过程中。“快乐在于我们

---

① Charles Taylor, *Sources of the Self: The Making of the Modern Identity*, Harvard University Press, 1989, p.28.

触及现实的坚定的实质，发现自我以及同他人的一致与差异。”[①]

（二）青年角色的错位

“空心病”是一种个体生活意义缺失而表现出的空无的心境状态。在心理学上对应的是抑郁症。抑郁症的集中表现是社会退缩、情感隔绝和兴趣减退。值得重申的是，空心和抑郁症都不能被用来随意对当下大学生的精神生活标签化和污名化。空心化不是一个独立的青年现象，它的存在其实在提示着我们，青年群体的生活方式及其价值选择，与主流社会对青年的角色期待存在着一定的张力。

中国文化意义上的青年，源自梁启超的《少年中国说》，“少年智则中国智”“少年强则中国强”，鼓舞和激励了广大青年学子和一批革命志士。“少年中国”的思想和观念，为五四精神的提出和传播提供了充足的土壤。新文化运动中，陈独秀在《青年杂志》（后更名为《新青年》）的发刊词《敬告青年》中提出了“青年”这一身份类别和角色期待。作为国家命运的担当者，青年必须担负起使命；与此相适应，青年还必须具备多种能力，即自主的而非奴隶的，进步的而非保守的，进取的而非退隐的，世界的而非锁国的，实利的而非虚文的，科学的而非想象的。[②] 随后，青年群体在五四运动中被不断赋权，并与民族希望相互表征。正是在一种革命性的语境中，青年这一代际符号获得了身份，并被赋予了担当民族和社会发展的责任和使命。中国共产党“自从成立以来就一直把青年作为一支重要的生力军……形成中国共产党与广大青年之间新型的、特

① ［美］E. 弗洛姆：《健全的社会》，孙恺祥译，贵州人民出版社 1994 年版，第 162 页。
② 陈独秀：《敬告青年》，《青年杂志》1915 年第 1 期。

殊的政党与青年关系”①。毛泽东把青年比喻成早晨八九点钟的太阳,认为青年是社会中最积极最有生气的一部分力量。习近平指出:“青年是引风气之先的社会力量。一个民族的文明素养很大程度上体现在青年一代的道德水准和精神风貌上。”②可以说,青年的主流形象谱系,塑造了社会大众的“青年崇拜”心理。

然而,当下青年大学生的青年角色意识,与理想青年的形象之间存在着错位。理想青年说到底是被给予和派定的,它更多来自社会力量以及成年人的角色期待和意义规定,而不是主要来自青年人内部。随着社会的变迁,思想观念更加开放多元,青年角色朝着更加个性化和多元化的状态发展。脱去了扮演理想青年角色的包袱,当下大学生更加关注心理欲求、自我权利、精神自由以及生命的原初意义。“丧”“佛系”“空心”等青年现象,代表的是理想青年的角色消失。“‘青年消失’的实质,是以‘角色化’为塑造机制、以理想青年为代表类型的青年形象、青春想象发生了断裂。”③当青年大学生以“空心”与迷失的形象呈现自我时,其实意味着一种自尊和自信的缺失,使其有可能陷入一种“异化的自我治理”,他们放弃了社会的期待与历史的使命,失去了对崇高理想与自我超越追求的精神动力。

二、生活变迁的精神表征

价值观念的变化,在其现实性上源自生活实践的变迁。对大

---

① 佘双好、张春枝:《从“青春崇拜”到“青年问题”——中国社会青年观历史演变与发展趋势》,《北京青年研究》2014 年第 2 期。

②《习近平谈治国理政》,外文出版社 2014 年版,第 52 页。

③ 金理:《“佛系青年”与“青年消失论”》,《探索与争鸣》2018 年第 4 期。

学生而言，习惯性被动的生活方式，导致了他们对自由的误读；而游牧式的不确定生活方式，也引发了他们的渴望与恐惧。

（一）习惯性被动：自由的误读

闲暇这份礼物，可能会被那些从来没有经历过闲暇的人糟蹋。只有一部分人会创造性地利用闲暇。我国大学生在经历高考之前几乎鲜有闲暇，高考作为生活意义的指引，给了日常生活秩序以合理性，也带来了相应的价值系统。上了大学之后，闲暇时间的骤然增多改变了大学生惯常的生活秩序，他们生活兴趣的核心和价值来源发生了转换。借用社会学研究中"生命历程"理论的说法，大学生的生命历程已经由"标准生命史"转变为"选项生命史"。读大学以前，生活是"被给定的"，在具体的时空点做特定的事情。这种由家长和学校安排设定的，对个人的行动进行一定规范和限制的生命历程，就是"标准生命史"；而进入大学之后，时间的增多意味着更开放的空间与更多的自由，个人的生命活动和生活方式在"给定"的安排之外，个人可以根据自己的兴趣与态度选择不同的生活方式。这部分生命历程，可以称之为"选项生命史"[①]。生活以全然不同的方式展开，大学生在追求自我主宰和自我选择的同时，也可能遭遇生活价值的迷失。

不可否认，大学生获得了一种摆脱学习禁锢的自由感，但我们也应注意到，这种自由并非仅仅是消极意义上的休息放松与无所事事，甚或沉溺于游戏娱乐，更是个体在摆脱外在束缚之后，实现生命潜能释放和全面发展的自由状态。以赛亚·伯林把自由区分

---

① 王小章：《论焦虑——不确定性时代的一种基本社会心态》，《浙江学刊》2015 年第 1 期。

为“免于……的(free from)”消极自由和“去做……(free to)”的积极自由。前者意味着摆脱外在的束缚和约束,后者意味着主体的选择与行动。对大学生而言,前一种自由意味着从父母和建制化学习环境的外在压力中摆脱出来,但是如果仅仅停留于此,那么闲暇就难免变成“无所事事”,反而会让他们陷于迷茫和虚无。后一种自由强调对“内心之爱”的追寻,是一种出于喜欢而非义务的自主选择。这种自由也并非只是对自然快乐的追求,在现实情境下,当把“喜欢”“玩得开心”作为闲暇活动的标尺时,这种自由只会限制他们创造性的发挥和自我价值的实现,也有损于人的完整性。

大学生的生活价值的迷失,正根源于对自由的误读。当他们把娱乐世界的自由当成是全部的自由,把娱乐参与当成是公共参与,把自我表达和个性展现投注于娱乐活动中时,所谓的自由、参与以及自我表现其实只是一种虚幻。正如弗洛姆所指出的,这些年轻人“只知道摆脱束缚而获得自由,不清楚自由的目的,他们尚未完成从前一种自由向后一种自由的飞跃。他们造反,却没有一个可以指导他们行动的目标,他们唯一的愿望是摆脱一切愿望和依附性”。

(二) 游牧式生活下的渴望与恐惧

在当前社会快速变迁和转型阶段,新媒体发展所提供的数字生活空间,为青年大学生的自我认同提供了新的平台,不仅影响着他们自我认同的形态,而且也塑造着他们的价值观念。青年大学生的自我认同呈现一种“主动建构”的特征。首先,大学生的主体意识不断强化,他们可以决定何时何地使用线上内容和进行在线交流。一种无处不在的可访问性,强化了他们的自主性感知。持续在线和联结的感觉,表达了他们的一种自决和自主倾向。这种增强自主性的生活形式，可以一定程度上提升他们的幸福感。然而，更多时候，这种持续在线的生活风格不是自我决定和自主行为，而是外在压力的结果。可随时在线的数字生活创造了新的社会期望，持续可联结成为一种集体共享的内部连接规范。从一种美好生活（eudaimonic well-being）的维度[①]看，在社会压力和对被排斥的恐惧等驱动下，这种持续在线是一种外部控制行为，而非内在动机的表现。社会压力显著降低了在线互动过程中的自主性，导致快乐受损和积极影响水平降低。当然，这种持续在线也可能出自个体害怕错过一些奖励性社交活动的恐惧，增加了主体的脆弱性，这种外部压力和内在恐惧的双重驱动，势必影响到青年大学生的自我感知。

其次，一种不谋面的在线交流与数字亲密，改变了自我建构的结构。他们可以在数字空间里自由随意地设定自我，在多样的可能性中体验自我，在多重身份中叙说自我。自我处于一种流动和"脱域"状态中。法国社会学家米歇尔·马费索用"游牧生活"（nomadisme）来形容被技术所塑造的生活。游牧，人在光明与昏暗的交界行走，正如同人在数字虚拟世界与现实物理空间之间游弋。游牧还有另一层意思，指的是当代青年如同生活在一个大平原，没有明确的方向和道路，只能逐水草而居。这种机遇与风险并存的不确定状态也转化为他们身上向往自由与不安全感之间的纠葛。美国华裔人文地理学家段义孚曾指出，"人类既需要空间，又需要地方。人类的生活是在安稳与冒险之间和依恋与自由之间的辩证运动。在开放的空间中，人们能够强烈地意识到地方。在一

① Vorderer P., Hefner D., Reinecke L., Klimmt C., *Permanently Online, Permanently Connect: Living and Communicating in a POPC World*, Routledge, 2017, pp. 233 - 241.

个容身之地的独处中，远处空间的广阔性能够带来一种萦绕心头的存在感”[①]。他认为，真正的自由以归属感为前提，空间的开放与自由也可能意味着不安全。鲍曼也认为，自由与确定性之间具有一种充满张力的矛盾关系。“确定性和自由是两个同样珍贵和渴望的价值，它们可以或好或坏地得到平衡，但不可能永远和谐一致，没有矛盾和冲突。”[②]不安全感让青年大学生倾向于向内求解，通过不断自我迭代和更新提升流动迁徙中的竞争力和适应性。向往自由与渴望归属和安全的需要同时并存又相互拉扯，引发了青年大学生对生活的迷茫和困惑。

---

① [美]段义孚:《空间与地方:经验的视角》,王志标译,中国人民大学出版社 2017 年版,第 44 页。

② [英]齐格蒙特·鲍曼:《共同体:在一个不确定的世界中寻找安全》,欧阳景根译,江苏人民出版社 2003 年版,第 7 页。

第五章

为了美好生活：大学生价值导向的实现

每个时代个人价值取向的困惑和失落并不是单纯源于个人主观的因素，从根源上看，是对整个社会价值坐标震荡的反映。当代中国正处在快速变革的社会转型时期，人们的生存方式和思想观念发生了深刻的变化，不可避免形成了各种各样的价值取向和追求。社会上多元价值的并存也带来了大学生价值选择上的困惑与迷失等问题。因此，要解决大学生的价值失落问题，就需要从根本上确认当代中国的价值理想，这是大学生价值导向要解决的根本性问题。

首先，大学生价值导向要以符合我国社会发展的整体价值目标为根本依据。“所谓的‘价值导向’，就是以社会的名义所提出的价值要求，又以社会的名义引导每个个体认同这种价值要求；所谓的‘价值取向’，则是基于个体的价值要求，对社会的价值要求的认同或拒斥的基本态度。”①也就是说，价值取向是相对于个人这一主体而言，而价值导向的主体则是社会。从普遍性上来看，社会的发展是以符合人类的进步发展、满足人类的整体需要作为价值尺

① 孙正聿：《我们到底要什么？——培育和践行社会主义核心价值观的现实要求和理论依据》，《光明日报》2015 年 9 月 9 日。

度。这是最高的价值理想和最根本的价值导向。个人的价值取向要受这一价值理想的制约和规定。由于个人认识的多样性，个人的价值取向具有多元化的特点，这样不可避免会出现个人价值期待与社会价值目标之间的矛盾和冲突。为了让个人价值取向符合社会的整体价值理想，就必须进行价值导向。“价值导向就是将客观规律、理性事实和社会价值体系引向个人和群体的价值意识之中……促使主体价值观念、价值取向和价值选择建立在客观事实和合乎社会发展趋势的基础之上，保障价值追求取得成功。”①

其次，由于社会总是通过一定的时代性内容来表达价值理想，因此需要引导个人来认同这种价值要求。习近平指出：“人民对美好生活的向往，就是我们的奋斗目标。”②这一奋斗目标表达了新时代下我国社会的价值追求。美好生活的全面性、时代性和多维性也对大学生价值导向提出了新的历史使命和现实要求。我们不仅要引导大学生以坚定的理想信念筑牢精神之基，发挥社会主义核心价值观的引领作用，还要加强对大学生美好生活观的规范和引导，促进大学生将个人层面的美好生活需求与社会的发展、国家的繁荣与民族的复兴紧密融合起来，让大学生在民族复兴历史征程的奋斗拼搏中，感受生活的获得感、满足感与幸福感。

第一节　大学生价值导向的基本原则

在新时代的历史条件下做好大学生的价值导向，需要坚持以

① 唐日新等主编：《价值取向与价值导向》，中南工业大学出版社 1996 年版，第 17—18 页。
② 中共中央文献研究室编：《习近平关于全面建成小康社会论述摘编》，中央文献出版社 2016 年版，第 129 页。

下基本原则:以历史唯物主义为指导思想、以中华优秀传统文化为精神根基、以社会主义核心价值观为主导价值、以习近平青年奋斗观为时代内容。

一、以历史唯物主义为指导思想

历史唯物主义是我们在美好生活视域下认识价值问题、对大学生进行价值导向的哲学依据。历史唯物主义坚持人的社会存在与社会意识的统一。首先,作为一种社会意识,价值观念的内容是对现实生活的反映。人的精神世界要以实践活动作为现实基础。恩格斯指出,人的思维"按它的本性、使命、可能和历史的终极目的来说,是至上的和无限的;按它的个别实现情况和每次的现实来说,又是不至上的和有限的"①。其次,社会现实生活的变化也会带来价值观念的变化。马克思指出,"人们的观念、观点和概念,一句话,人们的意识,随着人们的生活条件、人们的社会关系、人们的社会存在的改变而改变"②。生活意义的丰富和完整,要在社会历史的发展进程中得到实现和完成。因此,根据历史唯物主义的理解,要引导人们确立某种价值理想,不能仅仅停留于抽象的意识领域进行玄思冥想或者精神想象,而是要在现实生活和社会关系的整体性改变中,在合规律性和合目的性相统一的社会历史进程中创造条件。

同时,历史唯物主义把价值理想的个人性和社会性统一了起来。作为历史唯物主义指向的最高价值目标,共产主义是自由人

① 《马克思恩格斯选集》第 3 卷,人民出版社 2012 年版,第 463 页。
② 《马克思恩格斯文集》第 2 卷,人民出版社 2009 年版,第 50—51 页。

的联合体,人是社会存在物,而社会是“联合起来的个人”。“每个人的自由发展是一切人的自由发展的条件”,这种价值理想既是个体自由个性的实现,也是具有普遍意义的社会理想。共产主义价值理想的实现,是“在实践改造世界的基础上所实现的人生境界的跃迁,是人的社会性本质不断提升从而赋予自己的存在以更为普遍的社会意义的创造过程,是人类精神在实践的历练中自我升华而趋赴自由和崇高的伟大事业”[①]。

历史唯物主义把人的现实性和超越性统一了起来。人的存在是社会历史性的,人通过实践活动来改变现实生活条件而实现自身与社会的发展。人的现实性和超越性本身就存在统一于实践活动之中。基于此,超越精神的本体论基础是人的实践活动本身,而不是外在于人的存在物。实践活动为人的自身发展和自我超越提供了可能空间。体现生活超越性价值的根基在于现实生活,所指向的对象既不是神,也不是有限之物,而是处于社会历史发展过程中的人本身。精神上的超越性被赋予了人学意蕴和内在能动性。人是自然性和超越性的内在统一,人正是在社会历史实践中不断否定现存自我,才能实现精神上的超越,集中表现为人的自我生成、自我解放、自我确证和自我实现。可以说,历史唯物主义立足于社会历史的辩证观,把物质生活与精神生活内在地统一起来,敞开了一种基于实践基础上的内在超越和富有张力的精神境界。所以,历史唯物主义所理解的历史进程,是在尊重自然客观规律的基础上,向着一种更高的价值,不断趋近人的自由个性与全面发展的过程。

根据历史唯物主义观点,实践生活是青年价值观念形成与发展的根基,所以要引导当代大学生的价值追求,需要通过社会实践

---

① 庞立生:《历史唯物主义与信仰精神的革命性变革》,《哲学研究》2020 年第 9 期。

不断确证、发展与完善价值观念的内容。习近平指出，实现“两个一百年”奋斗目标的历史进程，将贯穿千千万万当代青年成长发展的全过程。在新时代历史条件下，中国特色社会主义的生动实践是青年大学生价值理想的生成场域。因此，做好大学生的价值导向，一方面，要引导学生在实践中成长。正如习近平所说，青年要成长为国家栋梁之材，既要读万卷书，又要行万里路，既多读有字之书，也多读无字之书，注重学习人生经验和社会知识。坚持知行合一，在实践中学真知、悟真谛，加强磨炼、增长本领。另一方面，要引导学生不断树立为共产主义远大理想和中国特色社会主义共同理想而奋斗的信念和信心。引领青年大学生正确认识实现中华民族伟大复兴的历史合理性，“自觉将其作为认识衡量近代以来中国全部问题的根本价值尺度”①。

二、以中华优秀传统文化为精神根基

中华优秀传统文化中蕴含着一系列为人处世的价值观念和道德规范。在新时代的历史条件下，要充分汲取传统文化中的精神资源，结合时代要求进行创造性转化和创新性发展，以更好筑牢青年大学生成长成才的精神根基。

第一，要从传统文化的明德修身中提升青年精神追求的境界。中华传统文化推崇修身立命和明德求善，这种内在超越的精神追求，是青年大学生完善个人修养和德行的精神源泉。儒家先贤孔子提出“吾日三省吾身”(《论语·学而》)，荀子亦有言：“见善，修然必以自存也；见不善，愀然必以自省也”(《荀子·修身》)。都强调

① 杨晓慧：《习近平青年价值观教育思想论要》，《马克思主义研究》2017 年第 11 期。

了自省对道德修养的重要性。古人的修身主要以自律为基本模式，《中庸》云：“君子慎其独也。”唐人陆贽讲：“君子慎初，圣人存戒。”司马光在《资治通鉴》说：“尽小者大，慎微者著。”不同时期的代表人物分别阐释了慎独、慎初、慎微对德行修养提升的重要性。程子用“克己”来形容这种自律：“人能克己，则仰不愧，俯不怍。”[①]“克己”意指胜去“己之私欲”，也就是要摆脱私欲的束缚。此外，古人的修身还体现在对“好学”“勤思”“悟道”“德行”四个方面的追求上。其中，“学”指的是要学习道、礼以及其他知识，“思”指的是勤于思考，经常躬身自省，“悟”则是要感悟人生道理，“行”指的是落实到德行上，做到知行合一，言行一致。可见，中华民族追求高尚精神境界的优良传统，是青年大学生提升精神追求的文化基因。针对青年大学生过分追求物质消费和虚假精致的现象，要引导他们学习古人的修身理想，不应沉迷于物质享受之中，而要通过反省内求完善自身个性品质。“不是在追求物质欲望的满足中获取人生价值，而是在高远的理想信念中追求精神境界的升华。”[②]在日常生活中，要加强大学生的自律意识，指引他们提高自我控制能力以抵制各种诱惑，追求更有价值的生活目标。面对当代大学生存在的“空心化”“内卷化”和虚度时间等问题，要引导他们立好学之志，养好学之德。一方面，抛却学习的功利心，在学习和践行中充实自我，实现“变化气质”，提升内在人格修为。另一方面，在闲暇时间做到慎独持敬，“有所畏谨，不敢放纵”（《朱子语类卷十二》），在自我超越中提升价值追求，避免走向放纵和迷失。

第二，要从传统文化的家国情怀中开阔青年心怀天下的胸襟。

---

① 朱熹：《四书章句集注》，中华书局 2011 年版。

② 曹德本：《中国传统修身文化研究》，《清华大学学报（哲学社会科学版）》2004 年第 5 期。

中国传统"家国观"体现了重群体后个人,重责任轻私利的价值取向。正所谓"修身齐家治国平天下"(《大学》),成就个人的至善人格与造福社会的价值理想向来是密不可分的。对他人,要"躬自厚而薄责于人"(《论语·卫灵公》);对家庭,须"心正而后身修,身修而后家齐"(《礼记·大学》);对社稷,"士不可以不弘毅,任重而道远。仁以为己任,不亦重乎?死而后已,不亦远乎?"(《论语·泰伯》)可以说,传统文化里的家国观念不仅蕴含了人与人相处的道德规范,而且指向了个人对国家和社会的责任意识。正是基于传统文化基因里的家国情怀,才涌现出了"为天地立心,为生民立命,为往圣继绝学,为万世开太平"的张载,"先天下之忧而忧,后天下之乐而乐"的范仲淹,"天下兴亡,匹夫有责"的顾炎武,以及"身无半亩,心忧天下"的左宗棠等历史人物。作为中华民族延续至今的情感追求,家国情怀在新时代的历史背景下也具有新的时代内涵。对青年大学生来说,家国情怀应体现为爱国之情、报国之志以及强国之梦。这种家国情怀还要落实在服务他人、报效祖国的实际行动中。青年人不能囿于小我生活的安逸和舒适,而要走出"小我"和"小家"的狭小视野,将个人发展置于社会的广阔天地中,置于民族复兴和国家发展的时代征程中。青年大学生要弘扬同舟共济、舍小家保大家的抗疫精神,淬炼立己达人、勇于担当的公民品格,涵育"胸怀大局,心有大我"的责任情怀。

第三,要从传统文化的自强不息中发扬青年奋发有为的品格。中华民族在数千年的历史长河中,历经无数艰苦磨难,披荆斩棘,依然生生不息,要得益于自强不息的民族精神。自强不息是一种经历艰苦淬炼仍然不屈不挠的宝贵品质。孔子四处推行仁政而不得,依然坚守"仁义"之道。孟子说:"故天将降大任于是人也,必先苦其心志,劳其筋骨,饿其体肤,空乏其身,行拂乱其所为,所以动心忍性,曾益其所不能"(《孟子·告子下》)。用自强不息的精神激发当代大学生奋发有为的积极风貌,首先要让他们学会正视生活逆境的挑战,转化对困境的认知,把困境作为成长的机会。正如张载在《西铭》所言,"贫贱忧戚,庸玉汝于成"。青年人要成才成器,就要勇于面对生活中的各种挑战和挫折,在艰苦环境中磨砺意志,锤炼品性。当一个人具有自强不息的品质,就能正确面对和解决生活中的挑战、挫折以及困境,心理韧性就越好。对国家而言,"在实现中华民族伟大复兴的新征程上,必然会有艰巨繁重的任务,必然会有艰难险阻甚至惊涛骇浪"①,特别需要青年大学生继承和发扬自强不息的民族品格。其次,自强不息的精神要通过持之以恒的辛勤奋斗才能创造出更美好的生活。古人云,"功崇惟志,业广惟勤"②;"人生在勤,不索何获"③。习近平指出:"人类的美好理想,都不可能唾手可得,都离不开筚路蓝缕、手胼足胝的艰苦奋斗。"④青年大学生应在勤学苦练中练就过硬本领,在开拓创新中绽放绚丽光彩。总之,面对世界百年未有之大变局,各种风险挑战和困难阻力并存。新时代长征路,更需要青年大学生具有迎难而上的勇气和不懈奋斗的品格。只有在各种考验中磨砺自我、提升自我,青年大学生才能实现自身全面发展,创造更美好的生活。

三、以社会主义核心价值观为主导价值

要做好当代大学生的价值导向,必须以社会主义核心价值观

① 刘仓:《幸福美好生活要靠艰苦奋斗来创造》,《红旗文稿》2020 年第 24 期。
② 王世舜、王翠叶译注:《尚书》,中华书局 2012 年版,第 471 页。
③ 范晔撰,李贤等注:《后汉书》,中华书局 2011 年版,第 1519 页。
④《习近平谈治国理政》,外文出版社 2014 年版,第 52 页。

为主导。社会主义核心价值观是引领社会思潮、塑造青年精神品格的重要价值理念。党的二十大报告指出，社会主义核心价值观是凝聚人心、汇聚民力的强大力量[①]。社会主义核心价值观传承了中国优秀传统文化的深厚底蕴和思想精髓，彰显了现代性发展的规范和价值，反映了马克思主义的基本思想。“不仅是社会主义价值的集中展现与发展，而且是现阶段反映我国广大人民价值观‘最大公约数’的价值观……既继承、弘扬了我国优秀文化传统，又面向世界借鉴了人类历史发展进程中进步的价值观念……既是我们判断现实价值是非的标准，也是我们价值追求的目标。”[②]社会主义核心价值观为社会和个体成员导向美好生活，提供了价值引领的作用。社会主义核心价值观既包含保护个人生活和调节社会生活、实现国家认同的普遍性价值，又包括个人实现本真生活与个性发展的个体化价值。从国家、社会和个人三个层面，确立了大学生应有的价值追求和价值规范，可以在价值选择、价值追求与价值生存等方面，为大学生追求美好生活提供鲜明的思想指引和精神滋养。

在青年大学生中培育和践行社会主义核心价值观，首先，要把握好社会主义核心价值的主导地位与青年价值追求的多样化之间的协调关系。社会主义核心价值观是一种普遍的价值共识和价值标准，有利于凝聚青年人的精神力量，树立共同的理想追求，指引着青年大学生形成积极健康的生活形态和价值取向。随着我国社

---

① 习近平：《高举中国特色社会主义伟大旗帜　为全面建设社会主义现代化国家而团结奋斗——在中国共产党第二十次全国代表大会上的报告》，人民出版社 2022 年版，第 44 页。

② 郑永廷：《社会主义核心价值观主导与多样价值追求协调新常态研究》，《社会主义核心价值观研究》2015 年第 1 期。

会呈现出开放多样的发展样态，人们的思想观念、生活方式以及价值取向也呈现出多样性。青年的思想活跃、开放，更容易受到多种社会思潮和生活方式的影响。他们的自我意识较强，在价值选择上呈现独立性、多变性以及差异性的特点。因此，我们面临着如何在多样化价值追求中发挥社会主义核心价值观的引领作用，以及如何在坚持社会主义核心价值观主导性的前提下尊重鼓励价值追求的多样化等问题。处理二者的关系在理论上其实就是处理主导性与多样性的关系。“主导性源于多样性，又高于多样性，指导、支配多样性，制约多样性发展的方向；多样性则丰富主导性，服务主导性，推动主导性发挥主导作用。”①同理，多样并存的价值观念是社会主义核心价值观形成与发挥主导作用的基础，社会主义核心价值观则引导和规范着青年多样的价值追求，我们要坚持核心价值观的主导性与青年价值追求的多样性之间的辩证统一关系。

其次，坚持社会主义核心价值观的主导和引领，需要在实际生活中正视和解决部分青年大学生价值取向上的偏差和失衡等问题。随着社会发展的多样化，青年大学生群体中也不可避免出现重物质价值、轻精神价值，重眼前利益、轻长远利益，重个人利益、轻集体利益等价值偏差现象。这种价值偏差和失衡不仅阻碍社会的健康发展，也冲击社会主义核心价值观的主导地位。面对这种价值偏差与失衡，就要敢于正视问题的存在，善于分析问题发生的根源和危害，发挥社会主义核心价值观的主导性，坚决抵制和批判急功近利、自私自利等不良价值追求，引导青年大学生确立正确的

---

① 石书臣：《主导性与多样性的辩证统一——中国特色社会主义理论体系的方法论思考》，《江西社会科学》2008 年第 3 期。

价值追求，塑造正确的价值行为。

最后，充分发挥社会主义核心价值观的主导作用，还要把握价值认同和转化的内在逻辑。社会核心价值观的认可和共享，既要通过主体的自我形塑，也要通过社会交往来实现。这种认同过程呈现出了“认知—情感—意志—行为”的发展逻辑和结构形态。当代大学生生活结构的失衡和价值失序，反映了社会核心价值认同的浅表化和薄弱化。社会上多元并存、开放流动的价值取向不断冲击和影响着大学生的价值取向和行为方式。他们对社会主义核心价值观的认同不够坚定。要突破这种认同困境，需要在尊重大学生主体性和价值需求的基础上，充分发挥教育的主导作用，创新和优化各种教育方式。在认知上使大学生能够深入了解、理性认知社会主义核心价值观；在情感上要充分了解和尊重大学生多方面和多层次的需要和利益。正如马克思所说：“‘思想’一旦离开‘利益’，就一定会使自己出丑。”那些符合自身利益需求和情感需要的观念，更容易获得青年大学生的认同。因此要采用与大学生心理需求相协调的话语方式，增强价值引导的时代感和亲和力。在意志上，要通过理论素养、辨识能力、批判能力的提升，帮助青年大学生透视不良价值取向的幸福幻象，筑牢对社会主义核心价值观的认同。在行为上，要弥合生活中的行为偏差和社会主义核心价值观要求之间的鸿沟。这四个方面必须通过大学生的生活实践才能实现。“一种价值观要真正发挥作用，必须融入社会生活，让人们在实践中感知它、领悟它。要注意把我们所提倡的与人们日常生活紧密联系起来，在落细、落小、落实上下功夫。”[①]要让社会主义核心价值观真正成为大学生所认同并践行的价值内容，需要

---

① 《习近平谈治国理政》，外文出版社 2014 年版，第 165 页。

在大学生的点滴生活中寻找落地生根的土壤。

四、以习近平青年奋斗观为时代内容

习近平高度重视青年大学生的理想信念和人生价值教育，提出了一系列重要思想，为进行大学生生活方向与人生价值的引导指明了方向。其中，习近平青年奋斗观围绕青年的时代际遇、奋斗的价值旨归、实践指南等进行了深入的阐释，为我们廓清了在新时代历史条件下，青年为什么要创造美好生活、在什么背景下生活、为谁创造美好生活、如何创造美好生活等一系列重要问题，是强化青年大学生价值引领的重要思想体系。

习近平青年奋斗观为青年追求美好生活提供了鲜明的思想指引。第一，实现美好生活必须要通过奋斗来实现。“要幸福就要奋斗”，只有奋斗的人生才是幸福的人生。因为美好生活不是坐享其成，更不会从天而降。“人世间的一切幸福都需要靠辛勤的劳动来创造。”①中华民族从站起来、富起来再到强起来的发展历史也是一部奋斗史。奋斗是将人的主体需求转化为生活现实的唯一途径。青年大学生只有在奋斗中才能实现自己的理想，收获美好生活。第二，奋斗本身就是美好生活的一种表现。“奋斗者是精神最为富足的人，也是最懂得幸福、最享受幸福的人。”②奋斗的过程是不断感悟生活的过程，是自我超越的过程，更是实现社会价值的过程。“青春由磨砺而出彩，人生因奋斗而升华。”作为一种积极向上的生活态度，奋斗能够让青年大学生充分发挥自身的潜能，实现个

---

① 《习近平谈治国理政》，外文出版社 2014 年版，第 4 页。

② 习近平：《在 2018 年春节团拜会上的讲话》，《人民日报》2018 年 2 月 15 日。

体的发展。在此过程中,青年大学生把自身的价值与社会的发展联系起来,把“小我”融入人民和社会的“大我”之中,在服务于民族复兴、国家发展和社会进步中收获更高层次的美好生活。第三,“新时代新征程”是青年大学生追求美好生活的时代际遇。当代青年所拥有的美好生活,离不开中华民族各族人民历代的艰苦奋斗,当代青年所追求的美好生活,更离不开全体中华儿女对时代使命的主动担当和积极作为。青年大学生正处在思想最活跃、精力最旺盛的发展黄金期,需要把握伟大的历史际遇,只有以时不我待、只争朝夕的精神,才能成就人生理想、践行时代使命,绽放最美丽的青春芳华,实现真正的美好生活。

在当代青年如何实现美好生活上,习近平青年奋斗观也提供了方法论的指导。第一,理想信念是美好生活的灵魂。理想决定了美好生活的价值和方向,信念支撑了实现美好生活的信心和决心。理想信念对青年的人生发展至关重要,是青年为美好生活奋斗的指引。具体来说,新时代青年“要树立对马克思主义的信仰、对中国特色社会主义的信念、对中华民族伟大复兴中国梦的信心”[①]。第二,知识才干是实现美好生活的能力要求。青年人只有练就过硬的本领,才能建功立业,有所作为。青年大学生要努力学习马克思主义理论,多读经典原著。要扎实掌握科学文化知识。要珍惜青春韶华,“惜时如金,孜孜不倦”“像海绵汲水一样汲取知识”。第三,投身实践是实现美好生活的现实基础。要充分利用社会实践作为第二课堂,“既读有字之书,也读无字之书”,做到知行合一。要把青年的担当精神融于日常生活和具体行动。“奋斗不只是响亮的口号,而是要在做好每一件小事、完成每一项任务、履

① 习近平:《在纪念五四运动100周年大会上的讲话》,《人民日报》2019年5月1日。

行每一项职责中见精神。”①

可以说，习近平青年奋斗观深刻把握了青年成长成才的规律，为青年大学生指明了实现美好生活的“正确打开方式”，不仅可以激发青年大学生的自主自觉，还有力地回应了当前大学生群体中出现的价值迷失问题。首先，“幸福都是奋斗出来的”“奋斗本身就是一种幸福”等思想观点，可以帮助青年大学生科学认识美好生活与奋斗的关系。“佛系”“宅”“空心病”等现象反映了青年大学生的消极生活状态，不利于他们的成长成才。要引导青年学生通过学习和实践练就扎实本领，在奋斗中领悟生活真谛，突破自身能力和外界条件的限制。其次，习近平青年奋斗观有利于青年大学生合理处理物质生活与精神生活的关系。物质生活与精神生活是相辅相成的，“国家物质力量和精神力量都增强，全国各族人民物质生活和精神生活都改善，中国特色社会主义事业才能顺利向前推进”②。美好生活涵盖物质生活与精神生活两个层面。一方面，青年大学生通过学习和实践来提升改造客观世界的能力，为创造出更美好的物质生活做好充分准备；另一方面，青年大学生要在奋斗活动中不断改造主观世界，树立理想信念，优化精神生活的内容。习近平青年奋斗观认为，奋斗不仅能提升生存能力，满足生存需求，而且能带给青年人精神上的富足感，满足更高层次的发展需求。因此，青年大学生要合理处理物质富足和精神满足的关系，既要通过奋斗来突破自身能力和条件的限制，改善生活条件和状态，享受合理的物质需求，又要通过奋斗来实现人生理想，提升个体价值，满足自

① 习近平：《在纪念五四运动100周年大会上的讲话》，《人民日报》2019年5月1日。
② 中共中央宣传部编：《习近平总书记系列重要讲话读本（2016年版）》，学习出版社、人民出版社2016年版，第187页。

我实现的高层次精神需要。最后，习近平青年奋斗观能指导青年大学生把握好个人与社会的关系。一些青年大学生囿于个人生活的小趣味和利益得失，缺乏对他人的同情和关怀，缺乏对社会发展和国家利益的认知和关心，他们所理解的美好生活就只能限于"小我"的快乐和满足。在实现中华民族伟大复兴中国梦的事业中，青年大学生是生力军和突击队，青年个人奋斗和发展应当与社会发展方向紧密结合。青年应该将人生价值的实现融入中华民族伟大复兴的伟大实践中，在人民和祖国需要的地方绽放青春之光，体现自身价值。因此，以习近平青春奋斗观为指导，有助于引导青年大学生把个人对美好生活的追求与人民对美好生活的向往有机统一起来。

第二节　大学生价值导向的核心议题

要在美好生活视域下对当代大学生进行价值导向，需要紧扣美好生活的价值内核，围绕自我伦理的建构、进步观念的重建以及关系理性的培养三个核心议题展开。自我伦理的建构，力求通过自我反观来实现一种自主性更强的美好生活状态；进步观念的重建，则以创造价值和实现自身潜能的需要作为实践信念；而关系理性的培养，旨在以对"共同体"的价值认同和与"他人"的共享互存为价值追求。

一、自我伦理的建构

何为自我伦理？福柯和埃德加·莫兰(Edgar Morin)的理解对回答这一问题具有启发性。福柯晚年提出了"自我技术"，暗含了他关注视角的转变，即从关注外在权力对个体生命活动的规训和治理，转向个体和自身生活之间的关系。他认为，构建自我伦理的关键在于“自我关注”，要思考如何把自己塑造成道德主体也就是“自我教化”这一问题。而埃德加·莫兰在提出自我伦理时，也主张要将自我客观化为理解和纠正的对象，让思考和反思成为一种思想原则和伦理需要。他认为，自我伦理可以定义为“对我们自己内在野蛮的抵抗”[①]。不论是无止尽的欲望，还是过度的自我中心，都是与内在野蛮相关的特征。我国学者段伟文认为，自我伦理要遵循两个原则，一是以自我实现和自我幸福为目标原则，二是以自我反思和自我管理为实践原则。结合以上的观点，自我伦理的建构就是通过调适、节制、反思、创造等方式不断增强价值主体的自控和责任意识，以一定的价值判断约束和指导人的生命活动，让人的内在力量得以展现，达到一种自主性更强的美好生活状态。

自我伦理的实现机制在于自我反观。“反观包括自我检讨与批评、对荣誉的珍惜、将心比心式的伦理递归、主动担当等因素，其中最核心的是反思与慎独。”[②]可以说，理性反思是自我伦理的核心要义。做好当代大学生的价值导向，要增强他们的理性反思能力。要让大学生在理性反思中区分真实的需要与虚假的满足，明白物质的过多消耗和享乐性欲望的满足，并非出自自我实现的需要，而是来自瞬间的欲望满足冲动。大学生在理性反思中为以后的生活行动寻找新的方案，也会对自我需要与社会要求的关系理解得更加透彻。慎独则是把外在的道德规范内化为自己践履道德行为的根据，是一种不受外力强制的自觉的道德实践。面对当今

---

① [法]埃德加·莫兰：《伦理》，于硕译，学林出版社 2017 年版，第 152—153 页。

② 李建华：《网络空间道德建设中的自我伦理建构》，《思想理论教育》2021 年第 1 期。

社会不断推进的个体化进程，强调自我伦理中的慎独更有必要。慎独作为儒家文化的价值追求，关注的是内在品格的养成。价值导向要让大学生从自我省察开始，不断提升内在修养，把对价值规范的自觉认同内化为一种自律的生活要求。自我伦理的建构还要落实在价值主体对自己和他人生活的责任意识上。“责任意识是具有自主性（像其他一切自主性一样具有依赖性）的个体—主体的特有属性。”①这种责任意识指的是对自己生活的谋划能力和自我实现的生命自觉。马斯洛把自我实现界定为一种“人性完善的需要”；阿德勒把自我实现理解为“人在面对自我缺陷时的一种追求卓越和升华”；杨国荣认为自我实现的实质内涵表现为人自身不断地走向完美。价值导向要推动人不断超越自我，寻求生命的本真性，从而成为更加自由自觉的价值主体，生活得更有价值和意义。

总之，有了责任的自我伦理，价值导向才有了主体性承载；有了反观的自我伦理，价值导向才有了自律性约束。有了主体性承载和自律性约束，美好生活才可能实现。

二、进步观念的重建

进步观念对人的发展具有重要指引作用，也是人在追求美好生活的过程中不可忽视的重要观念。然而，进步观念所期许的美好愿景，在充满不确定性的游牧生活中陷入了某种困境。如“躺平青年”的低欲望状态，正是进步观念在主导人的思想和行动中陷入困境的表现。受理性主导的进步观念被虚无、困惑、怀疑等心理所取代。为此，要做好当代大学生的价值导向，就要重建他们的进步

---

① ［法］埃德加·莫兰：《伦理》，于硕译，学林出版社 2017 年版，第 151 页。

观念，树立科学合理的进步观。

首先，进步具有否定性的内涵。马克思在对社会进步的宏观考察中，强调要以辩证的态度对待社会历史的进步过程。进步不是自然而然的命定过程，“社会进步源于人类对现状的否定和超越、对现有困境的改造和变革，生成于人类历史不断累积和创新的过程之中”[①]。与社会进步一样，人的发展过程也是进步与退步、发展与代价交织着的辩证图景。人的进步也是在不断否定现状、变革对象和超越自我中实现的。生活过程中的否定性因素与进步，是对立统一的矛盾体，是孕育和化生进步观念的契机。重建进步观念，就是要摒弃对进步的直线式乐观主义理解。进步不是向上向善因素的简单叠加，进步观念也不是对美好未来的简单信仰。进步是对现存事实的否定，是体现在防范倒退、克服困难、开拓创造的行动中。

其次，进步是一种实践信念。人的进步是在不确定的条件下得以实现的。在实践逻辑下，进步是人实现内在潜能和自主性的行动筹划，是把人的潜能转化为现实的自觉追求。“相信进步并不意味着相信任何自动的或不可避免的进程，而是相信人的潜力的进步发展。”[②]因此，在价值导向中，要引导大学生把进步观念中对生活图景的美好向往转变为努力奋斗和创造的行动过程。“真正意义上的创造总是一种纯洁和净化，是精神对心理-肉体本性的摆脱，或者是用精神克服心理-肉体本性”“创造总是自我克服，超越自己的个性存在的界限”[③]。只有创造性的活动才能最大限度改善生活，帮助人不断超越自我。因为创造意味着对客体化、必然性

---

① 马炯：《风险社会中的进步观念审视及其重建》，《湖湘论坛》2021年第3期。

② [英]E. H. 卡尔：《历史是什么?》，陈恒译，商务印书馆2007年版，第223页。

③ [俄]别尔嘉耶夫：《论人的使命——悖论伦理学体验》，张百春译，学林出版社2000年版，第170、175页。

和决定论世界的一种反抗,是人脱离异化世界的突破口。创造也是个性力量充盈的体现,在创造中可以消解享乐的本能欲望,从而实现真正的个性自由。只有通过创造性实践所获得的成果,才能真正满足人们的完整需要。因为,“从根本上说,我们是‘创造性’的存在物,每一个人都体现了创造性的能量,人类作为整体显然最大限度地体现了这种创造性能量(至少在这个星球上如此)。我们从他们那里接受创造性的奉献,这种接受性同许许多多接受性价值(例如食物、水、空气、审美和性快感等)一起构成了我们本性的一个基本方面。但是,我们同时又是创造性的存在物,我们需要实现我们的潜能,依靠我们自己去获得某些东西。更进一步说,我们需要依靠他们做出某些贡献。”[①]人性中不仅只有享乐这种接受性需要,还有创造价值和实现自身潜能的需要。只有创造性的劳动才是获得满足感的最终源泉。

总之,作为新时代青年的大学生是最富有朝气、生命力和创造性的,要义无反顾地通过自身创造性的劳动,来满足自身发展和进步的需要。只有积极投身创造性的历史实践中,真正审视自身精神困惑的原因和实质,才能真正在享乐和创造之间做出理性的平衡与选择。价值导向要在尊重人的主体性需要的前提下,引导人的生命能量的合理流动。把享乐的内源性需要引向努力奋斗和实践创造的自我成就需要,才是实现美好生活需要的合理对策。

三、关系理性的培养

关系理性注重从关系的视角来理解个体的生活意义和行动依

---

① [美]大卫·雷·格里芬编:《后现代精神》,王成兵译,中央编译出版社 1998 年版,第 223 页。

据。根据我国学者贺来的界定，关系理性是“从交互性关系来理解个体存在的意义，从互依性关系理解个体生存条件”[①]。培养关系理性，就是让个体自觉地意识到：每个生命个体的存在和成长，都离不开与“他人”的共在关系；每个人幸福生活的实现，都是以“共同感”为条件的。正如马克思所说：“人不是抽象的蛰居于世界之外的存在物。人就是人的世界，就是国家，社会。”[②]只有处于社会关系中的人才具有现实性。基于此，价值导向要引导大学生对“共同体”和“他者”具有自觉的认识，克服原子式的自我封闭思维，在与他者的联结中构建一种“生活共同体”。

在价值导向上，首先，要培养大学生对国家这一伦理实体的价值认同。要在“国家-个人”的关系中思考自己的生活意义和存在依据。具体来说，就是要超越自我本位，不把个人的利益作为衡量生命活动的唯一标准，将自我置于国家社会的整体发展中。要引导大学生顺利完成从作为独立个体的“我”到作为国家成员的“我们”的身份过渡，关键在于把国家的制度、规范和核心价值观，内化为个体的理想信念、价值目标以及行为准则。要引导大学生认识到国家是个人生存发展的安全保障和坚实后盾。也就是说，只有国家强大有力、兴旺发展，个人才能健康成长，享有幸福安定的生活。要引导大学生树立与国家发展同呼吸、共命运的自觉意识和责任感。

其次，要培育大学生与他人之间的共享意识和相互依存感。现在的社会面临着很多新的挑战：高效的运输和便捷的通信手段带来了经济全球化；计算机技术和机器人技术彻底改变了生活图景；环境污染问题超过了人自身的调节能力。焦尔当在《学习的本

---

① 贺来：《“关系理性”与真实的“共同体”》，《中国社会科学》2015 年第 6 期。

② 《马克思恩格斯全集》第 3 卷，人民出版社 2002 年版，第 199 页。

质》中发出叩问:“我们想要什么?我们打算为未来下什么样的赌注?我们的社会如何才能变成真正的民主社会?为使人类的选择超越物质的力量,我们希望创造什么样的集体调节工具?”①。他认为,学习是一种意义炼制活动,只有学习者才能炼制出与自身相容的特有意义。“学校不能仅限于传播社会记忆,它必须帮助学生预测、创造新的共同生活的方式。人们要进行的知识炼制超出了单靠自身努力所能达到的极限,因此必须发展人与人之间的互动和合作,以促进知识的分享。”②学习不仅仅是个人的事情,也是社会的事情。学习在本质上是人与人之间的联结,是人与人之间知识、观念、理念的传播。学习效果的评估不能仅仅通过成绩、绩点以及等级证书等来评估,学习的终极评价标准应当是对社会以及他人的价值和贡献。只有真正有益于社会和他人的学习,才能拓宽一个人生命的广度和深度。要引导大学生超越一种只顾私利的“零和游戏”思维模式。不论是哪一种生活形态,都不能与社会分离,因为人本身的存在就是“社会的活动”。“活动和享受,无论就其内容或就其存在方式来说,都是社会的活动和社会的享受。”③只有将个人生活融入社会发展,人所享受的才不再是“可怜的、有限的、自私的乐趣”,而是真正人的幸福。

总之,价值导向不仅要倡导国家和社会的公共价值,承载国家民族的教育使命,涵养和培育大学生的集体道德和公共精神,而且也要尊重人的个体价值,倡导独立个体的生命自觉和道德自觉,引导大学生努力创造,实现自我超越。因此,促进公共价值和个人价

① [法]安德烈·焦尔当:《学习的本质》,杭零译,华东师范大学出版社 2015 年版,第 176 页。
② 同上。
③《马克思恩格斯文集》第 1 卷,人民出版社 2009 年版,第 187 页。

值的统一和融合，应成为价值导向在具体展开维度上的目标要求。

第三节　大学生价值导向的展开维度

在新时代历史境遇下，当代大学生是担当民族复兴大任的社会主义新人，是实现时代使命的主体力量。做好当代大学生的价值导向，应当从国家、社会和个人三个展开维度着手。在国家维度上，要坚定大学生的马克思主义信仰，增强其对中国特色社会主义事业的信心；在社会维度上，要培育大学生的集体主义精神，涵养公共责任意识；在个人维度上，要以能力为导向树立大学生的独立人格，培育自主性品质。

一、国家维度

做好青年大学生的价值导向，在国家维度上，应当引导他们树立崇高的理想信念、正确的政治认同和对中国特色社会主义事业的坚定信心。

（一）坚定大学生的马克思主义信仰

面对当前复杂多元的现实状况，要坚定青年大学生对马克思主义的信仰，首先需要加强马克思主义理论学习。习近平指出，“马克思主义能够永葆其美妙之青春，不断探索时代发展提出的新课题、回应人类社会面临的新挑战”[①]。从价值理想上看，马克思

① 习近平：《在纪念马克思诞辰200周年大会上的讲话》，《人民日报》2018年5月5日。

主义以实现人类解放和人的全面自由发展为价值追求，代表了整个人类社会发展的价值理想和前进动力。这一价值理想亦为许多西方学者所认同。美国学者道格拉斯·凯尔纳认为，“一种开放的、非教条的和更加质朴的批判性马克思主义依然存在……具有对现时代进行理论概括和批判现时代的资源”[①]。马克思主义蕴含的首要价值是社会主义的价值。这种价值从属于“一种人道主义和追求至善的人类生活理想的价值传统”[②]。马克思主义既发展了已有的思想传统，又筹划了未来社会发展的理想形态，是“一种既可以说明过去又可以说明未来的理论”[③]。正如习近平在哲学社会科学工作座谈会上所指出的：“无论时代如何变迁、科学如何进步，马克思主义依然显示出科学思想的伟力，依然占据着真理和道义的制高点。”[④]因此，要通过青年大学生对马克思主义尤其是马克思主义中国化的理论成果的学习，让他们坚信马克思主义是活的科学真理，在新时代依然具有强大的生命力。

其次，要引导青年大学生以唯物辩证法和唯物史观的世界观和方法论为思想武器，去认识和分析价值世界的复杂性，在多元复杂的价值观念中把握其内在本质，达到价值纠偏的教育效果。不论是个人主义、功利主义，还是消费主义、享乐主义，实则都是资本逻辑主导下的社会思潮。资本具有自我增值的逻辑，而这种逻辑具有盲目性和功利性。如果不加以合理引导，在这种逻辑的支配下，人的生活就会在对各种虚假需要的依附中逐渐变得异化，从而导致

---

① 俞可平主编：《全球化时代的“马克思主义”——九十年代国外马克思主义新论选编》，中央编译出版社1998年版，第27—28页。

② [加]罗伯特·韦尔、[加]凯·尼尔森编：《分析马克思主义新论》，鲁克俭等译，中国人民大学出版社，2002年版，第52页。

③ 同上书，第61页。

④ 习近平：《在哲学社会科学工作座谈会上的讲话》，《人民日报》2016年5月19日。

人失去了精神上的超越性和自主性。同时,资本逻辑的功利性取向,会解构意识形态的主导价值和社会发展的公共价值,使人的生存出现价值困顿,生活的价值取向发生错位。可以说,各种西方社会思潮的耦合,会淡化青年大学生的理想信念、迷惑他们的价值选择。只有提升青年大学生的马克思主义理论素养,增强理性批判和价值反思能力,才能破解各种虚无化、庸俗化、功利化的价值危机。

(二)增强大学生对中国特色社会主义的认同

中国特色社会主义事业以马克思主义为指导思想,既揭示了现代化是社会发展的必然趋势,又深刻批判了资本主义现代性的弊病,为我们指明了一种有别于又超越于资本主义的发展道路。西方资本主义的现代化道路以资本逻辑为本,以自由竞争和个人利益为市场经济的运行法则,很容易导致资本逻辑对人的逻辑和生活逻辑的过度支配。而中国特色社会主义道路坚持社会主义的根本方向,遵循以人民为本的价值逻辑。运用资本要素发展生产力的同时又用人的逻辑将其限制在合理范围,使资本成为彰显和实现人的利益的手段。这就是中国特色社会主义的优越性所在:通过人的逻辑对资本逻辑的引导和超越,让资本向人的本质回归,实现了资本逻辑与人的逻辑的合理共存。

当代青年大学生是中国特色社会主义事业的见证者、受益者和奋斗者。他们的成长成才与中国特色社会主义事业的发展同频共振。增强大学生对中国特色社会主义的认同和信心,能帮助他们构筑强大的精神世界,对抗各种虚无价值和泛娱乐化价值的意义消解和信仰侵蚀。然而,“在转型时期,主流意识形态话语阐释部分存在‘语境性断裂’的现实背景下,大学生把心理需求的满足和自身利益的实现等现实追求当成价值判断的标准。这容易导致他们对主流意识形态产生'悬空'感的认同困境"[①]。这就要求当前主流意识形态在坚持政治立场的前提下,在叙事方式上实现亲和力的转型,关注大学生的生活世界和价值追求,回应他们的价值困惑、尊重他们的生命诉求。只有将宏大叙事与生活叙事有机结合,将对国家前途、民族命运的关切与个人的生存实践与生活感悟结合起来,结合他们的生活实际和话语谱系,才能使主流意识形态的话语叙事贴近青年大学生,便于他们认知、理解和认同。面对当前数字生活的离散化和碎微化对意义阐释完整性的破坏,面对非线性叙事对传统主流意识形态教育线性叙事的解构,应当顺应数字时代的要求,把主流意识形态教育向数字生活场域延展。非线性叙事是数字生活的突出特征。"非线性叙事改变了历时性线状叙事的单一格局,开创了共时性立体性叙事的新方法,使从空间角度组织材料成为可能,大大丰富了意识形态教育的叙事内容。"[②]要充分运用非线性叙事的方式,丰富主流意识形态教育的方式和内容。借助数字生活场域中交互性、立体性的叙事方式,增强主流意识形态对青年大学生的感染力和说服力。

二、社会维度

(一) 培育大学生的集体主义精神

1. 坚持集体主义精神的理论依据

马克思恩格斯在《德意志意识形态》中指出,只有在共同体中,

---

① 温旭、倪黎:《西方数字文化霸权对大学生价值观影响研究》,《当代青年研究》2021年第2期。

② 周俊成:《社会转型中意识形态叙事方式的转换》,《求索》2016年第8期。

个人才能获得全面发展其才能的手段，也就是说，只有在共同体中才可能有个人自由①。集体主义作为社会主义的基本价值原则，是协调和处理个体与集体、个体利益与集体利益之间关系的一种准则。集体主义的出发点不仅仅是集体利益的实现，而且“通过引导人们的逐利行为以达到利益主体的较好融合”②，实现各种利益关系的有序发展。集体主义是新时代人们处理各种利益关系的价值尺度。

当然，集体主义的道德内涵需要结合当下的生活语境重新进行诠释。强调集体主义需要尊重和保障每个个体成员的尊严、自由、权利，在此基础上，再论证集体主义之整体利益的合法性。首先，这种集体应该是“真实的集体”而不是“虚幻的集体”。所谓“虚幻的集体”指的是集体“作为某种独立的东西而使自己与各个个人对立起来”③。具体来说，在虚幻的集体中，个人的尊严、权利和利益被共同体的利益所压制和掩盖。只有把每个人的自由而全面的发展作为集体的基本原则，才是“真实的集体”，这个集体不再与个人对立，而是以尊重和实现个人的权利和个性为根本，“在真实的集体的条件下，各个个人在自己的联合中并通过这种联合获得自由”④。在社会主义条件下，人的发展的需求取代了经济私有制下资本逐利性要求。其中，“集体中的每一个成员都是作为‘真正的个人而存在’，不受‘对立性社会’和自身生存条件的限制”“国家、集体、个人三者的利益趋于一致”“人民群众获得了充分自由发展的权利”⑤。因此，可以说，社会主义条件下的集体是“真实的集体”。

---

①《马克思恩格斯选集》第 1 卷，人民出版社 1995 年版，第 119 页。

② 马永庆：《集体主义的虚无思想倾向评析》，《中国高校社会科学》2017 年第 2 期。

③《马克思恩格斯全集》第 3 卷，人民出版社 1960 年版，第 84 页。

④ 同上。

⑤ 唐日新等主编：《价值取向与价值导向》，中南工业大学出版社 1996 年版，第 127—128 页。

其次，集体主义是“小我”和“大我”的统一。小我，指的是个人利益，大我，指的是国家、集体的利益。“新时代，价值导向的根本问题就是要引导人们正确认识和处理好‘小我’与‘大我’的价值关系和利益关系问题，既不能只讲‘大我’，不讲‘小我’，只讲国家、集体利益，不讲个人利益，更不能只讲‘小我’，不讲‘大我’，只讲个人利益，不讲国家、集体利益，而是要始终注意把两者有机结合起来，相互促进，共同实现。”[①]集体主义强调个人利益应当服从集体利益，但并不否定个体的自利和对利益的索求，而是要把个体的自利行为导向“共同之善”。个体的权利和利益只有在一定的社会生活处境中才能获得意义和现实性。当然，我们需要再次确证集体是表征公共利益或“共同善”而存在的。这种共同善是个体生活的整体之善，是多样性生活的统一。在社会主义社会，个人利益和社会整体利益是相互依存、互相统一的。一方面，维护和实现个人正当利益、促进个人的全面发展和进步，是社会主义的应有之义。个人需要的满足能推动社会整体发展目标的实现；社会整体发展和进步离不开个人的积极性和创造性。另一方面，社会整体的共同之善高于个人特殊利益，在二者发生冲突之时，个人特殊利益和眼前利益应该服从于社会整体利益和长远利益。因此，集体主义是社会主义社会的道德原则，是社会主义价值导向的根本指针。

2. 培育集体主义精神的有效途径

引导大学生认同集体主义，是大学生价值导向的难点和重点。改革开放以来，面对着多元社会思潮和价值观念的冲击，个人主义价值取向不断凸显，集体主义的淡化和虚无化等现象也导致了一系列价值危机。只有找到集体主义与现实生活的联结，才能真正入脑

① 骆郁廷：《“小我”与“大我”：价值引领的根本问题》，《马克思主义研究》2019 年第 12 期。

入心。

个体的主体意识和成就意识，是大学生价值追求的情感与心理基础，也是集体主义得到认同的合法性前提。集体主义之所以具有强大的社会整合作用，是因为它为个人合理需求和正当权利的实现提供可靠保证。它具有对个人利益与集体利益相一致的自觉意识。如果不切实际地强调大公无私，只会将国家、集体利益与个人利益对立起来。这是对集体主义价值的背离。我们要澄清大学生对集体主义的价值困惑，肯定集体主义对主体意识和个人权利的尊重，才能激发他们的情感认同。要提倡更加包容和充满理论张力的集体主义精神，既要尊重个体的价值，又不能成为极端的利己主义者；既要坚持共同之善，又不能成为空洞的"唯集体至上者"。

集体主义与爱国主义是不可分割的。爱国主义是集体主义在处理个人和国家、民族关系上的价值规范，是人们对祖国的深厚感情和献身精神之间的统一，它以最凝练的方式体现了个人和祖国之间的互相依存关系。可以说，爱国主义是践行集体主义精神的基本要求。爱国心、强国志、报国行，是对集体主义价值原则存在与发展的确证。当然，爱国品质并非生而有之，需要长期教育进行引导。对大学生而言，最重要的是要把爱国心、强国志与报国行统一起来。爱国作为一种情感，是个体与社会关系在国家层面的一种反映，表达了个体对国家的认同感和归属感。可以说，爱国主义精神是中华民族强大的精神动力，在中国语境下，爱国主义能够在一定的条件下达到信仰的高度。当然，爱国不能仅仅停留于精神信仰层面，还要引导大学生在价值多元的时代坚定理想信念，把爱国情感转化为报国行动，同时立足自己的专业，树立服务国家建设的伟大志向，把个体的成就意识融入实现中华民族伟大复兴的中国梦之中。要引导他们在实践中认识到，"在中国的大地上，要想有建树、有成就，关键是要脚踏着祖国大地，胸怀着人民期盼，找准专业优势和社会发展的结合点，找准先进知识和我国实际的结合点，真正使创新创造落地生根、开花结果”[①]。

（二）涵养大学生的公共责任意识

公共、公益应该是不限于国家整体利益，对超越个人和私人关系的责任和利益的一种泛指。“公德”或者“社会伦理”不仅包括个人与社会整体的关系，也涵盖了个人与其他社会个别成员之间的关系。公共德性的培育应当注重普遍性人际伦理，引导公共关怀的行为。

培育大学生的公共关怀，要注重通过感同身受来培育“同情利他”的美德。亚当·斯密（Adam Smith）在《道德情操论》里指出，人虽有利己的本性，但也有社会性的一面。人在追求美好生活过程中，不仅要满足自己的幸福，也用“同情”去感受别人的幸福，在道德上考量对他人的“合宜性”。“虽然对他来说，自己的幸福可能比世界上所有其他人的幸福重要，但对其他任何一个人来说并不比别人的幸福重要。”[②]只有每个学生以一种积极的建设状态观察、思考和参与到公共事务中，才能促进公共生活更加美好。“进入公共生活，意味着进入一个超越孤立自我生存的公共空间之中，公共空间成为个体反思自我的境遇，个体生存意义的理解也因为公共生活的拓展而得以丰富扩展。”公共生活可以拓展个体生活意义的实现空间。积极心理学研究发现，助人疗法可以帮助个人获得他人的参照，从而走出孤独和自闭的心理危机。学校教育要引

---

① 《习近平谈治国理政》第1卷，外文出版社2018年版，第60页。

② ［英］亚当·斯密：《道德情操论》，蒋自强等译，商务印书馆1997年版，第102页。

导学生学会关怀,正如关怀伦理学诺丁斯所说的,学校的课程和教学活动应让学生学会去关怀自我,关怀身边亲密的人,关怀远方的人和陌生的人。在一种关怀和友善的交往关系中才能更好发展出良好的公民美德。

培育大学生的公共关怀,要引导学生平衡好公共生活和个人生活。公共性和个体性都是人的主体性的价值内涵。“站在一个更深的层次上看,相互构成了对方的个体和社会,都是无目的的。其中的任何一个,都不能离开另一个而存在。两者从一开始即已共同在场,个人在他人的社会之中,社会是由个人组成的社会——实际上两者都是无目的的,就如同那些星星,它们彼此构成了太阳系,或者就如同在银河系家族中的各个太阳系。”①我们需要看到,个人生活和公共生活之间不可能存在一条泾渭分明的分界线,每个人的生活都是在不同的场景之间进行切换,尽管个人生活和公共生活存在一种不断分化的趋势,但是二者在真实生活中仍然是相互交织的。当我们在个人生活中出于个体理性去衡量自身行动的利益时,指向的就只能是个人生活的精致化。一种只唤醒独立人格和个性发展的教育也是不完善的。阿伦特指出,公共生活是人的存在的最高意义,使人避免成为“动物化劳动者”。当一个人参与公共生活时,就为自己打开了一本原本会一直关闭着的人类经验维度,它以某种方式构成了“整体快乐”的一部分。杜维明先生在《21世纪的人文精神》报告中提出,大学的任务也是培养关切政治、参与社会的知识分子,而不仅仅是培养专家学者而已。他们应该关切政治,参与社会,并且具有文化的敏感性。大学生不一定

---

① [德]诺贝特·埃利亚斯:《个体的社会》,翟三江、陆兴华译,译林出版社2003年版,第11页。

是社会的良知，但是至少应该成为核心价值的保卫者，以促使人类社会的发展和繁荣。[①] 美好生活的建构需要超越一种自我中心的幸福幻象，个人在自我完善的同时养成对公共价值的伦理自觉。只有引导大学生在追求个体生活自足的同时，也要关注公共生活中的“共同价值”，才能实现美好生活个体善与公共善的统一。

三、个人维度

在探查大学生生活的多重面向过程中，不难发现，不论是对娱乐快适的依赖、对物质占有的沉溺，还是对虚拟世界的沉迷，背后都是主体受内在欲望和外在诱惑的支配。个体失去把握自我的能力，突出表现在个体行动和创造能力的削弱以及生活的虚无感。帮助当下大学生过上美好生活，就需要在微观层面引导他们实现一种“主体性”的转变。

（一）培育大学生的独立人格

独立人格是教育的合法性前提。科恩指出，“人格作为主体性的体现，早已被认为是同创造、精神修养和克服时间地点的限制分不开的，而无人格则总是同消极被动、不自由、心胸狭隘和没有尊严联系在一起”[②]。没有独立的人格，主体性也无从谈起。人格的独立指的是自我不依附于任何人和集体，有自己独立的思考能力和判断力，能按照自己的选择去经营自己的生活。同时也意味着

① 杜维明：《21 世纪的人文精神——以大学为例》，徐澜、董志强整理，《钱江晚报》2007 年 6 月 1 日。

② [苏]伊·谢·科恩：《自我论——个人与个人自我意识》，佟景韩等译，生活·读书·新知三联书店 1986 年版，第 47 页。

个体需要对自己的行动负责和担当。只有人格独立的个体，才能在生活追求中发出独立的见解和声音，努力追求自己的幸福生活。在现实教育中，要以建立现代独立人格作为大学生发展和培育的目标，倡导以充分正确发挥能力为基础和核心的现代价值观。学校教育要"理解人、尊重人和塑造人，关注人的生活世界，着力促进人的全面发展"①。具体来说，在生活中应该考虑如何充分发挥人的潜能和价值，调动人的积极性和主动性，反对极端整体主义和利己主义，"既倡导每个人通过充分正确发挥其创造能力，为社会多做贡献，实现个人的社会价值，也要求社会要围绕如何正确发挥个人的能力进行制度安排和运作"②。确立以能力为导向的价值取向，就是要让大学生的生活摆脱人情关系、利益关系、交换关系的价值束缚，从"物的依赖性"走向"自由个性"，发展起真正的现代独立人格。

独立人格并不意味着个体价值的过度扩张。在肯定个体价值和培养个体的独立人格的基础上，教育要引导个体遵守一些共同规则和共同伦理，克服狭隘的文化与价值偏见，承认文化的异质和价值的多元。要引导学生学会关怀和理解，学会"共同生活"，实现"各美其美，美人之美"。鲁洁认为，人的生存方式在发生根本转变，在发展的空间向度上，逐步从地方性走向世界性；在发展的时间向度上，人的发展是面向未来的，是不断在现实中实现创造和超越的。因此，人从单子式地走进世界历史中，变得更加开放。基于人的这种存在方式，在教育的价值取向上，就必然要引导学生从个人价值至上中走出来，转向共容、共识和共生。教育要培养具有世界性的人，"要把每个个体的独立发展引向人类共同发展之路，我

---

① 韩庆祥、亢安毅：《马克思开辟的道路——人的全面发展研究》，人民出版社 2005 年版，第 254 页。

② 同上书，第 254—255 页。

们的教育既要成为独立人格、丰富多样个体价值的弘扬的催生剂，又要成为个体价值单向度的肯定、极端化的扩张的解毒剂”[①]。走向世界历史的人首先是具有独立人格的人，因为“世界历史性个人作为一种普遍人性是以无限丰富的个性为其内容的”。只有充分展现个体的能力、价值和需要的多样性和异质性，才能实现人与人的普遍连接和依赖，从而发展成一个具有世界性普遍联系的人。“个人的独立实质也是人的类化，个体的人化。原来只有大写的‘人’，人群共同体才具有人格……现在每一单个的人都成为人，都具有了人的本质，获得了人格性，‘人’因而也就变成普遍的存在，更加类化的存在”[②]。马克思也指出，“每一个单个人的解放的程度是与历史完全转变为世界历史的程度一致的”[③]，只有在走向世界历史的普遍联系下，“单个人才能摆脱种种民族局限和地域局限而同整个世界的生产（也同精神的生产）发生实际联系，才能获得利用全球的这种全面的生产（人们的创造）的能力”[④]。

（二）塑造自主性品质

自主性是主体性中核心的规定性，也是一个复杂且多义的概念。在心理学上，自主性这一核心品质是人成为独立个体的关键，是影响心理幸福感的主要因素，也是心理成长和繁荣的重要前提[⑤]。科恩认为，“自主和自由一样，有两个尺度。第一个尺度描

---

① 鲁洁：《走向世界历史的人——论人的转型与教育》，《教育研究》1999 年第 11 期。

② 高清海：《高清海哲学文存》第 1 卷，吉林人民出版社 1997 年版，第 129 页。

③ 《马克思恩格斯选集》第 1 卷，人民出版社 1995 年版，第 89 页。

④ 同上。

⑤ Ryan R. M., Deci E. L., “Self-determination Theory and The Facilitation of Intrinsic Motivation, Social Development and Well-being”, *American Psychologist*, 2000, pp. 55、68－78。

述个体的客观状况、生活环境，是指相对于外部强迫和外部控制的独立、自由、自决和自己支配生活的权利与可能。第二个尺度是对主观现实而言，是指能够合理利用自己的选择权利，有明确目标，坚忍不拔和有进取心。自主的人能够认识并且善于确定自己的目标，不仅能够成功地控制外部环境，而且能够控制自己的冲动”[①]。自主一般包含两个不同的意义维度。一个代表自我与他人的距离，又被称为“人际关系”距离的维度，隐藏在自我-他人关系中，并从极端分离延伸到极端关联。它反映了与他人联系的程度。独立的自我在与他人的关系中有很好的自我边界，而相互连接的自我可能与他人融合在一起。另一个维度与自主功能的程度有关，亦被称为能动性。在这里，能动性泛指一种有意志的能动性[②]。皮亚杰（1948）在研究道德发展时使用的自律和他律术语反映了这第二种含义。这两个维度指向了人的两种基本心理需求，即关系需求和自主需求。从精神分析的角度来看，自主意味着独立于他人，是人类健康发展的必要条件。根据美国心理学家德西（Deci Edward L.）和莱恩（Ryan Richard M.）提出的自我决定理论[③]，至少有三种类型的“营养物质”对个人持续成长、整合和幸福是至关重要的，即对自主性、胜任力和亲密关系的需求。因此，个人或环境中有利于自主、能力和关系的因素被期望能增强幸福感，而那些偏离满足这些需求的因素则可能降低幸福感。对能

---

① ［苏］伊·谢·科恩：《自我论——个人与个人自我意识》，佟景韩等译，生活·读书·新知三联书店 1986 年版，第 407 页。

② Cigdem Kagitcibasi, “Autonomy and Relatedness in Cultural Context Implications for Self and Family”, *Journal of Cross-Cultural Psychology*, 2005, 36(4), p.404.

③ Reis H.T., Sheldon K.M., Gable S.L., et al., “Daily Well-Being: The Role of Autonomy, Competence, and Relatedness”, *Personality & Social Psychology Bulletin*, 2000, 26(4), p.420.

力的需求是通过经验来实现的，人们可以有效地带来预期的效果和结果；对自主的需求包括感知到一个人的活动被自我认可或与自我一致；对关系的需求指的是感觉到自己与重要他人之间的亲密关系。

心理学对自主的分析有助于我们更恰当地理解自主性。自主需求和关系需求都是人的基本心理需求。自主性具有关系维度，不是纯内在的。尽管自主含有成为自己行动的主人、忠实于自己意愿、不受外界力量支配等意思，但是人在心理上渴望处于并且事实上处于与外部世界的关系之中，自我思考和行动的依据并非完全也不可能只来自自己。“实际的人总是某个年代和某个国家的人……他有各种成见和信仰；他遵守行为规则，尽管这些规则不是他制定的，但是他必须尊重。他有各种各样的渴望，也有许多关注点，而不是吝啬地固守着自己的筹划。”[①]此外，正是在与外部世界的各种关系中，人才能获得和发展自主性的能力。不论是物质的、社会的还是文化的环境，都是实现自主性的现实条件。我们实质的价值判断和能动选择，是理性自我在回应外部的各种关系中做出的。理解自主性的关系维度，就是要在价值导向上承认价值和意义的客观性是有限的，个人出于自主性所主张的善的生活也是有限度的。反过来，处于关系中的个人自主性，共享着一种意义背景和理解视域，给多元分歧的价值观念提供了澄清融合乃至尊重共存的空间，从而为价值导向提供了可能。

① ［法］爱弥儿·涂尔干：《乱伦禁忌及其起源》，汲喆等译，上海人民出版社 2006 年版，第 169 页。

第四节　大学生价值导向的平衡机制

从实践层面来看，生活内部的结构关系平衡与否，是在美好生活视域下进行价值导向的重要参照与实现路径。尽管生活的内部结构关系之间难以通过价值导向取得绝对的平衡，但至少可以取得一个相对的平衡。关键在于，寻找一种平衡物质生活与精神生活、个人生活与公共生活、学习生活与闲暇生活、数字生活与线下生活之间关系的可能机制。

一、物质生活与精神生活的平衡机制

要帮助当代大学生实现物质生活与精神生活的平衡，首先要引导他们能够分辨真实的需要与过度的欲望。当欲望作为主体行动的生产推力时，它是一种真实的自然需要。但是当欲望被主观的想象和外界的刺激所左右，并失去合理的约束力量和调节机制时，就可能产生迷失和膨胀。涂尔干认为，一旦欲望不受约束，人们就可以一直处于不满足状态，因为欲望是可以不断增长和升级的，而实现欲望的现实条件并不总能跟上这种增长速度。商业力量借助于大众传媒力量不断刺激与塑造大学生的消费欲望。物质符号所具有的赋权功能，会让他们形成一种关于自我的虚假信念。之所以是虚假，是因为这种自我的立足点是不可靠的，“人们孜孜以求的新奇、未曾体验过的快乐、不知名的感官刺激的渴望，一旦被体验过了，立刻就变得没有味道了……所有这些新的感官刺激在量上的无限增长并不构成生活幸福的坚实基础……厌倦本身就足以带来幻灭，因为他终究无法避免他们的无休止的追求的徒劳

无用”[①]。而要对欲望进行有效约束，就需要借助主体的发展性需要，尤其是人的超越性自我实现需要。根据马斯洛的需要理论，自我实现的需要指的是人渴望自我发展和完善的需要，也就是实现自身潜能的倾向。这种自我实现的需要又包含两个层面，“一种是明显健康的，但很少或没有超越体验，另一种，超越体验在他们那里很重要，甚至具有核心的意义”[②]。前一种是一种缺失性需要的满足，以一种实际的、具体的、此时此地的、实用的方式作为评价标准。而后一种是在存在水平上生活，“即目的水平，内在价值水平；更明显地受超越性动机支配；或多或少能经常有统一的意识和‘高原体验’；有或曾有高峰体验（神秘的，神圣的，极度欢乐的），并随带着启示或卓识或认识，能改变他们对世界和对他们自身的看法，也许是偶然的，也许是经常性的”[③]。

对物质的占有和消费的欲望只是对马斯洛所说的缺失性需要的满足。而人在缺失性需要满足之后，还有更高层级的发展性需要。要实现物质生活与精神生活的平衡，可以通过提高人的需要层级，把人的精力从对物质占有和消费欲望的满足中摆脱出来，转向追求自我实现的超越性需要。这就是实现物质生活与精神生活平衡的“超越性平衡机制”[④]。超越性平衡机制的关键要素是超越行动。这里的超越行动包含三个核心要素，一是人的理性反思能力，二是对美好生活的想象力，三是有改变现状的意志和实际行动。对当代大学生而言，要实现物质生活和精神生活的平衡，审美

---

① 王宁：《从不平衡消费到平衡消费——对“富裕失范”以及消费失衡的社会学分析》，《山东社会科学》2020年第3期。

② [美]马斯洛：《人性能达的境界》，林方译，云南人民出版社1987年版，第273页。

③ 同上。

④ 王宁：《从不平衡消费到平衡消费——对“富裕失范”以及消费失衡的社会学分析》，《山东社会科学》2020年第3期。

超越是一种可能的路径。审美之所以能实现人在精神上的自我超越,一是因为高雅的文学艺术总是与现实之间保持着一定的距离,这种自主性可以对抗现实的世俗化,把人从日常生活的庸常和功利中抽离出来。席勒就主张审美可以实现人心灵的和谐。“人要想有能力而且有本领从自然目的的狭窄圈子里把自己提高到理性高度的目的……必须以一定精神目的——即按照美的法则——来实现他的物质规定”[①]。可以说,审美本质上是一种自主性的活动,追求的是超越物质满足的精神自由,产生一种“融合性的美”和“振奋的美”。在审美过程中获得的美感体验和精神享受,可以直抵心灵。二是审美可以建构一个精神上的乌托邦世界。这个世界是非功利的、自由的、创造性的,可以让人摆脱物质和功利的束缚,找到信仰的根据。对当代大学生来说,审美教育可以通过生动鲜活的力量实现感染人、启迪人、陶冶人的效果,既可以防止他们在日常生活的琐事中迷失自我,又可以用审美世界来提升他们的精神追求,克服信仰危机。

二、个人生活与公共生活的平衡机制

美好生活涉及个人与自我的和谐关系,更涉及个人与他人、社会、民族和国家的关系。教育既要做好个人心灵的自我安顿,也要激发公共关切的品格和情怀。

张伯苓先生在创办南开大学时指出,“公能”是大学训练的价值依归。要重在培养学生的“爱国爱群之公德”与“服务社会之能

---

① [德]弗里德里希·席勒:《审美教育书简》,冯至、范大灿译,上海人民出版社2003年版,第184页。

力”。因为“唯‘公’故能化私，化散，爱护团体，有为公牺牲之精神；唯‘能’故能去愚，去弱，团结合作，有为公服务之能力”[①]。这种“公德”与“能力”兼备的培养目标旨在超越当时历史条件下的人格局限。当前，世界正处于百年未有之大变局中，各种风险因素和不确定性并存。大学教育要把“培养德智体美劳全面发展的社会主义建设者和接班人”[②]作为根本培养任务。德智体美劳是对大学生个体能力全面发展的要求，社会主义建设者和接班人，则是对大学生时代使命和责任担当的本质规定。教育作为一种价值活动，需要关照个体生活，更加注重全面发展和五育融合，全面培养大学生的个体能力与综合素质。全面发展和融合发展能帮助个体应对各种风险挑战，促进个体生活的幸福。在此基础上，需要引导大学生跳出一己之利和“原子化”生活的藩篱，打开生活的视界，把个人引向与他人的共存和社会的共在。更具体地说，大学教育所关涉的美好生活不仅仅是个人生活中日常幸福的允诺与兑现，而且要引导个体在公共生活中担当起个人的使命和责任。

在实现机制上，可以通过利他超越来促进个人生活与公共生活的平衡。如果说前述的审美超越可以是个人性的，那么利他超越则是关系性的。利他是道德的特性和本色。作为关系性存在，人是通过利他意识和利他行动来满足生存需要和维系社会交往的。托马斯·内格尔曾指出，“利他不是不幸的自我牺牲，而仅是指考虑他人利益的行动的意愿，并且不需要另有所图”[③]。中国优

① 转引自刘铁芳、刘艳侠：《精致的利己主义症候及其超越：当代教育向着公共生活的复归》，《高等教育研究》2012 年第 12 期。

② 教育部课题组：《深入学习习近平关于教育的重要论述》，人民出版社 2019 年版，第 72 页。

③ 解本远：《利他行为的合理性模式》，《首都师范大学学报（社会科学版）》2019 年第 6 期。

秀传统文化所提出的"仁爱""修德"孕育了利他的文化基因。儒家的"仁者爱人"通过具体的五种条目得以实施，子曰："恭、宽、信、敏、惠。恭则不侮，宽则得众，信则人任焉，敏则有功，惠则足以使人。"根据道德水平的不同，利他可区分为亲缘性利他、互惠性利他和纯粹性利他。亲缘性利他指向的是血缘亲情，互惠性利他指向的是互惠合作，纯粹性利他则超越了亲缘伦理和工具理性。三种利他符合利他的基本生发逻辑，也具有各自的合理性。当前，随着社会转型的加快，人们的伦理关怀范围和公共交往领域不断扩大，大家处在相互依存、彼此联系、我中有你、你中有我的人类命运共同体中。休戚与共、共同担当成为时代所趋。我们不能囿于亲缘和互惠性，更需要一种自目的性的利他。纯粹性利他不同于亲缘互助，也不仅为了互惠合作，而是更加包容和普遍。这种自目的性的纯粹利他可以超越功利的价值取向，展现人性的高尚追求。

当代大学生价值教育应以从亲缘性利他和功利性利他走向纯粹性利他为目标导向。习近平总书记指出："构建人类命运共同体是一个美好的目标，也是一个需要一代又一代人接力跑才能实现的目标。"[①]纯粹性利他行动是塑造大学生人类命运共同体意识的有效方式，其可以摒弃个体自私和狭隘的需要，实现一种超个人意义的自我实现。我们应倡导大学生超越私人性和功利性的纽带，践行纯粹性利他行为。它不依赖于熟知、情感和他律，它意味着自律、普遍性和公共性。这种利他行动既是个人道德境界的体现，又能超越人的有限性存在，满足人们对美好生活的向往。在这里，人类文明的新形态就在于，利他不仅指向有限的亲缘关系和功利的互惠关系，而且指向普遍的陌生人交往和自目地性的社会关怀。

---

① 《习近平谈治国理政》第 2 卷，外文出版社 2017 年版，第 548 页。

值得一提的是，纯粹性利他不能脱离个人的内在需要，是以“现实的人”为基础的，它的主张应在个人可以和能够实现的道德范围之内，是在现实的需要和个体的价值上对有限性的超越。利他超越机制不仅仅是满足大学生的谋生应世之需和自我幸福的内生需求，更是以高远的理想，激发青年大学生的爱、悲悯和同情之心，塑造有理想、有本领、有担当的时代新人，促进美好公共生活和人类文明新形态的实现。

三、学习生活与闲暇生活的平衡机制

首先，要引导大学生树立终身学习的理念。终身学习是时代发展和社会进步对人提出的要求。一方面，移动网络与数字化的发展，为我们提供了一个巨大丰富的信息仓库，也颠覆了传统的学习方式。图像、视频和信息的自由流通使知识的获取方式变得更加开放多元，未来学校将会突破时空的界限向无界的方向发展。时间的结构边界变得模糊，学习时间将从固定单一与结构性过渡到灵活多样与适应性的组织形式。对大学生而言，时间结构的整体形态将突破学校制度化的藩篱，变得流动和开放。闲暇时间与学习时间之间不再界限分明，而是互相嵌入和渗透。另一方面，在人工智能和自动化技术快速发展的社会背景下，大量机械重复性的工作会由机器人所承担，“书橱式”的人将不再具有竞争优势。这不仅对人的自主学习能力、灵活性以及创造性提出更高的要求，也改变了我们对学习本质和意义的理解。学习并非只是单纯获取知识和技能，学习的本质是保持好奇心、求知欲和开放性，是不断自我更新以及自我超越。学习的意义是推动人走出惯习之地、摆脱懒散依赖和自命真理。面对时代的变革，终身学习也具有了新的内涵。终身学习,在认识层面要放下快速获益的念头,保持对知识的好奇心,对未知和困难的开放性,接纳世界的不确定性和多样性;在行动层面要跳出狭隘的学校教育范畴,能灵活应对各种挑战和变化,善于把时间和精力投入对未知的探究中。

树立终身学习理念,要落实到培养自我导向式的学习能力上。这种学习能力超越了传统学校学习的狭隘范畴,强调个体在学习计划、学习目标以及学习过程上的自主性。这种学习是自由、自主、自助的,凸显时时、处处、人人可学的理念。它源自主体意愿而非外在强力,出于个体兴趣而非普遍诉求,因循个性差异而非同质化轨迹。可以说,自我导向式的学习在时间上与闲暇内在互嵌,能打破把学习与闲暇对立起来的迷思。它重视发展个体性的生活志趣,强调在闲暇中追求"知识即目的"的乐趣,最终指向个体能力素质与生命品质的持续提升。在学校教育中,要有意识地创设一种自我导向式的学习模式,培养大学生自我导向的学习能力,以更好延伸到闲暇时间的利用上。

其次,要培育大学生闲暇责任意识。大学生的成长成才不仅在于知识结构的完善,还体现在个体与社会关系的和谐交融。处于成年早期的大学生,开始思考作为个体的自我与社会的关系,寻找自己在社会中的位置,并探索自己应有的社会角色。为满足这种发展需要,闲暇活动应构建学生与社会的互动过程。在这种互动过程中,大学生不仅能拓展生命体验的广度和深度,激发个性潜能和培养良好个性;还能形成对社会的认识、情感态度与责任担当。高质量的闲暇活动要促进大学生责任意识的养成。这里的责任意识,一是指对自己生命的责任意识,指向一种有自律的生命自觉。主体能充分调动主观能动性,卓有成效地整合各种闲暇资源,在理性引导下开展有利于自我发展和趋向自我完善的活动。当下大学生闲暇活动虽然丰富，但大多具有碎片化和即时性的特点。阅读、沉思等需要专注和投入的活动，让位给那些更加表面化的、急速的活动。海量信息与消费娱乐，在无形中分散和消耗有限而稀缺的注意力资源，令人无法持久投入。外界的喧嚣和诱惑挤压了独处与思考的空间，强化了不知足的欲望。这些活动对大学生的自我整合和完善无法提供持久的利益。为此，要鼓励大学生利用闲暇发展志趣爱好。这类志趣爱好需要系统的行动计划、高度的专注投入和持久的个人努力，能帮助参与者获得与展现独特的技巧、经验与认同体验。二是指对他人、集体和社会的责任。闲暇应是能涵育利他精神、集体观念和社会责任感的发展空间。公益性活动在利他动机的导引下，面向社会需要，以解决社会问题、推动社会进步为目的。作为大学生了解社会、融入社会、履行社会责任的重要载体，公益活动可以摒弃个体自私和狭隘的需要，实现一种超个人意义的自我实现，它指向的不是一种"小我"，而是"大我"。如果说"小我"的实现源自一种自我满足的内在需要，那么"大我"的实现就是源自一种社会责任的外部需要。因此，以志愿服务为代表的公益活动，是大学生提升思想境界、实现人生价值的有效途径。此外，爱国情怀和民族精神是新时代大学生社会责任感的核心体现。学校应当充分挖掘中华优秀传统文化、革命文化和社会主义先进文化的精神资源，以抵御大众文化中低俗、庸俗以及媚俗的文化内容对大学生闲暇生活的侵蚀，引导大学生通过参观、研习、社会实践等活动，在主流文化的熏陶和感染中，树立社会责任感，坚定爱国心、报国情、强国志。

最后，要丰富大学生艺术审美体验。应该让大学生明确生活的目标不应只是占有物，而是成为人。在当下闲暇生活中，大学生处于一种被"抛入"的状态，"受到物的包围"，面临着"惊人的消费与丰盛”。他们通过消费和占有物来展示个人风格和身份归属,其实是一种虚假满足和表层狂欢的“使用状态”。学习如何“安”身和何以“立”命,应该成为生活教育和价值引导重要的议题。不论哪一种生活样态都是学生生命发展的情态,应当是学生自我发展的“成为状态”,因此要促成“使用状态”与“成为状态”之间的融通与平衡。一种积极的生活状态,应摒弃通过依附于我们所拥有的物以及通过占有和固守我们的自我和财产来寻找安全和个性的生活方式,而是通过“积极主动地去生存”来确认自我的存在。这种主动不是外在的、身体的活动,不是忙忙碌碌,而是内心的活动,创造性地运用人的力量。“要自我更新、要成长、要饱满涌流,要爱、超越孤立的自我的桎梏、有兴趣、去倾听和去贡献。”[①]

四、数字生活与线下生活的平衡机制

要实现数字生活与线下生活的平衡,关键在于要运用整合式育人机制,以适应当下数字空间与现实空间融合下的生活形态。

首先,应注重培养大学生在生活时间和生活节奏方面的自主性,在生活设计上确立合理的价值自觉。数字资源的优势是海量性和便捷性。数字生活从产品到内容再到交友和娱乐充满了各种选择。为此应不断提高当代大学生的信息素养,学会筛选辨别以合理高效利用这些资源。与以前相对确定单调的生活相比,数字空间提供了很多妙不可言的生活体验。它让人们的日常生活更加便利的同时,也让人面临选择超载的挑战。现在的大学生常常自

① [美]埃里希·弗罗姆:《占有还是生存——一个新社会的精神基础》,关山译,生活·读书·新知三联书店1988年版,第94页。

嘲有选择困难症。然而，数字生活的价值应当在于帮助我们变得更加开放包容，允许我们超越选择而开始创造，“不再乐于原封不动地接受事物，并更加坚信自己有能力建立一种适合自己和家人的生活。”①戴森曾提出以下几条数字生活设计的原则：运用判断力、坦诚、信任但要核实、做一名积极的社区成员、己所不欲勿施于人、避免无谓的纷争、学会提问、生产而不仅仅是消费、慷慨助人、保持幽默以及不犯重复的错误。这些原则可以为大学生寻找生活目标和确立生活重心提供参照。

其次，要加强马克思主义理论教育，引导大学生形成科学的价值判断。马克思主义理论是洞察数字空间运作逻辑的有力武器。在资本增值的导向下，许多数字文化的生产目的是争夺公众关注度，内容生产指向的是激发消费欲望，生产方式隐含着数字资本驱动。在数字空间，一些文化作品的使用价值让渡给了文化商品的交换价值，资本增值意义取代了精神内核，无法丰富和发展大学生的精神世界。为此，要让大学生掌握马克思主义这一科学的世界观和方法论，客观评判数字文化，理性认识自我认同的数字化建构，提升判断力和批判精神。凯尔纳说，“在媒体奇观时代，生活本身已经被电影化了，我们像制作影视作品那样来构建自己的生活”，所有的人都既是演员又是观众，“按照媒体文化事先编好的剧本和它灌输给我们的角色类型、时尚风格甚至外形设计来为与我们同时代的观众演出”②。面对数字生活中的泛娱乐化、伪个性化以及低俗化的风险，培养大学生的批判精神具有重要意义。这种

---

① [美]埃瑟·戴森：《2.0 版数字化时代的生活设计》，胡泳、范海燕译，海南出版社 1998 年版，第 348 页。

② [美]道格拉斯·凯尔纳：《媒体奇观——当代美国社会文化透视》，史安斌译，清华大学出版社 2003 年版，第 6 页。

批判精神表现在既要融入数字媒介给生活带来的新成果和新机遇，学会“入乎其内”；又要坚持理性反思数字媒介“双刃剑”的本质特性，做到“出乎其外”。数字化时代的真谛，恰恰体现在“它在赋予个人更大权力的同时，也要求个人为他们自己的行动以及他们所创造的世界担负起更大的责任”“掌握自己的命运，制定自己的规则，设计自己的生活”[①]。大学生需要警惕被价值虚无所裹挟，把自我融入进取创造、批判超越的精神中，真正实现丰盛多元的发展，过上真正美好的生活。

最后，要强化社会主义核心价值观教育，增强大学生对社会主义核心价值观的认同。数字空间是大学生日常生活实践中的一个意义生产领域，是他们的情感缓冲地带。数字生活强调兴趣和个性等个体性特质，为大学生自我意识的觉醒和自我价值的实现提供了更多可能，同时也使青年学生与主流价值观的客观性和统一性产生一定的分隔。开展社会主义核心价值观教育，一方面要注重将宏大叙事转化为拟人化叙事和情感化叙事，找准与大学生思想的共鸣点和需求的契合点，拉近与青年大学生的距离，提升自身影响力。在现实生活中通过阅读研究、参观体验、深入互动等方式，提高大学生独立思考与批判辨别的能力。另一方面，应适当借鉴数字文化的叙事方式和话语表达，合理借鉴数字生活的分享与评价机制，发挥榜样示范效应等价值引导策略，增强大学生对社会主义核心价值观的认同感，引导大学生将社会主义核心价值观内化为自身的精神追求，自觉为中华民族伟大复兴贡献自己的青春和力量。

---

① [美]埃瑟·戴森：《2.0 版数字化时代的生活设计》，胡泳、范海燕译，海南出版社 1998 年版，译者前言。

结　语

美好生活：价值导向的展望

我国现代著名哲学家冯友兰先生在《新原人》一书的第一章就提出发人深思的问题；人生究竟有没有意义？人生的意义是什么？这一问题自古至今仍未有一个标准答案。正如美好生活是古往今来人们所向往和追求的，但也很难找到一个规范性和普遍化的解释和标准。每个人所处的时代不同，了解生活的深浅不同，所领悟的意义自然也不同。冯友兰把这种因个体差异而对生活意义产生不同程度的理解称为精神境界，把人了解和领悟生活意义的过程称为"觉解"。"人做某事，了解其事是怎么回事，此是了解，此是解；他于作某事时，自觉其是作某事，此是自觉，此是觉。"[①]正是每个人觉解程度的不同才形成了不同的人生境界。根据觉解程度，人生境界大抵可以区分为自然境界、功利境界、道德境界和天地境界四种。处于天地境界中的人不仅觉解了"社会的全"，而且觉解了"宇宙的全"。可以说，这四种境界体现了个人自我发展、提升生活境界的过程。不论是自然境界中人的物质需要，还是功利境界中人追求合理利益的权利；不论是道德境界中人的社会属性，还是

① 冯友兰：《新原人》，北京大学出版社 2014 年版，第 19 页。

天地境界中理想人格的塑造,都应是美好生活要关涉的内容。

就美好生活与大学教育的关联而言,美好生活应是大学教育的伦理理念和价值目标。这种关涉美好生活的大学教育应基于人的整全性生命,既关注大学生的当下需要,又引导他们实现对现实生活的不断超越。美好生活关乎人的价值生存。"人被宣称为应当是不断探究自身的存在物——一个在他生存的每时每刻都必须查问和审视他的生存状况的存在物。人类生活的真正价值,恰恰就存在于这种审视中,存在于这种对人类生活的批判态度中。"①现实生活中当代大学生之所以不断遭遇来自各方面的价值困惑和冲突,一个重要的根源就在于功利化思维下生活的单面化、扁平化以及碎片化,丧失了作为生命的人的完整性。正如席勒所指出的,"人们只能发展他身上的某一种力,从而破坏了他的人性的和谐状态,成为与整体没有多大关系的、残缺不全的、孤零零的碎片"②。整全的生活不仅要关注与美好相关联的基本价值,如"生存、健康、幸福、友谊、助人、自尊、被人尊重、知识、自由、自我实现、意义感觉"③等;而且要体现人性的完整,要关注人的物质属性与精神属性的统一、个体性与公共性的融合,享乐需求与发展需求的平衡、真实自我与虚拟自我的一致。

习近平在纪念五四运动100周年大会上指出,"青年是整个社会力量中最积极、最有生气的力量,国家的希望在青年,民族的未来在青年。今天,新时代中国青年处在中华民族发展的最好时期,

---

① [德]恩斯特·卡西尔:《人论》,甘阳译,上海译文出版社2004年版,第9页。

② [德]弗里德里希·席勒:《审美教育书简》,冯至、范大灿译,上海译文出版社2003版,第97页。

③ [加]克里夫·贝克:《学会过美好生活——人的价值世界》,詹万生等译,中央编译出版社1997年版,第3页。

既面临着难得的建功立业的人生际遇，也面临着‘天将降大任于斯人’的时代使命”。他强调青年要锤炼品德修为，鼓励青年人要在奋斗中创造美好生活，实现人生价值。新时代历史条件下，要用美好生活来做好当代大学生的价值导向，需要我们坚持以历史唯物主义为指导，认真挖掘传统文化的思想资源，深入研究现实生活的现象和问题，吸纳西方现代性思想的合理内核，用社会主义核心价值观作为生活的主导价值，通过各种教育机制实现生活的平衡，实现当代大学生的全面自由发展。

主要参考文献

1.《马克思恩格斯全集》第 3 卷、第 26 卷、第 32 卷、第 42 卷、第 46 卷、第 49 卷，人民出版社 2002 年版、1974 年版、1998 年版、1979 年版、1980 年版、1982 年版。
2.《马克思恩格斯文集》第 1 卷、第 2 卷、第 3 卷、第 8 卷，人民出版社 2009 年版。
3.《马克思恩格斯选集》第 1 卷、第 3 卷、第 4 卷，人民出版社 2012 年版、1995 年版。
4.《习近平谈治国理政》，外文出版社 2014 年版。
5. 习近平：《之江新语》，浙江人民出版社 2007 年版。
6. 习近平：《高举中国特色社会主义伟大旗帜　为全面建设社会主义现代化国家而团结奋斗——在中国共产党第二十次全国代表大会上的报告》，人民出版社 2022 年版。
7. 中共中央宣传部编：《习近平总书记系列重要讲话读本》，人民出版社 2016 年版。
8. 教育部课题组：《深入学习习近平关于教育的重要论述》，人民出版社 2020 年版。
9. 朱熹：《四书章句集注》，中华书局 1983 年版。
10. 陈鼓应注译：《老子今注今译》，商务印书馆 2006 年版。
11. 黄永堂译注：《国语全译》，贵州人民出版社 1995 年版。
12. 吴毓江：《墨子校注》，中华书局 2006 年版。
13. 崔高维校点：《礼记》，辽宁教育出版社 1997 年版。

14. 范晔:《后汉书》,中华书局 2012 年版。
15. 王世舜译注:《尚书》,中华书局 2012 年版。
16. 朱熹:《四书章句集注》,中华书局 2011 年版。
17. 黄楠森主编:《人学原理》,广西人民出版社 2000 年版。
18. 钱穆:《中国文化史导论(修订本)》,商务印书馆 1994 年版。
19. 金生鈜:《规训与教化》,教育科学出版社 2004 年版。
20. 褚洪启:《杜威教育思想引论》,湖南教育出版社 1998 年版。
21. 贺来:《边界意识和人的解放》,上海人民出版社 2007 年版。
22. 戴茂堂、江畅:《传统价值观念与当代中国》,湖北人民出版社 2001 年版。
23. 赵馥洁:《价值的历程——中国传统价值观的历史演变》,中国社会科学出版社 2006 年版。
24. 徐复观:《中国艺术精神》,春风文艺出版社 1987 年版。
25. 冯友兰:《新原人》,北京大学出版社 2014 年版。
26. 邓晓芒:《人之镜——中西文学形象的人格结构》,上海文艺出版社 2009 年版。
27. 韩庆祥、亢安毅:《马克思开辟的道路——人的全面发展研究》,人民出版社 2005 年版。
28. 江畅、戴茂堂:《西方价值观念与当代中国》,湖北人民出版社 1997 年版。
29. 唐君毅:《中国文化之精神价值》,广西师范大学出版社 2005 年版。
30. 张岂之主编:《中华优秀传统文化核心理念读本》,学习出版社 2014 年版。
31. 李文阁:《回归现实生活世界——哲学视野的根本置换》,中国社会科学出版社,2002 年版。
32. 陈学明等编:《痛苦中的安乐——马尔库塞弗洛姆论消费主义》,云南人民出版社 1998 年版。
33. 廖申白、孙春晨主编:《伦理新视点——转型时期的社会伦理与道德》,中国社会科学出版社 1997 年版。
34. 宋志明:《国学十八讲》,人民日报出版社 2013 年版.
35. 金耀基:《从传统到现代》,中国人民大学出版社 1999 年版。
36. 唐日新等主编:《价值取向与价值导向》,中南工业大学出版社 1996 年版。

37. 高清海:《高清海哲学文存》第1卷,吉林人民出版社1997年版。
38. 俞可平:《全球化时代的“马克思主义”》,中央编译出版社1998年版。
39. 胡泳:《众声喧哗——网络时代的个人表达与公共讨论》,广西师范大学出版社2008年版。
40. 冯建军主编:《回归幸福的教师生活》,中国轻工业出版社2009年版。
41. 章志光主编:《社会心理学(第二版)》,人民教育出版社2008年版。
42. 沈杰主编:《中国改革开放以来青年发展状况研究》,人民出版社2015年版。
43. 陈嘉映:《何为良好生活——行之于途而应于心》,上海文艺出版社2015年版。
44. 李建华等:《当代中国伦理学》,中国社会科学出版社2019年版。
45. 廖小平:《价值观变迁与核心价值体系的解构和建构》,中国社会科学出版社2013年版。
46. [古希腊]亚里士多德:《政治学》,吴寿彭译,商务印书馆2007年版。
47. [古希腊]亚里士多德:《尼各马科伦理学》,廖申白译注,商务印书馆2003年版。
48. [古希腊]柏拉图:《柏拉图文艺对话集》,朱光潜译,商务印书馆2013年版。
49. [德]黑格尔:《法哲学原理》,范扬、张企泰译,商务印书馆1961年版。
50. [德]路德维希·安德烈斯·费尔巴哈:《未来哲学原理》,洪谦译,生活·读书·新知三联书店1955年版。
51. [德]于尔根·哈贝马斯:《现代性的哲学话语》,曹卫东等译,译林出版社2004年版。
52. [英]安东尼·吉登斯:《现代性与自我认同——现代晚期的自我与社会》,赵旭东、方文译,生活·读书·新知三联书店1998年版。
53. [美]阎云翔:《中国社会的个体化》,陆洋等译,上海译文出版社2016年版。
54. [美]段义孚:《空间与地方:经验的视角》,王志标译,中国人民大学出版社2017年版。
55. [美]乔治·瑞泽尔:《后现代社会理论》,谢立中译,华夏出版社2003年版。
56. [美]汉娜·阿伦特:《人的条件》,竺乾威等译,上海人民出版社1999年版。

57. [美]刘易斯·芒福德:《技术与文明》,陈允明等译,中国建筑工业出版社 2009 年版。
58. [德]鲁道夫·奥伊肯:《生活的意义与价值》,万以译,上海译文出版社 1997 年版。
59. [德]安德雷亚斯·莱克维茨:《独异性社会:现代的结构转型》,巩婕译,社会科学文献出版社 2019 年版。
60. [德]恩斯特·卡西尔:《人论》,甘阳译,上海译文出版社 2004 年版。
61. [加]克里夫·贝克:《学会过美好生活——人的价值世界》,詹万生等译,中央编译出版社 1997 年版。
62. [伊]拉明·贾汉贝格鲁:《伯林谈话录》,杨祯钦译,译林出版社 2002 年版。
63. [德]马克思·舍勒:《资本主义的未来》,曹卫东等译,北京师范大学出版社 2014 年版。
64. [法]让-弗朗索瓦·利奥塔:《后现代状态:关于知识的报告》,车槿山译,生活·读书·新知三联书店 1997 年版。
65. [美]艾里希·弗洛姆:《健全的社会》,孙恺祥译,上海译文出版社 2011 年版。
66. [美]埃里希·弗罗姆:《占有还是生存——一个新社会的精神基础》,关山译,生活·读书·新知三联书店 1988 年版。
67. [德]马克斯·韦伯:《新教伦理与资本主义精神》,于晓、陈维纲等译,生活·读书·新知三联书店 1987 年版。
68. [美]马歇尔·伯曼:《一切坚固的东西都烟消云散了——现代性体验》,徐大建等译,商务印书馆 2003 年版。
69. [匈]阿格妮丝·赫勒:《道德哲学》,王秀敏译,黑龙江大学出版社 2014 年版。
70. [英]约翰·穆勒:《论自由》,徐大建译,上海人民出版社 2021 年版。
71. [英]伯特兰·罗素:《教育与美好生活》,杨汉麟译,河北人民出版社 1999 年版。
72. [美]尼尔·波兹曼:《娱乐至死·童年的消逝》,章艳、吴燕莛译,广西师范大学出版社 2009 年版。
73. [法]埃德加·莫兰:《伦理》,于硕译,学林出版社 2017 年版。
74. [法]安德烈·焦尔当:《学习的本质》,杭零译,华东师范大学出版社 2015 年版。

75. [美]大卫·库尔珀:《纯粹现代性批判——黑格尔、海德格尔及其以后》,臧佩洪译,商务印书馆 2004 年版。

76. [英]约瑟夫·拉兹:《自由的道德》,孙晓春等译,吉林人民出版社 2011 年版。

77. [法]亚历山大·科耶夫:《黑格尔导读》,姜志辉译,译林出版社 2005 年版。

78. [德]阿克塞尔·霍耐特:《为承认而斗争》,胡继华译,上海人民出版社 2005 年版。

79. [美]约翰·R. 凯里:《解读休闲:身份与交际》,曹志建等译,重庆大学出版社 2011 年版。

80. [美]约书亚·梅罗维茨:《消失的地域:电子媒介对社会行为的影响》,肖志军译,清华大学出版社 2002 年版。

81. [加]查尔斯·泰勒:《自我的根源:现代认同的形成》,韩震等译,译林出版社 2001 年版。

82. [加]查尔斯·泰勒:《现代性之隐忧》,程炼译,中央编译出版社 2001 年版。

83. [美]塞缪尔·亨廷顿:《我们是谁? ——美国国家特性面临的挑战》,程克雄译,新华出版社 2005 年版。

84. [美]托尼·朱特:《沉疴遍地》,杜先菊译,新星出版社 2012 年版。

85. [挪]贺美德、鲁纳编著:《"自我"中国——现代中国社会中个体的崛起》,许烨芳等译,上海译文出版社 2011 年版。

86. [美]克里斯托弗·拉什:《自恋主义文化——心理危机时代的美国生活》,陈红雯、吕明译,上海译文出版社 2013 年版。

87. [法]让·鲍德里亚:《消费社会》,刘成富、全志钢译,南京大学出版社 2014 年版。

88. [法]让·鲍德里亚:《为何一切尚未消失?》,张晓明、[法]薛法蓝译,南京大学出版社 2017 年版。

89. [德]雅斯贝尔斯:《什么是教育》,邹进译,生活·读书·新知三联书店 1991 年版。

90. [美]尼古拉斯·卡尔:《浅薄:你是互联网的奴隶还是主宰者》,刘纯毅译,中信出版社 2015 年版。

91. [美]玛莎·努斯鲍姆:《告别功利——人文教育忧思录》,肖聿译,新华出版社 2010 年版。

92. [德]汉斯-格奥尔格·伽达默尔:《哲学解释学》,夏镇平、宋建平译,上海译文出版社 1994 年版。
93. [德]伽达默尔:《赞美理论——伽达默尔选集》,夏镇平译,上海三联书店 1988 年版。
94. [德]斐迪南·滕尼斯:《新时代的精神》,林荣远译,北京大学出版社 2006 年版。
95. [英]齐格蒙特·鲍曼:《个体化社会》,范祥涛译,上海三联书店 2002 年版。
96. [英]齐格蒙·鲍曼:《后现代性及其缺憾》,郇建立、李静韬译,学林出版社 2002 年版。
97. [英]齐格蒙·鲍曼:《生活在碎片之中——论后现代道德》,郁建兴、周俊、周莹译,学林出版社 2002 年版。
98. [英]齐格蒙特·鲍曼:《共同体:在一个不确定的世界中寻找安全》,欧阳景根译,江苏人民出版社 2003 年版。
99. [德]汉娜·阿伦特编:《启迪:本雅明文选(修订译本)》,张旭东、王斑译,生活·读书·新知三联书店 2012 年版。
100. [德]马克斯·霍克海默、特奥多·阿多尔诺:《启蒙辩证法(哲学片断)》,洪佩郁、蔺月峰译,重庆出版社 1990 年版。
101. [德]哈尔特穆特·罗萨:《加速:现代社会中时间结构的改变》,董璐译,北京大学出版社 2015 年版。
102. [德]哈特穆特·罗萨:《新异化的诞生——社会加速批判理论大纲》,郑作彧译,上海人民出版社 2018 年版。
103. [美]道格拉斯·洛西科夫:《当下的冲击》,孙浩、赵晖译,中信出版社 2013 年版。
104. [德]曼弗雷德·富尔曼:《公民时代的欧洲教育典范》,任革译,人民出版社 2013 年版。
105. [美]罗洛·梅:《焦虑的意义》,朱侃如译,广西师范大学出版社 2010 年版。
106. [英]亚当·斯密:《道德情操论》,蒋自强等译,商务印书馆 1997 年版。
107. [德]诺贝特·埃利亚斯:《个体的社会》,翟三江、陆兴华译,译林出版社 2003 年版。
108. [苏]伊·谢·科恩:《自我论——个人与个人自我意识》,佟景韩等译,生活·读书·新知三联书店1986年版。
109. [英]爱德华·卡尔:《历史是什么?》,陈恒译,商务印书馆2007年版。
110. [俄]尼古拉·别尔嘉耶夫:《论人的使命》,张百春译,学林出版社2000年版。
111. [美]大卫·格里芬:《后现代精神》,王成兵译,中央编译出版社1998年版。
112. [加]罗伯特·韦尔、[加]凯·尼尔森:《分析马克思主义新论》,鲁克俭等译,中国人民大学出版社,2002年版。
113. [美]马斯洛:《人性能达的境界》,林方译,云南人民出版社1987年版。
114. [德]弗里德里希·席勒:《审美教育书简》,冯至、范大灿译,上海人民出版社2003年版。
115. [美]埃瑟·戴森:《2.0版数字化时代的生活设计》,胡泳、范海燕译,海南出版社1998年版。
116. [美]道格拉斯·凯尔纳:《媒体奇观——当代美国社会文化透视》,史安斌译,清华大学出版社2005年版。

期刊论文:

1. 杨国荣:《道德的形上内蕴》,《华东师范大学学报(哲学社会科学版)》2001年第5期。
2. 汪行福:《"复杂现代性"论纲》,《天津社会科学》2018年第1期。
3. 汪行福:《"进步"的困境与历史的任务》,《中国社会科学报》2017年5月25日。
4. 郭元祥、胡修银:《论教育的生活意义和生活的教育意义》,《西北师大学报(社会科学版)》2000年第6期。
5. 鲁洁:《超越性的存在——兼析病态适应的教育》,《华东师范大学学报(教育科学版)》2007年第4期。
6. 金生鈜:《教育哲学怎样关涉美好生活?》,《华东师范大学学报(教育科学版)》2002年第2期。
7. 高国希:《康德的德性理论》,《道德与文明》2009年第3期。
8. 毛林林:《马克思哲学视域中现实主体的生成:从欲望到需要》,《哲学研究》2019年第9期。
9. 高瑞泉:《论"进步"及其历史——对现代性核心观念的反省》,《哲学研究》1998 年第 6 期。
10. 曹军:《社会进步标准问题的哲学思考》,《安徽大学学报(哲学社会科学版)》1993 年第 1 期。
11. 贺来:《“关系理性”与真实的“共同体”》,《中国社会科学》2015 年第 6 期。
12. 王雅林:《生活范畴及其社会建构意义》,《哈尔滨工业大学学报(社会科学版)》2015 年第 2 期。
13. 庞立生:《历史唯物主义与精神生活的现代性处境》,《哲学研究》2012 年第 2 期。
14. 陆杰荣、徐海峰:《论马克思的精神生活观》,《哲学动态》2015 年第 10 期。
15. 韩庆祥、黄相怀:《中国特色社会主义新时代的哲学理解》,《哲学研究》2017 第 12 期。
16. 袁祖社:《“现代性”发展观念及其生存逻辑的深刻弊端与历史反思——新发展理念的制度实践与美好生活的价值创构》,《思想战线》2019 年第 3 期..
17. 欧阳康:《中国道路及其价值意蕴》,《马克思主义与现实》2011 年第 3 期。
18. 杜仕菊、程明月:《从资本逻辑到人的逻辑:美好生活视域下绿色消费的理路变迁》,《江苏大学学报(社会科学版)》2021 年第 2 期。
19. 张曙光、戴茂堂:《价值的存在论研究》,《北京师范大学学报(社会科学版)》2006 年第 5 期。
20. 马俊峰:《社会转型期的价值观念与对策选择》,《江海学刊》1999 年第 4 期。
21. 吴玉军:《思想政治教育中的价值认同问题》,《马克思主义与现实》2016 年第 2 期。
22. 寇东亮:《“美好生活”的自由逻辑》,《伦理学研究》2018 年第 3 期。
23. 鲁洁:《道德教育的根本作为:引导生活的建构》,《教育研究》2010 年第 6 期。
24. 高兆明:《网络社会中的自我认同问题》,《天津社会科学》2003 年第 2 期。
25. 文军:《个体化社会的来临与包容性社会政策的建构》,《社会科学》2012 年第 1 期。

26. 马永庆:《集体主义的虚无思想倾向评析》,《中国高校社会科学》2017年第2期。
27. 詹福瑞:《大众阅读与经典的边缘化》,《复旦学报(社会科学版)》2014年第6期。
28. 庞立生:《历史唯物主义与信仰精神的革命性变革》,《哲学研究》2020年第9期。
29. 杨晓慧:《习近平青年价值观教育思想论要》,《马克思主义研究》2017年第11期。
30. 曹德本:《中国传统修身文化研究》,《清华大学学报(哲学社会科学版)》2004年第5期。
31. 刘仓:《幸福美好生活要靠艰苦奋斗来创造》,《红旗文稿》2020年第24期。
32. 郑永廷:《社会主义核心价值观主导与多样价值追求协调新常态研究》,《社会主义核心价值观研究》2015年第1期。
33. 石书臣:《主导性与多样性的辩证统一——中国特色社会主义理论体系的方法论思考》,《江西社会科学》2008年第3期。
34. 骆郁廷:《"小我"与"大我":价值引领的根本问题》,《马克思主义研究》2019年第12期。
35. 鲁洁:《走向世界历史的人——论人的转型与教育》,《教育研究》1999年第11期。
36. 金生鈜:《公民的伦理身份及其养成》,《北京大学教育评论》2014年第2期。
37. 周俊成:《社会转型中意识形态叙事方式的转换》,《求索》2016年第8期。
38. 李建华:《网络空间道德建设中的自我伦理建构》,《思想理论教育》2021年第1期。

英文文献:

1. Aristotle, *The Nicomachean Ethics*, Penguin Classics, 2004.
2. Julia Annas, *The Morality of Happiness*, Oxford University Press, 1993.
3. Alasdair MacIntyre, *After Virtue (Vol. 99)*, University of Notre Dame Press, 1981,

4. Carl Rogers, *On Becoming a Person: A Therapist's View of Psychotherapy*, Mariner Books, 1995.
5. Charles B. Guignon (ed.), The Good Life, Hackett Publishing Company, 1999.
6. John McMurtry, *Unequal Freedoms: The Global Market as an Ethical System*, Garamond Press, 1998.
7. William Leiss, *The Limits to Satisfaction: An Essay on the Problem of Needs and Commodities*, University of Toronto Press, 1976.
8. Morris Ginsberg, *Essays in Sociology and Social Philosophy: Evolution and Progress*, William Heinemann LTD, 1961.
9. Arthur Stone, Christopher Mackie, *Subjective Well-Being: Measuring Happiness, Suffering, and Other Dimensions of Experience*, National Academies Press, 2013.
10. Joar Vittersø, *Handbook of Eudaimonic Well-Being*, Springer, 2016.
11. Daniel Kahneman, Ed Diener and Norbert Schwarz (eds.), *Well-Being: The Foundations of Hedonic Psychology*, Russell Sage Foundation Press, 1999.
12. Susan A. David, Ilona Boniwell and Amanda Conley Ayers (eds.), *The Oxford Handbook of Happiness*, Oxford University Press, 2013.
13. Colin Allen, Uri Nodelman and Edward Zaltad(eds.), *The Stanford Encyclopedia of Philosophy*, 2011.
14. Jari-Erik Nurmi, *Socialization and Self-Development: Channeling, Selection, Adjustment, and Reflection*, John Wiley & Sons, Ltd, 2013.
15. Victor Witter Turner, *The Ritual Process: Structure and Anti-Structure*, Aldine, 1969.
16. Sherry Turkle, *Life on the Screen: Identity in the Age of the Internet*, Simon and Schuster, 1995.
17. Aaron Ben-Ze'ev, *Love Online: Emotions on the Internet*, Cambridge University Press, 2004.
18. Robert A. Stebbins, *Amateurs, Professionals, and Serious Leisure*,

McGill Queen's University Press, 1992.

19. James E. Katz, *Handbook of Mobile Communication Studies*, MIT Press, 2008.

20. Hannah Arendt, *The Crisis of Culture, between Past and Culture*, Penguin Books, 1977.

21. Hannah Arendt, *The Human Condition*, University of Chicago Press 1958.

22. Paul Levinson, *Cellphone: The Story of The World's Most Mobile Medium and How It Has Transformed Everything*, Palgrave Macmillan, 2004.

23. Sherry Turkle, *Alone Together: Why We Expect More from Technology and Less from Each Other*, Basic Books, 2012.

24. Matthew Fox, *A Spirituality Named Compassion: Uniting Mystical Awareness with Social Justice*, Inner Traditions Bear Company, 1999.

25. Shapiro H. S., *Losing Heart: The Moral and Spiritual Miseducation of America's Children,* Lawrence Erlbaum Associates Publishers, 2005.

26. Charles Taylor, *Sources of the Self: The Making of the Modern Identity*, Harvard University Press, 1989.

27. Vorderer P., Hefner D., Reinecke L., Klimmt C., *Permanently Online, Permanently Connect: Living and Communicating in a POPC World*, Routledge, 2017.

28. Hartmut Rosa, Christoph Henning (eds.), *The Good Life Beyond Growth*, Routledge, 2017.

29. Peterson C., Park N., Seligman M. E. P., "Orientations to Happiness and Life Satisfaction: the Full Life Versus the Empty Life", *Journal of Happiness Studies*, 2005,6(1).

30. Robbins, Brent Dean, "What is the Good Life? Positive Psychology and the Renaissance of Humanistic Psychology", *Humanistic Psychologist*, 2008,36(2).

31. Joshua Cutts, "Herbert Marcuse and'False Needs'", *Social Theory and Practice*, 2019,45(3).

32. Alison Assiter, Jeff Noonan, " Human Needs: A Realist Perspective", *Journal of Critical Realism*, 2007,6(2).

33. Bengt Bruide, " Happiness and the Good Life, Introduction and Conceptual Framework", *Journal of happiness studies*, 2007,8(1).

34. Corey L. M. Keyes, Julia Annas, "Feeling Good and Functioning Well: Distinctive Concepts in Ancient Philosophy and Contemporary Science", *Journal of Positive Psychology*, 2009,4.

35. Richard M. Ryan, Edward L. Deci, "On Happiness and Human Potentials: A Review of Research on Hedonic and Eudaimonic Well-Being", *Annual Review of Psychology*, 2001,52(1).

36. Diener E., Sapyta J.J., Suh E., "Subjective Well-Being Is Essential to Well-Being", *Psychological Inquiry*, 1998,9(1).

37. Erich Fromm, "Primary and Secondary Process in Waking and in Altered States of Consciousness", *Journal of Altered States of Consciousness*, 1979,4(2).

38. Waterman, Alan S., "Reconsidering Happiness: A Eudaimonist's Perspective", *The Journal of Positive Psychology*, 2008,3(4).

39. Carol D. Ryff, Corey Lee M., "The Structure of Psychological Well-Being Revisited", *Journal of Personality & Social Psychology*, 1995,69(4).

40. Ryan R.M., Deci E. L., " Self-Determination Theory and the Facilitation of Intrinsic Motivation, Social Development, and Well-Being", *American Psychologist*, 2000,55(1).

41. Ryan R.M., Deci E.L., "The 'What' and 'Why' of Goal Pursuits: Human Needs and the Self-Determination of Behavior ", *Psychological Inquiry*, 2000,11(4).

42. Pincus A.L., et al., "Initial Construction and Validation of the Pathological Narcissism Inventory", *Psychological Assessment*, 2009,21(3).

43. Raskin R., Terry H., "A Principal-Components Analysis of the Narcissistic Personality Inventory and Further Evidence of Its Construct Validity", *Journal of Personality and Social Psychology*, 1988,54(5).

44. Robert A. Stebbins, "The Costs and Benefits of Hedonism: Some Consequences of Taking Casual Leisure Seriously", *Leisure Studies*, 2001(20).
45. Mitchell J. J., "Nihilism: Belief Crisis of Youth", Counseling & Values, 1979, 23(2).
46. Norbert Ebert, "Decent Society: Utopian Horizon or 'the Way Is the Goal'", *Thesis Eleven*, 2010, 101(1).
47. Ryan R. M., Deci E. L., "Self-determination Theory and The Facilitation of Intrinsic Motivation, Social Development and Well-being", *American Psychologist*, 2000.
48. Cigdem Kagitcibasi, "Autonomy and Relatedness in Cultural Context Implications for Self and Family", *Journal of Cross-Cultural Psychology*, 2005, 36(4).
49. Reis H. T., Sheldon K. M., Gable S. L., et al., "Daily Well-Being: The Role of Autonomy, Competence, and Relatedness", *Personality & Social Psychology Bulletin*, 2000, 26(4).

图书在版编目(CIP)数据

大学生的价值导向:基于美好生活的视域/魏燕玲著. --上海: 复旦大学出版社,2024. 8. -- ISBN 978-7-309-17573-8

Ⅰ. G641

中国国家版本馆 CIP 数据核字第 2024QS0430 号

大学生的价值导向:基于美好生活的视域
魏燕玲　著
责任编辑/黄　丹

复旦大学出版社有限公司出版发行
上海市国权路 579 号　邮编: 200433
网址: fupnet@fudanpress.com　http://www.fudanpress.com
门市零售: 86-21-65102580　团体订购: 86-21-65104505
出版部电话: 86-21-65642845
上海华教印务有限公司

开本 890 毫米×1240 毫米　1/32　印张 8.25　字数 192 千字
2024 年 8 月第 1 版
2024 年 8 月第 1 版第 1 次印刷

ISBN 978-7-309-17573-8/D · 1199
定价: 68.00 元